진리는 의학이다

개정증보판

영탁(暎卓) 스님 지음

하이비전

진리는 의학이다

개정증보판

머리말

문명이 고도화되고 지식정보화 시대가 도래하면서 인간의 삶도 큰 변화를 맞이하고 있다. 물질 만능주의, 관능적 쾌락주의, 이기주의적 경향 등 각종 병폐적 가치관이 우리 삶의 중심을 뒤흔들고, 그간 우리 사회를 지탱해 온 도덕과 윤리, 가치관이 심각한 훼손되고 있다. 물질과 감각적인 욕망에 대한 집착을 벗어나지 못한 개인의 충동적이고 돌출적인 행동들이 빚어낸 갖가지 패륜적인 범죄와 도덕적 해이(moral hazard)로 인해 우리 사회는 언제 폭발할지 모르는 화약고처럼 위험천만한 상황으로 치달아가고 있다.

개인주의, 쾌락주의, 물질만능주의가 우리 사회의 중심 가치를 교란하고 우리 삶의 중심을 뒤흔들게 된 것은 인간의 근본 의식체계가 무너졌기 때문이다. 이는 어제오늘의 일이 아니라 아주 오랜 기간 물질과 정신이 상호의지 작용하여 우리 조상이 진화해 온 결과이다. 인류 최대의 공포 업보빙의장애(業報憑依障礙)로 인해 생명체의 존엄과 존재의 대사슬이 무너지고 있는 것이다.

빙의장애(憑依障礙)는 UN 산하 세계보건기구(WHO)에서도 인정하는 심각한 질병이다. 현재 치료방법은 『영적치료. 최면술』 치료가 등재되어있으나 재발이 되고 있다. 1992년 세계보건기구가 정하는 '국제질병분류(International Classification of Diseases)'에 '빙의'라는 진단명이 포함된 이래 빙의장애는 정신의학 분야의 중요한 연구 분야로 다루어져 왔다. 그러나 정신의학자들은 빙의장애를 종교적, 초자연적 현상으로 규정할 뿐, 그 현상이 '귀신'의 존재를 증명한다고는 생각하지 않는다.

병원에서 빙의장애 진단을 받은 환자의 숫자도 매우 드물다. 정신과 의사들조차도 빙의장애의 개념을 정확히 알지 못하거나, 제대로 된 진단을 하지 못하는 경우가 많다. 의학적 치료의 길이 막힌 빙의장애 환자들은 끝이 보이지 않는 고통 속에서 방황하며 검증되지 않은 민간의 축귀법을 시도하거나, 굿이나 퇴마의식 같은 종교적 절차에 의존하고 있다.

필자가 이 책을 발간한 것은 『대우주법계 대광명불 초월세계방편 해탈법(大宇宙法界 大光明佛 超越世界方便解脫法)』으로 업보빙의장애(業報憑依障礙) 예방 치료(완치)뿐 아니라 혼자만의 고통과 외로움, 사회적 냉대와 무관심 속에서 신음하는 중생들을 제도하겠다는 서원(誓願)을 이루기 위해서이다. 특히 불문(佛門)에 들어온 이래 나의 유일한 서원은 일체 빙의장애 업보로 고통받는 수많은 중생을 제도하여 해탈시키겠다는 것이다.

제1장 은 우리나라는 샤머니즘, 국사정치신앙, 토속신앙과 종교의 역사와 풍습에 대해 정리하면서 업보빙의장애인 『빙의병』

발생의 원천을 찾아간다. 업보빙의장애를 발생시키는 원인들을 인류 변천 과정에서 국사신앙, 토속신앙, 종교, 인성 등, 여러 신앙 종교를 시대적 정서 속에서 연관성을 추적하며 빙의장애인 일체업 보 신병(무병), 귀신병, 유전병 **업보빙의장애(業報憑依障礙)** 발생 의 근거를 제시하며 원천을 밝힌다.

제2장 은 **업보빙의장애(業報憑依障礙)**를 발생시키는 새로운 이 론을 제시하고 예방과 치료 대체의학 치료법을 세계 최초로 공개한다.

필자는 심해탈(心解脫), 물질해탈(物質解脫), 양면해탈(兩面 解脫)을 시킬 수 있는 『대우주법계 대광명불 초월세계방편해탈법 (大宇宙法界 大光明佛 超越世界方便解脫法)』으로 업보빙의장애 (業報憑依障礙)인 신병, 유전병, 조상의 일체업보, 자신의 업보 등 업보빙의병을 예방과 완치할 수 있음을 여러 이론적 근거를 제시하며 해설하며 조상천도재 완전 해탈법을 제시한다.

필자가 가까이서 지켜본 업보빙의장애 환자들의 삶은 처참하기 이를 데 없었다. 가족과 사회로부터 외면당한 환자들 중에는 극한의 절망에서 허우적거리다 급기야 자신의 삶을 포기하는 경우도 적지 않다. 사랑하는 가족들과 평범한 일상을 함께하고 아프면 치료받으면서 활기차고 건강하게 살아가는 것은 인간이라면 누구나 누려야 할 기본적인 권리가 아니겠는가. 그러나 업보빙의장애 환자들은 제대로 된 치료법을 몰라 그 최소한의 권리마저 누리지 못하고 가정과 사회 밖으로 내몰리고 있다.

업보빙의장애병(業報憑依障礙病)은 어느 누구나 강약이 있을 뿐이지, 모든 국민이 알게 모르게 경험하고 있는 병이다.

『대우주법계 대광명불 초월세계방편해탈법(大宇宙法界 大光明佛 超越世界方便解脫法)』은 필자[천하미륵사 영탁(暎卓)스님]가 오랜 설산수행 끝에 세계 최초로 중생 제도의 대원력(大願力) 서원(誓願)을 성취한 대우주법계 초월세계 우주진리법이다.

우리는 대우주법계 참된 진리의 흐름을 제대로 알아야 한다.

신의 세계 위에 대우주법계 대광명불 부처님이 존재하고 있다는 사실을 세계 최초로 밝히고자 한다.

대우주법계의 방편해탈법은 삼계(三界)에서 고통받는 중생들의 잠재의식과 무의식세계의 선악업보를 분리, 해체, 파괴, 소멸, 정화(淨化)시킴으로써 개인과 가정, 사회에 환란을 일으키는 업보빙의장애를 **예방하고 치료하는 초월세계방편해탈법(超越世界方便解脫法) 대체의학 치료법이다.**

필자는 대우주법계의 최상위 진리인 초월세계방편해탈법만이 일체중생을 제도할 수 있음을 깨닫고 오랜 세월 동안 수행 정진 끝에 그 법을 이루어 "대우주법계 미륵세계 사바세계" 일체중생제도 초월세계방편해탈법을 세상에 처음 공포하게 되었다.

이를 공개하기 위해 "진리는 의학이다" 개정판을 발간하게 되었다. 매년 음력 3월 15일이 대우주법계 『대광명불(大光明佛)』 부처님 오신 날이며, 이날에 천하미륵사에서 이 책의 필자인 영탁스님이 공포한다.

이 책에서 전하고자 하는 것은 단순히 종교적 차원의 메시지가 아니다. 인간은 누구나 '나는 누구인가?', '나는 누구이길래?', '내 삶은 왜?'라는 질문을 수없이 반복하며 살아간다. 원인 모를 결과에 때론 행복해하고, 때론 불평하기도 한다. 이 책을 읽는 모든 분이 '지혜'의 문을 활짝 열고 참된 진리를 깨달아 일체의 갈등과 걸림 없는 행복한 삶을 살아가시길 간절히 바란다.

업보빙의장애, 신병, 유전병, 영매현상은 완치될 수 있다는 희망과 확신을 가져도 된다. 이제는 불가사의한 불치병이 아니다. 신병, 무병, 영매현상도 완치가 된다. 모쪼록 업보빙의장애로 고통받는 이 땅의 모든 사람들이 사도(私道)의 타력신앙에서 벗어나 무명(無明), 갈애(渴愛), 집착(執著)을 끊어내고 자유롭고 걸림 없는 본연의 성품으로 돌아가시길 바란다.

심해탈(心解脫), 물질해탈(物質解脫), 양면해탈(兩面解脫)을 시킬 수 있는 『대우주법계 대광명불 초월세계방편해탈법(大宇宙法界 大光明佛 超越世界方便解脫法)』으로 업보빙의장애 발생의 예방과 완치법을 세계 최초로 공개하여 자유롭고 안락한 삶, 계층 간의 차별도 편견도 없는 인과응보 시대가 열렸다. 평화롭고 건강하고 봉사하는 사회가 되길 바라는 심정이다.

『대우주법계 대광명불 초월세계방편해탈법(大宇宙法界 大光明佛 超越世界方便解脫法)』으로 인과응보(因果應報) 법이 돌아갈 때는 모든 중생들의 무의식 잠재의식을 움직일 수 있는 "기(氣)"가 세계 지구촌에 평화를 이룩하게 된다.

이 법(法)은 천하미륵사(天下彌勒寺) 영탁(暎卓)스님이 삼계 일체 중생(衆生)들을 해탈시키는 대원력(大願力) 서원(誓願)을 성취(成就)한 『대우주법계 대광명불 초월세계방편해탈법(大宇宙法界 大光明佛 超越世界方便解脫法)』으로 세계 최초로 공개하며, 세계 평화를 이룩하기 위해 **"진리는 의학이다"** 개정판을 발간하게 되었다.

천하미륵사 영탁 합장

《차례》

제1장

빙의장애 발생 원천의 역사

1. 인류 최대의 공포, 업보빙의장애

산업이 고도로 발달하고 지식정보화 시대가 도래하면서 인간의 삶도 큰 변화를 맞이하고 있다. 우리 삶의 중심이 내면에서 외면으로, 마음에서 두뇌로, 자비에서 물질과 행복 쪽으로 기울어지면서 그간 우리 사회를 지탱해 온 도덕과 윤리, 가치관이 심각하게 흔들리고 있다. "영혼(靈魂)"의 업보빙의장애 혼란으로 인해 인간의 근본 의식체계가 무너진 탓이다. 온 나라가 이성을 망각하고 도덕과 윤리마저 사라진 개인주의의 아수라장이 되고 있다.

이처럼 인간의 근본 의식체계가 무너진 것은 하루아침에 생긴 일이 아니다. 아주 오랜 기간 물질과 정신이 상호 의지하며 의식작용하여 상속 진화해 온 결과이다. 진리를 망각한 개인주의가 초래한 사회 혼란은 우리의 상상을 뛰어넘는 수준으로 치달아가고 있다.

인간은 바람에 춤을 추는 허수아비나 보이지 않는 실에 매달린 꼭두각시처럼 조종당하면서 참된 인성을 망각하고 물질과 행복의 노예가 되어 가고 있다.

개인주의와 물질만능주의가 만들어낸 폐해는 그뿐만이 아니다. 물질과 감각적인 욕망에 대한 집착을 벗어나지 못한 개인의 충동적이고 돌출적인 행동들이 갖가지 패륜적인 범죄를 낳고, 도덕과 윤리가 무너지면서 생물학적 남녀평등에서 더 나아가 성 개방 시대에 업보빙의장애(業報憑依障礙)를 발생시키고 있다. 인류 최대의 공포 빙의장애로 인해 생명체의 존엄과 대사슬마저 무너지고 있는 것이다. 대체 업보빙의장애(業報憑依障礙)가 무엇이기에 이런 극심한 혼란이 생기는 것일까?

'빙의(憑依)'란 원인을 알 수 없는 어떤 초자연적인 힘에 사로잡혀 있는 상태를 가리키는 말이다. '빙(憑)'과 '의(依)'는 같은 뜻을 가진 한자어로, '의지하다', '의탁하다' 등의 뜻을 가지고 있다. 흔히 '빙의장애' 하면 귀신들림, 신들림, 신내림 등의 현상을 떠올리지만, 이와 다른 형태의 다양한 빙의현상을 경험하는 사람들이 의외로 많다. **또한 대중문화에서 빙의는 매우 좋은 이야기 소재가 되고 있다.**

빙의장애(憑依障礙)는 UN 산하 세계보건기구(WHO)에서도 인정하는 심각한 질병이다. 1992년 세계보건기구가 정하는 '국제질병분류(International Classification of Diseases)'에 '빙의'라는 진단명이 포함되었고, 1944년에는 미국 정신의학회가 발간하는 『정신장애진단통계편람』에 처음으로 '빙의'라는 진단명이 정식 등재되었다. 『정신장애진단통계편람』에 영적인 문제들이 포함되었다는 사실은 무척 중요한 의미가 있다. 『정신장애진단통계편람』의 진단 체계가 각종 보험회사들과 의료기관들이 진료비 지급을 위해 참고하는 기준이기 때문이다. 다시 말해서 이것은 영적인 문제와 영성 관련 '주제'들이 공식적으로 합법적인 진단 기준에 포함되었음을 의미하는 것이다.

빙의장애는 이후 정신의학의 중요한 연구 분야로 다루어져 왔다. 『정신장애진단통계편람』에서는 '빙의(憑依)'를 여러 종류의 해리 현상 중 해리성 정체성 장애의 진단 범주에 포함시키기 어려운 '해리성 몽환 상태(trance state)'의 범주 안에 두고 있다. '해리성 몽환 상태'란 무엇일까? 영혼이나 미지의 힘, 다른 사람의 영향에 의해 개인의 주체성이 다른 주체성으로 대체되어 주변에 대한 지각이 변하거나 자신이 통제할 수 없는 상태, 행동과 움직임을 보이는 현상을 말한다. 세계보건기구의 '국제질병분류'는 이 상태를 '황홀경과 빙의병(trance and possession disorders)'이라고 표현하고 있다.

업보빙의장애(業報憑依障礙)를 겪는 환자들은 자기 개인의 정체성과 주변 상황에 대한 인지력을 거의 상실한 채 다른 인격, 영혼, 신, 미지의 힘 등에 사로잡힌 듯한 행동 양상을 보인다.

주의력과 인지 능력이 떨어지면서 주변 환경의 한두 가지 영역에만 집중하는 양상이 나타나고, 특별한 행동이나 자세, 발성 등을 되풀이하여 드러내기도 한다. 한두 가지 영역에 대한 주의 집중이 극도로 강해지면서 종교적 황홀경, 영매 또는 무당의 신 내린 상태, 귀신들림 증상이 나타나고 환각제 중독 상태 등과 유사한 증상이 나타나기도 한다.

특별한 병명 없이 늘 머리가 어지럽고 정신이 나가는 듯한 느낌이 자주 들고 가슴에 이상한 전율이 흐르는 증세가 자주 오는 사람, 평소에 악몽을 꾸고 가족이나 친척, 이웃에 일어나는 일을 잘 알아맞히는 사람, 손발이나 몸에 뜨거운 기운이나 차가운 기운이 들어오고 나가는 느낌을 자주 받는 사람, 밤이 돼도 잠이 오지 않거나 운전 중이나 환한 낮에 갑자기 잠이 쏟아지는 사람 등은 빙의에 걸릴 가능성이 높다.

빙의장애의 증상은 매우 다양하다. 단순한 불안이나 우울감, 공포 외에도 의학적으로 설명할 수 없는 특이한 신체 증상과 통증도 흔하게 나타난다. 이유를 알 수 없는 두통, 공황장애, 호흡곤란, 가슴이 심하게 두근거리거나 떨림 또는 전율이 오기도 한다. 가슴이 답답하게 조여들고, 이대로라면 죽을 수도 있겠다는 압박감에 시달린다. 음식을 대하면 속이 메스꺼워 먹지 못하고, 현기증과 식은땀으로 사회생활을 할 수가 없다. 몸에 오한이 들거나 열을 품을 때도 있다. 식욕은 왕성한데 살이 찌지 않는다거나 허기증으로 인해 폭식을 하기도 한다. 하품을 유달리 많이 하고, 소화기관에 이상이 없는데도 방귀가 남달리 많이 나온다.

환각, 흉몽, 낙태, 불임증, 대인기피증, 무력증, 불면증에 시달린다. 현실적인 판단력을 잃고 비정상적인 신비주의에 빠지기도 한다. 조그만 자극에도 소름이 끼치는 스트레스 현상을 받는다. 누군가 자신을 쳐다보고 있는 듯한 섬뜩한 느낌이 들기도 하고, 환청으로 인해 누군가와 대화를 나누기도 한다. 잠자리에 들면 가위눌림에 시달리고, 자살하고 싶은 강박감에 괴로워진다. 성격이 급격히 변화하고, 감정과 행동이 조절되지 않아 불시에 난폭한 행동이 튀어나올 때도 있다. 술을 분별없이 많이 마시고 색을 지나치게 밝히기도 한다. 과도한 자위행위, 상상적 성관계, 폭력적인 성행위를 통해 성적 만족을 느끼기도 한다. 과도한 성적 욕구를 감당할 수가 없다. 이런 문제들은 다시 비만, 사업실패, 이혼, 자녀교육 문제, 범죄행위라는 제2, 제3의 문제를 야기하게 된다. 조상숭배신의 명령을 따르고, 사주팔자 보는 점술행위에 빠져서 헤어나지 못하는 현상, 유전병 등 육체적, 정신적으로 다양한 현상이 발생한다. 그리고 영매현상이 없는 빙의장애 유전병도 얼마든지 발생할 수 있다.

필자는 이러한 사회적 업보 빙의병(憑依病.possession disorders) 환란에 대처하는 대체치료법이 절실히 요구되는 시대적 사명감을 아니 느낄 수가 없었다. 고도의 수행으로 일체 진리를 초월하는 『대우주법계 대광명불 초월세계방편해탈법(大宇宙法界 大光明佛 超越世界方便解脫法)』을 세계 최초로 공개하게 되었다.

2. 빙의장애 치료 어디까지 왔나?

빙의장애를 앓는 환자 중에는 처음에 발병했던 시기와 상황을 아주 뚜렷이 기억하는 경우가 많다. 갑자기 큰 충격을 받아 놀라거나, 몸이나 마음에 큰 상처를 받은 후에 빙의장애가 발생했다는 사람도 많다. 평소 아무 문제 없이 지내다가 초상집이나 병원 영안실, 종합병원, 산소 등을 방문한 뒤 이전에 없던 괴로운 증상이 갑자기 생겼다는 사람들도 더러 있다.

사실, 의학계에서 특정한 장소를 방문하는 것이 병의 원인이 될 수 있다는 것을 인정하기란 어려운 일이다. 상식적으로 생각해도 단순한 우연의 일치가 아닐까 싶기도 하다. 그러나 평소 건강하던 사람이 영안실에 문상을 다녀온 후부터 가슴이 답답하고 우울증과 불안 증상이 생겨 오래도록 없어지지 않는다면 영안실 방문과 증상 사이의 관련성에 대하여 좀 더 세심하게 연구할 필요가 있지 않을까.

빙의치유 전문가로 알려진 윌리엄 볼드윈 박사는 빙의 환자에게 주로 나타나는 증상을 다음과 같이 소개하고 있다. 갑작스런 마약이나 알코올 사용의 시작, 비정상적이고 부적절한 언어 사용, 억양이 강하거나 외국어 혹은 모르는 언어 사용, 통상적이면서도 뭔가 앞뒤가 맞지 않은 어떤 행동 패턴들, 과거에 벌어진 것과 흡사한 상황에서 과거와는 다른 반응, 자신의 통제를 벗어난 반복적이고 비정상적인 몸의 움직임들, 의학적으로 청각기관의 문제가 아닌 비정상적인 감각의 손실, 어떤 사물이나 다른 사람의 영혼(靈魂)이 자신의 몸과 마음을 통제하고 장악하고 있다는 느낌, 수술 장기이식 사고 후의 감정적 혼란, 새집으로 이사를 온 후에 생기는 사소하지만 인지할 수 있는 인격의 변화들이 그것이다.

종교계에서는 빙의장애를 '귀신들림', '귀신에 씜' 등으로 이해하는 경향이 강하다. 그래서 주로 환자의 생각과 행동에 부정적인 영향을 끼치는 외적인 존재인 '영혼(靈魂)'이란 개념으로 빙의장애의 다종다양한 증상들을 파악하고 있다. 종교계에서는 귀신들림과 정신질환 증상의 차이점으로 빙의장애 여부를 판단하기도 하고, 종교인이나 퇴마사의 영적인 능력에 의지하여 빙의를 진단하기도 한다.

이들이 말하는 귀신들린 사람들의 특징은 도덕적인 타락, 우울증, 분명한 백치 상태에 빠짐, 황홀경에 빠짐, 극단적인 공격성, 무의식에 빠짐, 입에 거품을 물음, 기도와 성경 읽기 등 광범위한 종교적 활동에 저항함, 배운 바 없는 언어를 이야기함, 환상, 고통, 의기소침, 불결한 생각, 성적·감각적·적대적 본능으로 인한 행동에 강박관념을 갖거나 참여함, 정죄하는 선언이나 살해·자살과 같은 행위를 하고 명하는 '음성'을 들음, 자살 강박관념 등 매우 다양하다.

객관적이고 과학적인 검증을 중시하는 심리학자들은 종교계와 달리 빙의장애를 인격분열로 진단하고 있다. 인간의 무의식에 잠재되어 있던 고통스러운 사건이나 현실의 극심한 스트레스를 이기지 못한 경우에 인격분열이 나타난다는 것이다. 비록 빙의장애를 독자적인 질병으로 인식하지는 않지만, 인간에게 부정적인 영향을 미치는 귀신의 존재에 대해 치료할 수 있는 가능성을 열었다는 점에서 심리학자들의 이러한 관점은 시사하는 바가 크다고 할 수 있다.

인간의 뇌와 마음의 고장을 치료하기 위한 노력을 기울여온 정신의학에서는 빙의장애를 어떻게 이해하고 있을까? 20세기 이후 과학자와 의사들은 대부분 귀신들림이나 빙의현상의 존재 가능성을 외면하고 있다. 물론 이 분야를 진지하게 연구하는 과학자와 의사들이 없는 것은 아니다. 소수의 과학자와 의사들은 현대과학으로 설명하기 어렵지만 무시할 수 없는 빙의장애에 대한 임상 사례와 연구결과들을 계속해서 발표하고 있다. 미국의 정신과 의사 칼 위클랜드(Carl Wickland) 박사는 환자의 몸과 마음을 사로잡아 문제를 일으키는 '영혼(靈魂)'들을 내쫓음으로써 많은 증상을 해결했다고 한다. 1940년부터 빙의와 퇴마의식이라는 주제에 깊이 천착해 온 스위스의 정신과 의사 한스 내겔리 오스요드(Hans Naegeli osjord)는 정신병의 일부는 귀신들림에 의해 일어난다고 주장했다. 중국에서 수많은 빙의장애 환자들을 퇴마의식으로 치료해 온 영국의 정신과 의사 케네스 매콜(Kenneth McCall)은 빙의장애가 발생하는 원인을 조상귀신들이 자주 문제를 일으키기 때문인 것으로 생각했다. 영국의 정신과 의사 아서 거드햄(Arthur Guirdham) 역시 40여 년간의 임상치료를 경험한 후 **"심한 정신질환은 '영혼(靈魂)'들의 간섭으로 생긴다"**고 결론지었다.

정신의학에서는 빙의장애를 단지 하나의 현상으로 이해할 뿐, 그 현상이 '귀신'의 존재를 증명한다고는 생각지 않는다. 사람이 부적절하고 비논리적이고 비정상적인 언행을 하는 경우는 뇌 신경 전달 물질의 하나인 도파민이 과다 분비되는 경우나, 조현병 같은 정신증 혹은 환각성 물질에 중독되었을 때라는 것이다. 정신의학자들은 정상적이고 논리적인 언어와 행동을 보이면서도 마치 제3자가 그 사람을 지배하는 듯한 기괴한 방식이 나타나는 경우에도 제3의 존재를 전혀 인정하지 않는다. 조현병이나 그 밖의 정신질환에서 나타나는 조종망상(Delusion of controlled), 또는 해리장애의 한 형태인 '황홀경과 빙의장애'에서도 비슷한 현상이 나타날 수 있으며, 귀신이 명령하고 지시하는 목소리는 정신증에 의한 환청일 가능성이 높다.

사람들에게 귀신과 악마의 장난이나 신의 저주라는 두려움과 신비감을 불러일으키던 빙의 현상들은 현대 심리학 이론이 등장하기 시작한 19세기에 이르러 여러 학자들에 의해 새로운 관점과 이론으로 해석되기 시작했다. 빙의장애 환자가 보여주는 또 다른 인격의 실체는 '평소 환자의 무의식 속에 억제되어 있던 인격의 한 부분, 혹은 그 이상의 독립된 모습이 겉으로 드러나는 현상'이라는 이론이 바로 그것이다. 환자의 전체 인격 중 갈등을 느끼는 감정이나 정신적 에너지의 일부가 떨어져 나와 독립적으로 작용하면서 여러 가지 신체적·정신적 증상들을 만들어내는 현상을 학자들은 '해리(海狸, dissociation)'라고 이름을 붙였다. 이들은 빙의 현상을 환자의 내면에 억제된 채 숨죽이고 있던, 평소와 다른 인격이 표면으로 올라와 환자를 지배하는 '해리' 현상의 일종으로 생각했다.

그러나 빙의장애와 해리성 주체성 장애(Dissociative identity disorder)가 서로 다른 질병이라는 것은 주지의 사실이다. 물론 둘 사이에 공통점이 없는 것은 아니다. 빙의장애와 해리성 주체성 장애는 둘 다 제3의 인격이 원 주체 인격을 대체하는 해리 현상으로, 기본적으로 의식 상태의 변화(trance)와 관련된 질환이라는 공통점을 갖고 있다. 그러나 빙의의 대상은 확연히 다르다. 해리성 주체성 장애의 경우에는 빙의 대상이 일반 사람인 경우가 많다. 그에 비해 빙의장애의 빙의 대상은 종교적 신이나 죽은 친척의 혼, 귀신, 악마 등의 초자연적인 존재인 경우가 많다. 또한 빙의장애는 갑자기 발병하는 경우가 많고, 단일 삽화로 끝나기도 하지만 재발률이 상당히 높은 편이다.

현재까지 완치 치료법이 개발되지 않아서 개인과 가정은 물론이고 사회적으로 핫이슈가 된 빙의 환란이 발생하고 있는 현실이다.

현대 정신의학자들은 대다수가 빙의된 '영혼(靈魂)'들을 입증할 수가 없는 영역이기 때문에 빙의병이라는 것을 무시하는 경향이 많다. 그래서 빙의장애 환자들은 약물치료에만 의존하고 있는 실정이며, 환자들은 제대로 된 정신과 전문의의 치료 혜택을 받지 못하고 외면당하고 있는 것이 현실이다. 업보빙의장애를 유발하는 '영혼(靈魂)'들은 살아생전에 억울하고 원통한 일을 당하여 응어리진 마음, 원한(怨恨)을 빙의환자의 육신에 의지하여 빙의된 '영혼(靈魂)'이 살아생전의 잠재의식에 작용하여 원한이 표출되는 현상이라고 정리할 수 있다.

원한(怨恨)진 '영혼(靈魂)'을 퇴마시킨다고 해서 해결되는 것이 아니다. 퇴마의식은 재발되기 때문이다. 치료방법은 『대우주법계 대광명불 초월세계방편해탈법(大宇宙法界 大光明佛 超越世界方便解脫法)』으로 업보로 빙의된 '영혼(靈魂)'을 해탈시켜 완치하는 대체의학 치료법뿐이다. 단, 업보빙의장애 후유증으로 인한 질환이 발생할 때는 병원에서 수술이나 약물치료를 받으면 된다.

3. 힘들고 아프고 외로워도
해결할 수 없는 혼자만의 고통

빙의장애는 세계보건기구의 국제질병분류와 미국 정신의학회의 『정신장애진단통계편람』의 진단 기준에 공식적으로 포함되어 있는 질병이다. 그러나 실제로 병원에서 빙의장애 진단을 받은 환자의 숫자는 매우 드물다. 이처럼 빙의장애의 진단율이 낮은 이유는 무엇일까?

정신과 의사들이 빙의장애에 대해 정확한 진단을 하지 못하기 때문이다. 빙의가 정식 진단명에 포함된 지금까지도 대부분의 정신과 의사들은 빙의장애를 정신의학 관점에서 다루지 않고 종교적·초자연적 현상으로 규정하고 있다. 그러다 보니 정신과 의사들 사이에서도 빙의장애에 대한 개념을 정확히 알지 못하거나 진단적 합의를 이루지 못하는 경우가 많다. 빙의장애가 종종 급성 및 일과성 정신병적 장애(Acute and psychotic disorders)나 조현병 (Schizophrenia), 해리성 주체성 장애(Dissociative identity disorder) 등으로 잘못 진단되는 것은 바로 그 때문이라고 생각된다.

의사들이 빙의에 대한 진단적 지식이 없기 때문에 환자들이 병원 치료권에서 멀어지는 경우도 있다.

업보빙의장애(業報憑依障礙) 환자들이 병원까지 오는 데는 여러 가지 현실적인 장애물이 존재한다. 바로 이런 문제가 빙의장애 환자들을 치료권에서 더욱 멀어지게 하는 것이다. 전문지식이 없는 일반인들이 의학적 치료의 길이 막힐 때 민간에서 해결 방법을 찾는 것은 매우 당연하고 자연스러운 결과이다. 전문가들의 도움

없이 빙의현상을 종교적·초자연적인 현상으로 이해하다 보면 필연적으로 굿이나 퇴마의식 같은 종교적 절차에 의존하게 된다.

실제로 많은 수의 빙의장애 환자들이 굿과 같은 전통적인 무속 퇴마치료를 받았다. 귀신을 내쫓거나 막기 위해 무당이나 민간인들이 주로 사용했던 우리 민족의 전통 축귀법(逐鬼法)에는 '가무법(歌舞法)', '근신법(謹身法)', '구타법(毆打法)' 등 여러 가지 방법이 있다.

첫째, '가무법(歌舞法)'은 귀신 앞에서 노래 부르고 춤을 춰서 신기를 부드럽게 하여 재화를 면하려는 방법이다. 별신굿이나 천신굿 같은 굿을 할 때 무당이 가무를 하는 것이다.

둘째, '근신법(謹身法)'은 귀신에게 신의를 얻고 환심을 사기 위해 공손히 대접하고 공경을 나타내며 근신하는 방법이다. 이 방법도 무당이 주로 사용하는데, 산신제를 지낼 때 제관은 목욕재계를 하고 주부들은 고사를 지내기 전에 몸을 정갈하게 하는 등 매사에 조심하면서 귀신의 심기를 건드리지 않는 것이다.

셋째, '구타법(毆打法)'은 질병의 원인이 되는 귀신에 반항하거나 협박하여 쫓아내는 방법으로, 이를 다시 '구타(毆打)', '경악(驚愕)', '위압(威壓)', '화공(火攻)', '자상(刺傷)', '출혈(出血)', '봉박(封駁)' 등으로 세분한다. 구타법을 이용한 치료는 한마디로 정신병 환자를 귀신들린 자로 인식하고 신체를 구타하여 아픈 고통을 주면 환자의 몸속에 잠입해 있는 귀신이 그 고통을 이기지 못해 나감으로써 질병이 낫는다는 것이다. 구체적인 사례를 보면, 정신병 치료를 한다고 맹인이나 무녀를 불러서 정신병의 악마가 붙었다고 기도하면서 복숭아 나뭇가지나 버드나무 가지로 환자의 신체를 실신상태에 이르기까지 구타하는 경우가 많았다. 또한 의료용 침으로 안면과 그 밖의 부분을 찌르는 등의 무지막지한 행동으로 수많은 고귀한 인명이 희생되기도 했다. 요즘도 우리 주변에는 축귀를 한답시고 정신질환자에게 폭력을 가하여 사망에 이르게 하는 기도원 등의 행태가 심심찮게 언론에 보도되는데, 바로 그런 것들이 구타법의 전형적인 사례라고 볼 수 있다.

넷째, '위협법(威脅法)'은 귀신을 위협하고 놀라게 해서 환자로부터 떨어져나가게 하거나, 귀신의 접근과 침입을 차단하는 방법으로 '경압법(驚壓法)'이라고도 한다. 예컨대, 어린이가 말라리아에 걸렸을 때에는 우물 안에 빠뜨릴 듯 거꾸로 세우기도 하고, 펄펄 끓는 가마솥 가까이 데리고 가 '도둑을 삶고 있다'는 말로 놀라게 한다. 환자의 목에 뱀을 감아 놀라게 하거나, 환자의 면전에 도끼와 칼을 들이밀거나, 송곳이 박혀 있는 바가지를 배 위에 얹어놓고 이것을 밟는 등 공포심을 유발하는 방식을 사용한다. 또한 다리나 높은 곳에서 떨어뜨리는 시늉을 하여 위험을 느끼게 하거나, 호랑이 같은 무서운 동물이나 차가운 물, 뜨거운 불, 권력을 사용하여 놀라게 하기도 한다.

다섯째, '화공법(火攻法)'은 무엇이든 형체도 없이 태워 버리는 불의 성질을 이용하여 귀신을 격퇴하는 방법이다. 귀신 붙은 물건을 태워 연기를 내면 음기(陰氣)에 속한 귀신이 견디지 못하고 물러가게 되는 것이다. 전염병 환자가 생기면 그 집 화장실을 몰래 태워 전소시켰고, 부인병이 있는 여인은 한여름 강가의 모래사장에서 전신을 모래에 묻고 모래찜질을 했다. 홍역에는 화장실 지붕의 썩은 짚대를 태워 환자의 신체에 연기를 쐬게 했고, 유행성 감기에는 돌 목욕탕에 불을 지피고 그 속에 들어가 땀을 내게 했으며, 전염병이 유행할 때는 예방책으로 문 앞에서 목화씨를 태웠다.

여섯째, '자상법(自傷法)'은 환자의 환부를 침이나 날카로운 것으로 찔러 피를 내거나 상처를 내어 귀신을 내쫓고 병을 고치려는 방법으로 '출혈법(出血法)'이라고도 한다. 눈병에는 종이에 사람의 얼굴을 그린 다음 그 눈에 바늘을 꽂아놓는다거나, 말라리아 환자를 네거리로 데리고 가 도로 중앙에 누이고 그 형체를 부엌칼로 그린 후 한복판에 부엌칼을 꽂아놓기도 한다. 또한, 복통이 일어나면 환자의 복부에 대침을 두 치 정도 꽂는다거나, 정신병은 귀신이 몸 안에 잠복해 있는 걸로 보고 침을 놓거나 뜸을 떠서 내쫓았고, 두더지 발톱으로 십자(十)를 그어 상처를 내기도 했다.

일곱째, '봉박법(封駁法)'은 병의 원인이 되는 귀신을 묶거나 가둬 놓음으로써 괴롭게 하여 그 위력을 떨어뜨려 각종 병을 예방하려는 방법이다. 구체적인 방법으로는 줄로 묶거나 가두는 단순한 봉박, 무당이나 박수 또는 신통력을 빌어 귀신을 묶거나 병 속에 가두는 차력 봉박, 짚 인형이나 나무 인형, 이름 적힌 나뭇잎을 환자 대신 묶거나 땅에 묻어 축귀하는 방법 등이 있다. 또, 종기가 나면 그 위에 '구(狗)' 자를 쓰고 그 주변에 '호(虎)' 자를 아홉 번 써 놓으면 낫는다고 한다. 그리고 정월에 환자 이름을 쓴 지푸라기 인형에 환자의 옷을 입혀 도로나 하천에 버리면 중병이 낫는다고 하고, 유산된 아이를 변소 입구에 매장하면 또 다시 유산하는 일이 없다고 한다. 특히 민간신앙에서는 환자의 침, 가래, 콧물, 오줌, 똥 심지어 흘리는 땀 속에도 귀신이 들어 있다고 믿었다.

여덟째, '공물법'은 귀신을 적대시하거나 반항하지 않고 공손하게 복종하고 귀의하여 귀신의 노여움을 누그러뜨리고 용서를 구하거나 그 마음을 위로하고 기쁘게 함으로써 화를 면하려는 방법이다. 구체적인 방법은 귀신으로 인한 피해를 면하기 위해 귀신에게 음식물이나 의복 등을 바치는 것이다. 예컨대, 갑자기 복통이나 두통이 일어나면 죽을 쑤어서 문 밖에 버리면 낫는다고 하였다. 가벼운 병에 걸렸을 때는 환자의 머리카락 서너 개를 뽑는 시늉을 하고, 죽을 쑤어서 환자에게 침을 뱉게 한 후 문 밖에 버리면 낫는다고 하였다. 감기에 걸렸을 때는 사방의 신을 부르면서 밥을 뿌리면 즉효가 있다고 했다. 또한 홍역이 유행하는 것은 익사자의 혼귀(魂鬼)가 각처에 횡행하기 때문이므로 수목에 색색의 천을 매달아 떠도는 영혼(靈魂)을 제사 지내면 병에 걸리지 않는다고 한다.

아홉째, '부적법(符籍法)'은 귀신의 침입을 막고 병마를 쫓아내려는 목적으로 주문을 외우고 문자나 그림의 부적을 그려서 붙이거나 복용하는 방법으로, '주부법(呪符法)'이라고도 한다. 예를 들어 난산일 경우 임산부의 발에 '천(天)' 자를 쓰면 즉시 순산한다고 하였고, 정신병에는 뜸질을 하고 종이에 붉은 것으로 주문을 쓰고 그것을 태운 가루를 먹으면 낫는다고 했다. 열병에는 부적을 대문에 붙여놓으면 병이 들어오는 것을 막을 수 있으며, 부적을 병실 사방에 두 장씩 붙이면 병마가 물러난다는 것이다. 교회에서 십자가 목걸이를 목이나 귀에 걸고 다니게 하는 것도 일종의 기독교적 주부법이라 할 수 있다.

열 번째, '차력법(借力法)'은 어떤 다른 것의 힘을 빌려서 병귀를 쫓아내려는 방법으로, '합력법(合力法)'이라고도 한다. 예를 들어 홍역 예방에는 백견을 살해한 후 그 피를 집이나 문 입구에 바르게 하고, 그 고기를 가족에게 먹이면 병독이 사라진다고 생각했다. 천연두가 유행할 때는 아이의 허리띠에 자물쇠를 달아주면 예방이 된다거나, 콜레라가 유행할 때 집 입구에 당나귀를 매어놓으면 병에 걸리지 않는다고 생각했다. 또한 난산일 때는 남편의 하의나 허리띠를 산부의 배에 감아 주면 순산한다고 했다.

열한 번째, '음식법'은 음식이나 약물로 병을 예방하거나 물리치려는 방법으로, '약물법'이라고도 한다. 폐결핵에는 어린아이의 오줌을 마시면 낫는다거나, 나병에는 인육을 먹으면 낫는다거나,

유산했을 때 그 태아를 먹으면 산후의 경과가 양호해진다고 믿었다. 그리고 소화불량에는 돼지 똥을 먹으면 좋다거나, 부녀자의 생리통이나 자궁출혈에는 맥주병을 가루로 만들어 복용하면 효과가 있다고 생각했다.

열두 번째, '고묘법(顧墓法)'은 악운이나 병의 원인이 분묘에 있다고 믿고, 분묘의 상태를 처리하는 것으로 악운과 병귀를 물리치는 방법이다. 예부터 자손의 운명은 전적으로 조상의 유해에 의해서 지배된다고 믿어 왔다. 분묘에 매장된 조상의 시체에 나무뿌리가 침입하면 신경병이 생긴다고 믿었고, 장티푸스에 걸리면 조상의 분묘를 개방했다. 조상의 유골에 곰팡이가 생기면 자손이 나병에 걸리며, 조상의 묘의 위치가 나쁘면 가족이 병이 걸리고, 묘지의 초목이 시들면 자손에게 변사가 발생한다고 생각했다. 또한 조상의 묘를 바람이 강하게 부는 곳에 정하면 자손이 감기에 걸리고, 조상이 미혼상태로 죽었을 때 사후 결혼식을 올리지 않으면 부형이 죽어서 지옥에 간다고 믿었다.

열세 번째, '순종법(順從法)'은 부드럽게 타협해서 귀신의 환심을 사고 귀신을 위안함으로서 귀신이 스스로 물러가게 하는 방법이다.

위에서 열거한 열세 가지 축귀법(逐鬼法) 외에도 빛깔, 소리, 향기, 맛, 촉감 등의 오감으로 호소하여 귀신을 방지하고 물리치는

'오감법(五感法)', 악귀와 질병을 어떤 것과의 접촉에 의해 물리치거나 예방할 수 있다는 '접촉법(接觸法)'이 있다. 이런 축귀법은 무속 치료 행위로도 쓰였지만, 우리 민족의 생활 속에 자연스럽게 녹아들어 지금까지도 남아 있는 삶의 일부가 되었다. 이러한 **무속행위가 자체가 빙의장애 발생의 원천이 되고 있다.**

많은 환자들은 빙의장애 치료를 위해 굿이나 축귀법을 시행하였다. 그로 인해 빙의 증상이 해소되거나 호전되었다는 사람도 물론 있다. 빙의장애 환자의 상당수가 종교를 가지고 있었지만, 무속(샤머니즘)은 아니었다. 이것은 빙의 현상을 무속적인 개념으로 이해하는 한국사회의 질병관을 나타내는 결과다. 이러한 종교적인 경험과 종교성이 빙의 증상을 형성하는 데 영향을 미쳤을 가능성도 짐작할 수 있다. 한 연구에 의하면 한국의 종교는 서양 및 동양 종교 모두 전통적 샤머니즘과 혼합되어 있고 영향을 많이 받았다고 한다.

업보빙의장애(業報憑依障礙) 환자들의 증상을 악마나 귀신 탓이 아니라 환자의 내면의 갈등과 상처, 병리적 성격 등의 결과물로 해석하려는 시도는 19세기부터 지금까지 꾸준히 이어지고 있다. 하지만 환자들의 증상이 악마나 귀신 때문에 생기는 것이 아니라는 증거는 누구도 발견하지 못하고 있다. 반대로, 빙의장애 증상들이 악마나 귀신에 의해 생긴다는 증거도 없기 때문에 이에 대한 논란은 계속될 것이다. 영적 현상이나 초자연적 현상을 인정하지 않으려는 경향이 강한 서구 문화권의 학자들은 빙의장애 환자들이 보여주는 모든 증상을 심리학 이론에 꿰맞춰 설명하려고 애를 쓴다. 하지만 그 외의 문화권에서는 여전히 빙의장애 증상이 악마나 귀신들이 개입된 결과라는 생각을 별 거부감 없이 받아들이고 있는 형편이다.

업보빙의장애(業報憑依障礙)로 고통받는 환자들은 어떤 영적인 힘이 자기 내부에 침투하여 생활 전반에 악영향을 주고, 특정한 정신 증상들을 일으키고 있다고 주장한다. 흔히 이야기되는 "내 안에 다른 누군가가 들어와 있다", "누군가 내 머릿속에서 이래라저래라 한다", "내가 나를 조정할 수가 없다"는 호소가 바로 그것이다. 빙의장애 환자들은 자기 내부에 들어와 있는 그 존재가 죽은 친지의 영혼이나 귀신, 악마, 사탄 등이라고 생각하며 두려움에 몸서리를 친다. 환각과 악몽, 가위눌림에 시달리고, 강박적 망상이나 우울, 불안 등 거의 모든 종류의 정신 증상에 시달린다. 일부 빙의장애 환자들은 보통 사람들로서는 상식적으로 이해하기 힘든 초능력을 보이거나 영적 신비체험을 하기도 한다.

대부분들의 정신과 의사들은 환자의 이 같은 주장을 무시하고 단순한 망각과 환각으로만 판단하여 정신분열증이나 조울증의 진단 기준에 따라 약물치료를 시작한다. 환자가 보여주는 모습이 조현병 증상군과 흡사하고 조울증이 심할 때 보이는 정신착란 증상과도 비슷하기 때문에 빙의에 대해 잘 모르는 정신과 의사들로서는 그럴 수밖에 없는 일일지도 모른다.

빙의장애는 인간이라면 누구나 누릴 권리가 있는 가정과 사회에서의 행복을 포기하게 만드는 인류 최대의 공포 **빙의유전병(憑依遺傳病)**이다. 세계 각국에서 중요한 사회적 이슈로 부상하고 있는 '빙의장애', 세계보건기구(WHO)에서 제시한 4대 치료과제 중 영적 치료는 우리 시대가 반드시 해결해야만 할 중대 과제이다.

2002년 세계보건기구는 빙의장애 증상의 치료법을 개발하기 위해 최면치료와 '영적 치료'를 인정했다. 그러나 현실은 크게 달라지지 않았다. 빙의장애 환자 스스로 '죽은 사람의 영혼(靈魂)이 빙의됐다'고 생각하거나, 일시적인 기억상실 혹은 의식불명 상태를 보이지 않는 이상 해리 장애보다는 정신분열증 진단을 받는 빈도가 훨씬 높기 때문이다. 정신분열증의 주 증상은 환각과 망상, 사회적 기능의 저하이다. **또한 해리 장애는 시간이 지나면 대개 증세가 호전되지만, 정신분열증은 예후가 좋지 않고 재발이 잦아 지속적인 약물치료가 필요하다는 것이 정설이다.**

과학과 의학의 눈부신 발전으로 인간의 평균수명이 연장되고 100세 시대를 눈앞에 두고 있는 이 시대에도 빙의장애 치료의 길은 여전히 열리지 않고 있다. 치료는커녕 빙의장애의 원인조차 제대로 밝혀지지 않은 것이 현실이다. 수많은 빙의장애 환자들이 원인 모를 증상으로 인해 고통받고 있는데 어디에서도 이들을 위한 명쾌한 해법은 보이지 않는다. 빙의장애 환자들의 가정은 파괴되고, 가족과 사회로부터 외면당하고 버림받은 환자들이 급기야 자신의 삶을 포기하고 마는 안타까운 현실이 무한 반복되고 있다.

아무리 힘들고 아프고 외로워도 해결할 수 없는 혼자만의 고통, 업보빙의장애(業報憑依障礙)! 이 지옥 같은 업보빙의장애(業報憑依障礙)의 고통에서 벗어나 자유롭고 평화로운 삶, 안락하고 행복한 삶을 누릴 방법은 없는 것일까? 날이 갈수록 우리의 정신문화가 피폐해지고 가치관의 혼란이 정점을 향해 치달아가고 있는 이때, 우리를 고통의 나락에 빠트리는 빙의장애에 대한 치료가 절실히 요구되고 있다.

환자들의 증상이 악마나 귀신 때문에 생기는 것이 아니라는 증거는 누구도 입증하지 못하고 있다. 그러나, 빙의장애 증상들이 악마나 귀신에 의해 생긴다는 증거가 있기 때문에 이에 대한 논란은 사라질 것이다.

필자가 세계 최초 개발한 『빙의유전병』대체의학 치료법을 "진리는 의학이다" 제2장에서 이에 대한 이론을 제시하고 있다.

4. 혼탁(混濁)한 업보를 초월세계방편해탈법 (超越世界方便解脫法)으로 정화시키자

사전에서 '빙의(憑依)'를 찾아보면 '다른 것에 몸이나 마음을 기댐', '영혼이 옮겨 붙음'이라는 뜻을 가지고 있음을 알 수 있다. 쉽게 말해서, 빙의란 죽은 자의 영혼(靈魂)이 살아 있는 사람의 몸으로 들어가는 조상망자와 아귀, 천신마귀, 축귀, 사물귀 등 객귀들에 의해 신체적·정신적으로 지배당하는 것을 말한다. 빙의장애 환자에게 일어나는 영매현상은 몸의 각 부분에 한정되어 발생할 수도 있고, 전체적으로 발생하여 제압당할 수도 있다.

현대의학에서도 빙의장애를 하나의 질병으로 인정하고 있음에도 불구하고, 체계적인 진단과 치료가 명확하게 이루어지고 있지 않다. 4차원 세계에서 우주만물의 의식들이 인간계 의식과 사람 사이에 인연 교류되어 잠재의식 상속유전자로 진화해 오는 이 불가사의한 인류학적 문제들을 그냥 내버려두어야 하는 것일까? 현대의학에서 진단과 치료가 어렵다면 "초월세계 대체의학"에서라도 그 해법을 찾아야 하는 것이 아닐까?

정신의학 연구자들은 빙의를 정신질환으로 구분하고 있지만, 빙의장애는 육체적인 병으로도 오지만 정신적인 질환으로도 다발적으로 일어나며, 영매작용과 의식장애로 인한 신들림·신병·귀신병, 유전병 인성 등으로 그 증상을 구분할 수 있다. 의학적으로 모든 병의 원인은 흔히 바이러스나 유전자의 변이로 분석하지만, 실은 잠재의식(潛在意識) 업보 활동에서 파생된 '영혼(靈魂)'의 '기(氣)' 때문이다.

빙의장애에 대한 병의학적 원인 진단이 반드시 필요하다. 외적인 영혼(靈魂)과 육신의 만남이 이루어낸 잠재의식, 그와 연결된 의식들을 정화하여 좋은 유전인자의 상속을 목표로 체계적인 진단과 치료가 이루어져야 한다. 지금 우리가 각성해야 할 것은 빙의현상 자체가 온전한 미신이든 실재하는 현상이든 이것이 소수의 사람들에 국한된 일이 아니라는 점이다. 망자의 의식이 인연에 연결되는 순간, 어느 누구라도 빙의장애에서 예외가 될 수 없다. 강약의 차이가 있을 뿐, 우리는 모두가 빙의 현상에 노출되어 있고, 그것을 가지고 생활하고 있다. 업보빙의장애(業報憑依障礙)는 극소수의 사람들만 겪고 있는 질환이라는 편견에서 벗어나야 한다. 우리 인간의 의식은 과거에서 현재까지 대대손손상속 대물림되어 내려온 조상의 무의식세계 그물망 안에 서로 엉키어 연결되어 있는 것이 업보빙의장애(業報憑依障礙) 발생의 원천이 된다.

업보빙의장애(業報憑依障礙)는 유전병이다. 업력 블랙홀 현상으로 우리의 몸에 들어와 우리 마음을 조종하고 이간질하고 분란을 일으키는 장본인은 바로 조상 영혼(靈魂)과 객귀(客鬼)이다. 그 '영혼(靈魂)'은 몸의 주인의 생각과 달리 조건에 따라 신내림(신병), 귀신병, 영매현상, 유전병 등을 발생시킨다. 대대손손으로 상속되어 온 나쁜 잠재의식이 현생에 나쁜 환경으로 업력 작인(作因)하여 생활 습관이 나빠지고, 가정과 사회에서 문제를 일으키고, 갖은 고통과 괴로움을 겪으며 불행한 삶을 살게 되는 것도 공존의식 장애 빙의유전병이다.

업보빙의장애(業報憑依障礙) 유전병은 영매현상 없이도 발생한다. 유전병은 빙의된 영혼의 병사(病死)한 잠재의식이 리드컨트롤 되면서 발생한다. 병사(病死)의 원인에 따라 세포가 파괴되고 변이가 발생하는데, 때로는 몸 전체나 기관에 부분적으로 유전병이 발생하기도 하고 사망에 이르게 되기도 한다. 유전병은 유전병으로 사망한 부모, 친가, 외가 조상님들의 병명을 조사하거나 환자 본인의 DNA 게놈 검사를 하면 알 수가 있다.

유전병을 예방 치료하기 위해서는 부모 조상들의 고통스럽고 불행한 잠재의식을 분리, 해체, 파괴, 소멸, 정화시켜야 한다. '부모 조상'이 있는 한 누구나 신병(神病)이나 영매현상, 유전병의 예방 진단과 치료를 받을 수 있고, 어떤 것보다 간단하고 확실한 진단결과를 얻을 수가 있다.

빙의장애를 정확하게 진단하고 치료해 줄 수 있는 사람은 과연 누구일까? 그것은 바로 빙의장애의 잠재의식을 분리, 해체, 파괴, 소멸, 정화시킬 수 있는 최고의 능력자이어야 한다. 빙의장애의 진단과 치료에는 이론도 매우 중요하지만, 어떠한 부분은 너무 난의(難義)해서 사람들에게 도리어 영매현상·신들림·유전병 등과 같은 큰 재앙을 가져다줄 수도 있다. 이러한 문제는 섣부른 판단을 지양하고, 현재로서는 병원에서도 빙의장애 진단을 받기 어렵기 때문에 빙의장애를 완치시킬 수 있는 능력자만이 정확하고 원만한 진단을 내릴 수가 있다. 의학적으로 진단하고 치료를 받기 위해서는 업보빙의장애(業報憑依障礙)를 완치시킬 수 있는 능력자와 의사들과 협의하여 진단할 수 있는 시스템을 만들어야 한다.

바야흐로 업보의 혼탁(混濁)시대이다. 이 시대의 혼란을 안정시킬 해법은 과연 무엇인가? 어떻게 하면 이 몸을 받아 온 유전적, 전래적 의식들을 해체, 정화(淨化), 소멸시키고, 몸과 마음이 다 같이 건강한 사회, 영원히 괴로움이 없는 행복하고 안락한 삶을 이룰 수 있을까? "초월세계 방편해탈법"에 그 길이 있다.

이승과 저승이 대대손손 연결된 조상줄, 신(神)의 의식, 종교세계 자체를 분리, 해체, 파괴, 소멸, 정화시키고, 망자들을 해탈시켜 안락한 극락세계로 분리시킴으로써 우리의 삶의 질은 더욱 높아질 수 있다. 이승은 고통에서 벗어나 평등하고 행복한 복지사회를 구현하고, 저승의 '영혼(靈魂)' 세계는 자유롭고 평등하며, 누구에게도 구애받지 않고 간섭받지 않으며, 맑고 깨끗하고 밝음이 비치는 영롱한 보배구슬 같은 진여자성이 현현할 것이다.

우주법계 초월세계 진리이론으로 빙의장애와 영매현상, 유전병의 원인인 잠재의식, 선(善)과 악(惡)의 업보를 인간에게 공헌하는 선(善)의 의식체제로 전환하여야 한다. 세계보건기구(WHO)가 정식 병명으로 인정한 '빙의병'을 해결하기 위해서는 지금 우리가 겪고 있는 사회적 혼란이 어디에서 온 것인지 알아야 한다. 어떤 인연의식과 업력들이 실타래 같이 엉켜 묶여 있기에 온 우주가 불가사의한 유기체처럼 한 덩어리가 되어 돌아가는지 밝혀내야 한다. 혼탁한 업보가 빙의장애 발생의 원천이 되고 있다. 가장 필요한 것은 의식개혁이다. 무한대의 영성 개발과 의식개혁으로 우리의 의식체제를 참되고 깨끗하게 변화시켜, 행복한 복지사회, 세계 지구촌의 평화를 이룩해야 한다. **혼탁한 시대의 해답은 오직 인과응보(因果應報)시대가 열려야 한다는 것이다.**

5. 한민족의 무의식세계에 신령세계 건설

한민족의 무의식세계 속에서 상속 유전돼 온 신병, 영매현상, 유전병 및 빙의장애로 인해 지금 이 나라의 개인과 가정 그리고 사회에 큰 환란이 일어나고 있다. 이 환란의 주범은 **원시시대, 상고시대에서 단군시대 이래 우리나라에 발생한 천신신앙, 산신신앙, 도교, 칠성신앙, 음양오행, 풍수지리, 조상숭배신앙 등의 다신앙과 불교, 도교, 유교, 기독교, 천주교, 개신교 등의 다종교가 생존 결합되는 과정에서 형성된 신령세계(神靈世界)이다.** 이 신령세계(神靈世界)는 어떻게 건설되었을까?

한민족의 무의식세계 잠재의식을 형성하고 있는 신의 세계가 발생한 것은 고대국가 성립 과정과 궤를 같이한다. 태초의 자연 속에서 생존해야 했던 고대인들의 삶은 팍팍하기만 했다. 지금처럼 법과 도덕적 규범에 의해 움직이는 사회가 아니라 약육강식(弱肉强

食), 그 자체였으니까. 언어와 도구를 사용할 줄 알았을 뿐, 인간의 삶은 동물과 크게 다를 것이 없었다. 고대인들은 수렵과 채집으로 먹을 것을 해결하고, 나뭇잎이나 동물의 가죽으로 몸을 가렸다. 항상 먹을 것을 찾아다녀야 했기 때문에 주로 동굴이나 바위 밑에서 생활했다. 자연히 사나운 맹수의 위협과 천재지변의 위험에 상시적으로 노출될 수밖에 없었다.

고대인들은 위험으로부터 자신을 지키고 불안함을 이기기 위해 곰이나 호랑이 같은 동물을 신성시하는 **토테미즘**, 자연물에도 영혼(靈魂)이 있다고 믿는 **정령신앙**을 갖게 되었다. 인간의 삶을 위협하는 맹수나 특정한 동물에게 특별한 의미를 부여하고, 그것이 인간의 삶을 지켜주며 복을 가져다준다고 믿었다. 특정 동물을 신격화하거나 산이나 강, 나무 같은 자연물을 영혼(靈魂)이 있는 존재로 인격화함으로써 스스로 해결할 수 없는 생활상의 문제들을 그들과 함께 해결하고 재앙을 물리치려 한 것이다.

이러한 원시신앙은 농경생활의 정착과 더불어 **조령(鳥靈)신앙, 곡령신앙**으로 발전하게 된 것이다. 고대인들은 새가 봄철에 곡식의 씨앗을 가져다주거나 이승과 저승을 연결해 주는 역할을 하며 죽은 영혼(靈魂)을 천상으로 인도한다고 믿었다. 새나 오리의 형상을 본떠 만든 토기, 목기, 청동기 등 삼한시대의 유적에는 이런 조령신앙의 흔적이 짙게 배어 있다. 곡령신앙은 만물에 신령이 깃들어 있다고 믿는 **정령신앙**의 일종으로, 고대인들은 곡령을 잘 섬기면 만복과 풍요를 얻을 수 있다고 생각했다. 이러한 원시신앙은 본격적인 의미의 신앙이라기보다는, 고대인들이 자기 자신을 지키기 위한 일종의 정신적 방어체계에 가까운 것이라고 볼 수 있다.

우리 역사에서 본격적으로 신이 등장한 것은 단군시대 때부터다. 다 아는 바와 같이, 단군왕검은 우리 민족 최초의 국가인 고조선을 세운 사람이다. 단군 이야기를 기록한 가장 오래된 역사책인『삼국유사』에 따르면 단군이 고조선을 세운 것은 기원전 2333년이다. 그 무렵, 한반도 서북지방과 만주 요령지방에는 족장이 다스리는 많은 부족들이 있었다. 단군은 이 많은 부족들을 통합하여 고조선이라는 나라를 건국하였다.

처음에 단군세력이 부족들을 제압하는 과정에는 당연히 물리력이 동원되었다. 그러나 장기적으로 여러 부족과 진정한 통합을 이루고 단일한 사회를 건설하기 위해서는 강압적인 수단만이 아니라 단군의 지배를 정당화할 만한 보다 새롭고 강력한 권위가 필요했다. 고조선의 건국세력은 고대국가 성립과 제도화 단계에서 자신의 지배를 합리화하기 위한 기제로 **천손강림의 건국신화를 만들어냈다.** 하늘을 두려워하고 신성시하는 천신신앙을 활용하여 자신들의 권위가 하늘로부터 부여받은 신성한 것임을 강조했다.

단군신화 같은 고대국가의 개국신화는 단순히 재미를 위해 꾸며진 허황된 이야기가 아니다. 신화의 내용을 찬찬히 뜯어보면 고조선이 생겨날 당시의 사회상과 역사적인 사실을 짐작할 수 있다. 단군이 바람, 비, 구름을 다스리는 사람들을 데리고 내려왔다는 것은 당시 고조선이 농경사회라는 것을 의미한다. 농사에서는 기후가 무엇보다 중요한 요소이기 때문에 날씨와 관련된 일을 주관하는 사람이 필요했던 것이고. 또한 **환웅이 여자가 된 곰과 결혼하였다는 것은 곰을 숭배하는 부족의 여자와 결혼했다는 사실을 암시해 준다.**

단군신화에서 단군은 곰을 여자로 변신시킬 만큼 초자연적인 능력을 가진 존재, 초월적 세계와 교류할 수 있는 신적 존재로 묘사된다. 단군이 강림한 태백산 신단수 아래 지역은 '신시(神市)'라고 불렸다. 천상과 지상을 오가는 성스러운 땅이라는 뜻이다. 하늘에서 데리고 내려온 풍백, 우사, 운사 등 기후신을 통솔하면서 풍요, 생명, 질병 치료 등 360가지 인간사를 주관하는 등 인간 세상을 다스리고 교화시켜 나갔던 것이다.

천신의 아들인 단군은 세속적 군주의 역할을 뛰어넘어 무왕(巫王)으로서의 지위를 가지고 있었다. 무왕이란 무교, 즉 샤머니즘을 기반으로 사회를 지배하는 종교적 지도자를 말하는데, 그 무왕의 징표가 바로 하늘에서 가지고 내려온 천부인(天符印)이었다. **천부인은 '천신이 내려 전한 세 개의 보인(寶印)'으로, 이에 대해서는 해석이 분분하다. 이를 오늘날 무당들이 쓰는 '방울이나 칼, 거울 같은 무구(巫具)'로 해석하는 학자도 있고**, 농경에 관한 선진기술을 의미한다고 보는 학자도 있으며, 관리의 신분을 증명하는 징표라고 보는 견해도 있다. 고조선과 청동기 시대의 지배자들이 종교적 기능까지 담당했다는 역사적 사실로 미루어볼 때 천부인은 '방울, 칼, 거울' 등의 무구일 가능성도 있고, 천신의 흐름 해시계일 가능성이 더 높다고 본다.

단군의 지배는 천신신앙, 즉 무교(巫敎)에 의해 정당화되었다. 샤머니즘은 외래 종교인 불교, 유교, 기독교보다 훨씬 오래된 종교라고 본다. 단군신화에서 샤머니즘의 요소가 나타나는 것으로 보아, 샤머니즘은 적어도 그 이전에 우리나라로 전래된 것으로 생각된다.

고조선의 지배세력은 신을 정치의 도구로 적극 활용하여 통치자가 종교적 사제 역할까지 맡는 제정일치 사회를 만들었다. 다시 말하면, 단군이 초자연적 능력을 가진 신들과 상통하는 샤먼의 기능을 함께 수행했던 것이다. 이 사실은 단군이란 말의 어원에서도 찾을 수 있다. **단군의 완전한 이름은 '단군왕검(檀君王儉)'으로, '단군'은 종교적 지도자를, '왕검'은 정치적 지도자를 뜻한다.** '단군'은 우리말 '단굴'에서 변형되어 온 말이다. '단골손님'이라고 할 때의 '단골'도 바로 이 '단굴'에서 온 말이다. '단굴'은 신탁을 받고 인간과 신의 중재자 역할을 수행한 종교인을 뜻한다. 한자어로 하면 무당(巫堂)이다.

'단굴'은 또 '천제(天帝)'를 뜻하는 고대 우랄·알타이어와 발음상으로 유사한 점이 많다. 그래서 학자들 중에는 '단굴'이, '하늘 또는 천지신명과 인간과의 교류를 가능하게 해 주는 사람'을 뜻하는 몽골어 '텐그리(Tengri)'의 음차 표기라고 주장하는 사람이 많다.

개국시조가 강림한 산은 하늘과 땅이 교류하는 성소이자 제천의 장이기도 했다. 파종기나 수확기에 이루어진 제천의식은 천신에게 생산과 풍요를 기원하고, 천지와 인간의 화복을 주재하는 의식이었다. 파종이 시작되는 5월이나 추수가 끝나는 10월이 오면 **국가적으로 천신을 숭배하고 제사를 지내는 제천의식이 거행되었다. 강화도 마니산 꼭대기에 있는 참성단은 고조선 때 단군이 천신제를 올리던 장소로 알려져 있다. 그러나 그보다 더 많이 알려진 것은 부여의 영고나 고구려 동맹, 그리고 동예의 무천과 삼한의 소도제와 같은 제천의식이다.**

부여, 고구려, 동예의 제천의식은 제를 지낸 기간은 다르지만 태초의 신성한 시간과 공간에서 이루어졌다는 공통점을 가지고 있다. 제천의식 기간에는 형옥을 열어 죄수를 풀어주는 대사면을 단행하고, 공동체 구성원들 모두가 모여 밤낮으로 먹고 마시며 노래하고 춤췄다. 모든 구성원이 신과 소통할 수 있는 접신 상태에 이르게 되면 태초의 순수한 신성성을 회복할 수 있다고 믿었던 것이다. 그때 "아리랑 아라리오" 노래를 부르고 춤을 추는 것이 신을 부르는 행사라고 볼 수 있다. 이러한 제천의식은 천신신앙, 즉 무교를 기반으로 한 지배질서를 정당화함과 동시에 국왕이 가진 무왕적 신성성을 증명하는 수단이 되기도 했다.

신라에서는 무당을 뜻하는 '차차웅(次次雄)'이라는 말이 왕의 칭호로 사용되었고, 왕의 예언 능력이 왕권을 정당화하는 논리로 동원되었다. 예컨대, 신라 제9대 벌휴왕(伐休王)이 바람과 구름의 모양으로 그 해의 풍흉(豊凶), 홍수와 가뭄을 예언하고, 점을 쳐서 사람의 운명을 알아맞혔다거나, 『삼국유사』'지기삼사(知機三事) 설화'에서 제27대 선덕여왕의 뛰어난 예언 능력을 부각시킨 것을 보면 정치와 종교가 분리된 삼국시대에도 국왕의 종교적 권위가 살아 있었음을 알 수 있다. 다시 말하면, 국왕의 주술적인 권능이 곧 국가에 대한 권위와 지배를 정당화시키는 가치였던 셈이다.

고조선과 삼국의 개국신화에는 시조왕의 무왕적 신성성이 또렷이 표현되고 있다. 단군신화에서 웅녀가 21일 동안 동굴에서 마늘과 쑥만 먹고 인간이 되었다는 이야기나 하늘에서 내려온 해모수가 웅심산에서 십여 일을 머물다가 내려왔다는 이야기, 신라 탈해왕이 토함산에서 석총을 만들고 칠 일을 지냈다는 이야기는 고난에 찬 성무(成巫) 과정의 통과의례로 해석할 수 있다. 탈혼 망아 상태에서 천상계와 지하계에서 겪는 시련의 과정을 '동굴 생활'이나 '마늘', '쑥'이라는 말로 표현했다.

개국시조들의 특징은 천계와 지상을 자유자재로 오갔다는 것이다. 북부여를 세운 해모수는 아침에 내려와 정무를 보고 저녁에는 다시 하늘로 올라갔다고 하여 '천왕랑(天王郎)'이라는 별명이 붙었다고 한다. 동명왕 주몽은 정무를 보기 위해 말을 타고 하늘로 올라갔고, 혁거세왕은 하늘로 올라간 지 7일 만에 유체가 흩어져 땅에 떨어졌다고 한다. 또, 개국시조들은 동물 친교, 의사소통, 변신을 통해 우주적 생명과 합일하는 무왕으로서의 접신능력을 보여주고 있다. 해모수는 하백의 딸을 얻기 위해 하백과 주술경합을 벌였고, 동명왕 주몽이 동부여에서 도망 나올 때 물고기와 자라가 다리를 놓아 무사히 강을 건넜다고 한다. 주몽의 어머니가 보내준 보리씨를 받기 위해 비둘기를 죽이지만 물을 뿜어 다시 살려낸다는 이야기도 있다.

철기시대가 도래하면서 청동기시대의 국왕이 가졌던 무왕적 성격은 큰 변화를 맞이하게 된다. 사회가 복잡해지고 영토 확장을 위한 전쟁이 빈번해지면서 다산과 풍요에 대한 희구보다는 국왕의 사회 조직과 군대 통솔 능력을 중시하게 된 것이다. 군장을 중심으로 한 지배세력이 전쟁 수행과 군대 통솔에 더욱 치중하게 되면서 정치와 종교는 점차 분화되고, 그간 국왕이 수행해 왔던 제사장으로서의 지위와 역할은 다른 종교 전문가에게 양도되었다.

그 단적인 예로 마한의 소도를 들 수 있다. 『삼국지』의 위서 동이전에 따르면 마한의 각 읍에는 제천의식을 주관하는 천군이 따로 있고, 소도라는 별읍을 두었다고 한다. 제사장인 천군은 제천 의식을 주관하면서 소도에 국한된 권력만을 누리도록 분리한 것이다. 큰 나무에 방울과 북을 달아 귀신을 섬기는 곳이었던 소도는 일종의 신성지역으로, 정치적 권력이 미치지 못하는 치외법권 지역이었다. 이는 소도 이외 지역에서는 왕권이 신권보다 우위를 차지했고, 고대국가 출현 이전부터 제정분리가 진행되고 있었다는 의미로 해석할 수 있다.

신라 제2대 남해차차웅은 자신의 누이 아로(阿老)에게 박혁거세의 시조묘 제사를 주관하게 했다. 신권이 왕권에서 분화된 뒤에도 왕실 담을 넘어가지 않도록 왕실의 여성에게 종교지도자의 지위를 넘긴 것이다. 따라서 종교지도자는 국가 조직의 일원으로서 국왕 측근에서 국정을 보좌했다. 이 시기에 활약한 종교전문가를 가리키는 말로 무격, 일자(日者), 일관(日官), 점자(占者), 복사(卜師) 등의 호칭이 있다. 이들은 대개 국가 조직에 포함된 관리로서 신령 세계와 통할 수 있는 종교적 능력을 바탕으로 국정에 이바지했다. 백제의 일관부나 신라의 봉공복사(奉供卜師), 그리고 고구려 차대왕이 평유원에 사냥 갈 때 대동했던 사무(師巫)도 점복 담당 관직이었다.

그러나 정치와 종교가 분리된 삼국시대에도 국왕의 종교적 권위는 여전히 살아 있었다. 삼국의 시조신화에서 보듯이 무왕적 신성성은 고조선 이후에도 지배세력을 떠받치는 근간이었다. 국왕이 천신의 후예임을 강조하는 건국신화는 여전히 왕권을 정당화하는 논리로 쓰였다. 고구려 장수왕 2년(414)에 세워진 광개토대왕 비문에는 고구려의 시조인 주몽(추모왕)을 '천제의 아들이자 하백의 외손으로서 성덕이 있어 왕이 되었다'라고 표현하고 있다. 이보다 후대인 5세기에 세워진 모두루묘지(牟頭婁墓誌)의 비문에는 '성왕 주몽이 하백의 손자이며 일월의 아들'이라고 기록돼 있다. 이 같은 사실로 미루어, 적어도 5세기까지 우리나라는 천신신앙과 산신신앙이 지배하는 나라가 아니었나 생각된다.

삼국시대에는 새로운 왕이 즉위할 때마다 시조묘나 신궁에서 건국신화를 재연하는 즉위의례를 거행하여 왕권의 정통성과 신성함을 증명하였다. 나라를 세운 시조왕의 신성성이 곧 자신들의 권위의 원천이었기 때문이다. 이런 즉위의례나 국가제사를 통해 건국시조는 왕실의 조상이자 국가구성원 전체의 조상으로 강조되었는데, 이것이 바로 조상숭배의 기원이 되었다고 본다.

이러한 역사 흐름에서 보듯이 샤마니즘, 정령신앙, 토템신앙, 조령신앙, 곡령신앙, 수호신앙, 천신신앙, 산신신앙, 삼산신앙, 호국신앙, 신선신앙, 도교신앙인 신선신앙 의례와 제신(諸神)이 우리나라에 들어오면서 옥황상제(玉皇上帝), 칠성(七星), 북극성(北極星), 태을성(太乙星), 자미성(紫微星), 성황(城隍), 조왕(竈王) 등과 도교, 유교, 무속신앙이 대대손손 국민의 정서(情緖)로 생활 전반에 안착되어서 조상법계에 신들이 형성된 것이다. 이렇게 만들어진 한민족 조상법계에 형성된 샤머니즘과 국사신앙, 일체토속신앙의 신의 세계가 형성된 과정이 업보빙의장애(業報憑依障礙) 발생의 원천이 되고 있다. 작금에 와서는 업보빙의장애라는 불가사의 한 신병(神病)이 내림으로 빙의유전병이 발생하고 있으나 정신의학계에서는 속수무책으로 일관하고 있다.

6. 산신신앙

고조선의 시조인 단군이 인간 세상을 다스릴 수 있는 천부인(天符印) 3개를 가지고 내려온 곳은 태백산 신단수 아래였다. 단군도 마찬가지지만 우리나라 천강신화의 주인공들은 모두 산으로 내려온다. 단군은 태백산으로 내려왔고, 주몽신화에 등장하는 해모수는 웅심산(熊心山)으로 내려왔으며, 수로신화에서 수로는 구지봉(龜旨峯)에 출현하였다. 혁거세신화에서 혁거세가 태어난 곳은 양산 기슭이다. 또, 혁거세 탄생 이전에 하늘에서 내려왔다는 6촌장들도 모두 산에 강림하였다.

천강신화의 주인공들은 왜 하나같이 산으로 강림했을까? 그것은 바로 산이라는 장소가 가지고 있는 상징성 때문이다. 산을 외경과 두려움의 대상으로 보지 않은 민족은 거의 없다. 세계 어느 나라에서나 산과 관련한 신들과 정령들에 대한 신앙이 다양한 형태로 전해져 내려오는 것은 바로 그 때문이다.

외관상으로도 산은 인간이 우러러봐야 할 만큼의 높이와 광대한 크기를 갖고 있다. 안개와 구름이 산허리를 둘러싼 모습은 인간세상에서 멀리 떠나 있는 듯한 고고하고 신비스러운 분위기마저 자아낸다. 깊은 산중에서 들려오는 산짐승의 울음소리, 산울림의 반향, 낙숫물 소리, 바위가 떨어지거나 얼음이 깨지는 소리는 고대인들에게 산을 어떤 인격적인 모습을 가진 존재로 간주하게 만들었다.

구름을 뚫고 하늘을 향해 우뚝 솟아 있는 산의 정상은 인간이 범접할 수 없는 신비의 영역으로 느껴졌다. 세속으로부터 분리된 듯한 산정의 신비로운 모습에 압도된 인간은 산을 천신이나 비의 신 등, 신들이 거주하는 곳으로 여기게 되었다.

산이 많은 우리나라에서 산신신앙이 퍼지게 된 것은 당연한 일이었다. 고대로부터 우리나라 사람들은 산에 의지하여 살아왔으며, 산, 바위, 나무, 물 등의 자연물에 신령스러운 힘이 있다고 믿는 정령신앙과 같은 원시신앙이 존재하였다. 산은 사람들에게 삶의 터전이자 친숙한 생활공간이었고, 한편으로는 자신을 보호해 주는 수호신(守護神)으로서 경외의 대상이기도 했다. 고대인들의 이러한 산악숭배사상은 고대국가를 거치면서 산을 인격화시키거나 형상화시켜 숭배하는 산신신앙으로 발전하게 된다.

우리의 선조들은 산을 하늘과 땅이 소통하는 경로라고 생각했다. 하늘을 향해 우뚝 솟은 산은 선조들의 눈에 하늘과 땅의 가교역할을 하는 성스러운 땅으로 비쳐졌다. 단군신화를 비롯한 우리나라 모든 천강신화의 주인공들이 산으로 강림한 것은 자연스러운 결과다. '산'에 강림한 천강신화의 주인공들은 하늘에서 내려온 산신이나 천상과 지상을 오가는 매개자로 묘사되었다. 그것은 땅에 있는 사람들을 통치할 수 있는 정당성과 권위를 확보하기 위해서였다. 다시 말하면, 당시 지배세력의 정치적 목적을 달성하기 위한 수단으로서 신이 등장하게 되었다.

산 중에서도 세 개의 봉우리로 이루어진 삼산(三山)은 더욱 각별한 신앙의 대상이었다. 고대국가의 성립 시기에 삼산(三山)은 시조신의 강림처로 숭앙받았으며, 삼국시대에는 정복전쟁의 기능적 역할을 위한 호국신의 거처로 신성시했고, 통일국가의 위용을 자랑했던 통일신라와 고려, 조선시대에는 국가와 도읍을 진호하는 진산으로 여겨졌다. 단군이 강림한 태백산도 세 개의 높은 봉우리로 이루어진 삼산이었고, 신라 6촌장 가운데 하나인 지백호(智白虎)가 강림한 곳도 삼산이었다. 삼산에 강림하여 국가를 창건했던 단군, 주몽, 혁거세 등의 시조신들은 사후에 다시 이 강림처로 돌아가 국가를 수호하는 호국신이 되었다.

처음에는 단순히 하늘에 제를 올리는 성스러운 장소였던 산이 차츰 독립적인 신앙의 대상이 되어 삼산신앙, 신선신앙으로 발전해 나간 것이다.

단군이 지배하는 제정일치 사회에서 산신신앙은 널리 퍼져나갔다. 산신제의 역사가 시작된 것도 바로 고조선 때이다. 단군은 천지가 결합하여 탄생한 산신으로 백성들에게 떠받들어졌고, 산신신앙을 믿는 사람들은 명산대천을 찾아다니며 제사를 지냈다.

"단군은 고조선을 건국하고 나라를 다스리다가 아사달의 산신이 되었다"는 『삼국사기』의 기록이 암시하는 것처럼 산신신앙은 고조선 이후에도 계속해서 번성했다. 상고시대의 시조와 고대국가 초기의 왕들 가운데에는 산신으로 추앙받는 존재들이 있었으며, 고구려, 신라, 백제 등 여러 고대국가에서는 국가적인 규모로 종교행사를 개최하였고, 국가 수호와 재해 방지를 위한 기도가 명산(名山)을 대상으로 이루어졌다. 이러한 사실은 『삼국사기』에도 자세히 기록되어 있다.

> 三山五岳已下名山大川 分爲大中小祀
> (삼산오악 이하 명산대천을 대사, 중사, 소사로 나누어 제를 올렸다.)
> 大祀三山一奈歷 習比部 二 骨火 切也火郡 三 次禮 大城郡
> (대사를 올리는 삼산은 제일 나력 습비부요, 제이 골화 절야화군이고, 제삼 혈례 대성군이다.)

위 인용문에서 드러나듯이 신라에서 국가적 차원의 산천제 대사(大祀)를 지낸 나력, 골화, 혈례 등이 바로 삼산(三山)이었다는 사실을 알 수 있다. 또한, 『삼국사기』에는 삼산(三山)은 호국신의 거처였으며, 삼산(三山)의 신은 국가의 존망과 밀접하게 연관된 호국신이었음을 강조하는 기록들이 다수 나타난다. 고구려 정탐 길에 오른 김유신에게 삼산(三山)의 호국신이 나타나 '김유신의 하인인 백석이 배신할 것'임을 알려주어 화를 면하게 했다는 이야기나, 경덕왕 때 삼산(三山)의 신이 나타나 국가의 위기를 경고하고 충담사(忠談師)가 「안민가(安民歌)」를 지어서 위기를 모면했다는 이야기가 그것이다.

『삼국유사』에 따르면 백제에도 삼산(三山)의 신이 있어, 백성들은 이들이 국가를 수호한다고 믿었다는 이야기가 전해지고 있다.

又郡中有三山曰日以山吳山浮山 國家全盛之時各有神人居其相飛上往來朝
多不色
또 도읍 안에 삼산이 있으니 일산,오산,부산이라 한다. 국가 전성기에는 각각 신인이 있어 그(산) 위에 거처하였는데 서로 날아다니며 왕래하였으니 아침저녁으로 끊이지 않았다.

국가 전성기에 신인(神人)의 왕래가 끊이지 않았다는 것은 국가가 혼란에 빠졌거나 멸망하면 신인(神人)이 거처를 떠난다는 의미로 이해할 수 있다. 그밖에도 『삼국유사』에는 삼산의 호국불교적 성격을 엿볼 수 있는 다음과 같은 내용이 수록되어 있다.

南白月二聖努肹夫得 怛怛朴朴
南白月山兩聖成道記 時 白月山 在新羅 仇史郡 之北 古之 屈自郡 令 義安君
峯巒寄秀延數百里眞居鎭也古 老相傳云昔 唐 皇帝上鑿一池每月望前嵓
石如師隱映花間之影現於池中上命書 工啚其狀遣使溲訪下至 海東 見此
有大師子嵓山之西南二此許有 三山 其名 花山 其山体三首故云 三山 與圖相
近然未知眞僞以隻履懸於師子嵓之頂使還奏聞履影亦現池帝及異之賜名
白月山 望前白月影現故以名之 然後池中無影
남백월의 두 성인 노힐부득과 달달박박이다.

「백월산양성성도기(白月山兩聖成道記)」에서 이르기를 "백월산(白月山)은 신라 구사군(仇史郡) 북쪽에 있다. 옛 굴자군(屈自郡)으로 지금의 의안군(義安郡)이다. 봉우리는 기이하고 빼어났는데 그 산줄기는 수백 리에 뻗어 있어 참으로 큰 진산이다"라고 하였다. 옛 노인들이 서로 전하기로는 "옛날 당(唐)나라 황제가 일찍이 못을 하나 팠는데 날마다 보름 전에 달빛이 밝고 (못) 가운데에 산이 하나 있어서 사자처럼 생긴 바위가 꽃 사이로 은은히 비쳐서 그 그림자가 못 가운데 나타났다. 황제는 화공에게 명하여 그 형상을 그리게 하고 사신을 보내 천하를 돌며 찾게 했다. 해동(海東)에 이르러 이 산에 큰 사자암(師子嵓)이 있는 것을 보았다. 이 산 서남쪽 2보쯤 되는 곳에 삼산(三山)이 있어 그 이름이 화산(花山)이라, 그 산의 몸체는 하나이고 봉우리가 셋인지라 삼산이라고 하였다. 그림과 서로 비슷하여 그 진위를 알 수 없으므로 신발 한 짝을 사자암 꼭대기에 걸어두고 사신은 본국으로 돌아가서 황제에게 아뢰었다. 그 신발 그림자 역시 연못에 나타났다. 황제가 이것을 기이하게 여겨 이름을 백월산이라고 지어주었다. 보름 전에는 흰 달의 그림자가 못에 나타나는 연유로 그 이름을 붙였다. 그 후로는 연못 안에 그림자가 없었다"라고 하였다.

'백월산'이라는 명칭의 유래를 알려주는 대목이다. 백월산 서남쪽 2보쯤 되는 곳에 몸체는 하나이고 봉우리가 셋인 '화산'이라는 삼산이 있는데, 일찍이 당나라 황제의 연못에 그림자를 비춰 영험을 보였고 '노힐부득(努肹夫得)'과 '달달박박(怛怛朴朴)'이 불도를 닦아 성인이 된 경승지라는 것이다. 훗날 이 두 성인의 불상을 모신 사찰이 이곳에 들어서고 불교의 성지가 되었다는 점과 당시 신라의 불교가 호국불교였다는 점을 고려해 볼 때 삼산은 호국적 불교신이 거처하는 장소였다는 해석이 가능하다.

신라의 6촌장 가운데 하나인 지백호(智白虎)가 강림한 곳도 화산이었다. 단군이 강림한 태백산을 '삼위태백(三危太伯)'이라고 하는데 여기서 '위(危)'는 '고(高)'와 같은 의미이므로 '삼위'는 곧 세 개의 높은 봉우리로 이루진 삼산이라고 해석할 수 있다. 지백호가 강림한 화산은 바로 이 '삼위'와 동일한 의미의 삼산이며, 나력, 골화, 혈례 같은 호국신의 거처가 아니라 시조신의 강림처라는 점이 드러나는 대목이다.

다시 말하면 삼산은 본래 시조신의 강림처였으나 후대에 오면서 한국신의 거처로 의미가 바뀌었고, 강림 후 시조신은 점차 호국신으로 자리 잡게 되었다고 해석할 수 있다. 삼산이 '호국신의 거처'라는 이러한 인식은 후대로 갈수록 점점 약화된다. 조선시대의 인문지리서인 『신증동국여지승람(新增東國輿地勝覽)』이나 『증보문헌비교(增補文獻比較)』 등의 문헌을 보면 신라와 백제의 삼산에 관한 기록은 사라지고, 해당 지역의 진산에 대한 소개만이 나온다. 봉우리가 세 개인 삼각산에 대한 기록만이 유일하게 삼산에 대한 인식을 엿볼 수 있는 대목이다. 백운봉, 국망봉, 인수봉 세 개의 봉우리로 이루어진 삼산이자 한양 제일의 종산(宗山)으로 북방을 진호하는 진산인 삼각산은 국가와 도읍을 수호한다는 의미에서는 신라나 백제의 삼산과 성격이 같지만, 국가 또는 읍을 진호하는 진산으로 규정함으로써 삼산을 '호국신의 거처'라고 보는 시각이 약화되었음을 알 수 있다.

고대국가의 성립 시기에 삼산(三山)은 '시조신의 강림처'로, 삼국시대에는 정복전쟁을 수호하는 '호국신의 거처'로, 통일국가의 위용을 자랑하던 통일신라·고려·조선시대에는 '국가와 도읍을 진호하는 진산'으로 백성들에게 뚜렷이 각인되었다. 산은 사람들에게 삶의 터전을 제공하고 의지하며 살아가는 친숙한 공간이면서도 사람을 보호해 주는 수호신(守護神)으로서 경외의 대상이었다. 이런 산악숭배신앙이 고대국가를 거치면서 산을 인격화시켰고, 차츰 의례를 동반한 신앙 형태로 독립하여 삼산신앙을 이루어냈다.

통일신라 왕조는 전국의 명산대천 중에서 삼산(三山)과 오악(五岳)을 지정하고 50여 군데의 대사(大祀), 중사(中祀) 소사(小祀)로 나누어 제사를 지냈다. 고려시대 때도 산신신앙은 건재하였다. 고려 후기의 문신 박전지(朴全之)가 쓴 『영봉산용암사중창기(靈鳳山龍岩寺重創記)』에 보면 개국조사 도선(道詵)과 지리산 성모천왕의 이야기가 바로 산신신앙의 근거라고 할 수 있다. 성모천왕이 개국조사 도선에게 "만일 세 개의 암자를 창립하면 삼한(三韓)이 합하여 한 나라가 되고 전쟁이 저절로 종식될 것이다"라 하며 고려 건국에 도움을 주는데, 이 성모천왕이 바로 지리산의 산신이 된다.

지리산은 백두산, 금강산, 구월산 등과 함께 우리나라의 명산으로, 예부터 영험한 능력을 보유한 영산으로 숭앙받아 왔다. 지리산에 얽힌 전설도 많다. 신라에서는 시조 박혁거세의 어머니 선도성모를 지리산 산신으로 받들고 남악사에 봉안하였는데, 그곳이 바로 지금의 노고단이다.

불교국가였던 고려의 왕조는 재변이나 국가적 위기가 닥치면 불교에 의지하는 한편 오악명산에도 반드시 빌어 난국을 타개하려고 했다. 산천에 묘사(廟祠)를 짓고 신병(神兵)이 전쟁에 이기도록 도와주십사 빌기도 하였으며, 대궐의 뜰 안에 산천(山川)의 신(神)을 모셔다 왕이 친히 제사를 올렸다.

조선은 성리학적 이념을 바탕으로 건국된 유교국가로 종교적 기능이 취약하였기 때문에 불교. 도교, 토속신앙 등을 어느 정도 인정할 수밖에 없었다. 신선신앙 역시 마찬가지였다. 산악신(山岳神)과 산천신(山川神)을 모시는 산신제를 나라에서 관장하였고, 나라에서 사당을 짓거나 제단을 마련하여 제사를 지냈다. 명산의 산신을 호국지신(護國之神)으로 봉하고, 각각의 신위(神位)를 두어 봄가을에 두 번씩 한재, 수재, 병재가 발생하지 않도록 제사하였다.

민간에서는 각 주, 읍의 북쪽 진산에 산신당을 지어 봄·가을과 정초에 제사를 지내는 풍속이 있었다. 농경사회 공동체의 안녕과 번영을 위해 마을 앞이나 뒷산에 성황당, 신목(神木) 등을 마련하여 마을 공동으로 제를 올렸으며, 산천이나 마을 수호신에 대한 신앙행위가 집단적으로 행해졌다. 고갯길에 조그만 사당을 두기도 하고 신목(神木)을 지정하여 지나가는 사람들이 산신에 예를 올리도록 하였고, 개인 집에 사당을 두어 가족구성원의 건강과 장수, 소원을 빌기도 하였다. 현재까지도 민간에서는 마을마다 산신당, 서낭당, 성황당, 당제, 동제 등 산신을 주신으로 하는 산신신앙이 계속 유지되고 있으나, 전통신앙의 모습은 점차 민간에서 사라져 그 명맥만이 유지되고 있는 실정이다.

그러나 마을신앙에 제향과 믿음이 사라졌다고 해도 조상법계에서 한국 국민은 도시나 시골 누구를 막론하고 생사관에서 벗어날 수 없다. 어마어마한 인연 신법(神法)에 연결되어 있다. 이 도교 마을신앙줄에서 벗어나지 못하면 조상과 후손이 혼탁한 생사업보에 묶여서 해탈할 수가 없다. 그래서 국사산신신앙이 업보빙의장애(業報憑依障礙) 발생의 원천이 된다.

한국 토속신앙의 근간을 이루는 천신신앙, 천지합일 산신신앙은 끈질긴 생명력과 탁월한 수용능력으로 현대 사회에까지 면면히 이어졌다. 외래 종교가 들어오면 그것을 배척하지 않고 저항 없이 받아들이는 한편, 받아들인 후에는 상대방을 표면에 내세우고 자신은 숨어드는 방식으로 생명력을 유지하는 것이다. 그리하여 외래의 어떤 종교도 한국의 샤머니즘, 천신신앙, 산신신앙을 극복하지 못하고 오히려 흡수되어 변형되는 방식으로 토착화되었다. **한국에**

토착화된 외래종교도 해탈을 안 시키고는 업보빙의장애(業報憑依障礙)에서 벗어날 수가 없다. 교회, 사찰, 일체 교단에서도 신병 등 여러 가지 빙의장애가 발생하고 있다는 현실을 부정하지 못한다. 그렇지 않으면 왜 빙의장애 환자를 방치하고 있겠는가? 이것은 교회나 사찰 등 여러 교단에서도 빙의장애를 완치시킬 진리 방편 치료법이 전무하다는 사실을 입증하는 것이다. **그래서 한국의 샤머니즘, 천신신앙, 산신신앙과 한국에 토착화된 종교 일체교단이 업보빙의장애(業報憑依障礙) 발생의 원천이 되고 있는 것이다.**

7. 칠성신앙

지금까지 우리 민간신앙의 중요한 부분을 차지해 온 것은 토속 칠성신앙과 중국에서 들어온 외래 도교칠성신앙이 있다. 하늘을 신격화시켜 숭배한다는 점에서 일종의 천신숭배(天神崇拜)사상 이라고 볼 수 있다. 산신사상이 고대인의 산악숭배와 더불어 나타난 것이라면, **칠성신앙은 북두칠성과 하늘의 별을 숭배하는 천신숭배에서 비롯된 것이다.**

칠성신앙의 '칠성(七星)'은 하늘에 떠 있는 북두칠성을 말하는 것이다. 고대인들은 별자리를 하늘에 건설되어 있는 이상적인 나라로 해석하였다. 그 나라에는 자미원(紫微垣), 태미원(太微垣),

천시원(天市垣) 세 가지 원(垣)이 있는데, 자미원의 중심에 있는 자미궁이 바로 옥황상제가 주재하는 곳이다. 이 자미궁은 28수 별자리의 호위를 받고 있으며, 그 주위를 북두칠성이 24시간에 한 바퀴씩 돌면서 자미원 밖의 모든 별들을 다스리고 있다고 믿었다.

북두칠성의 중심에는 북극성이 있다. 북두칠성은 천제인 북극성을 중심으로 돌아가는데, 북두칠성이 순차적으로 가리키는 방향에 따라 지상의 계절이 바뀌면서 만물이 태동, 생장, 성숙, 수장(收藏) 등의 변화를 반복하게 되는 것이다. 또, **북두칠성은 비를 내리는 신이자 인간의 수명과 출산, 재물과 재능을 관장하는 신으로서 풍농과 입신출세를 바라는 많은 사람들이 숭앙하는 대상이었다.**

중국에서 칠성신앙은 불교와 동시대에 발전하였다. 당나라 때 승려 일행(一行)은 칠성신앙과 불교 간에 마찰이 생길 것을 우려하여 『약사칠불경』에 칠성호마법을 만들어 칠성사상을 수용하였다고 한다. 즉, 약사불을 주체로 한 칠불에 각 칠성의 이름을 접목시켜, '탐랑성군', '거문성군', '녹존성군', '문곡성군', '염정성군', '무곡성군', '파군성군' 등 칠원성군을 정했다는 것이다.

이 칠성성군은 각기 맡은 임무가 조금씩 다르다. '탐랑'은 자손들에게 복을 주고, '거문'은 장애와 재난을 없애준다. '녹존'은 업장을 소멸시켜 주고, '문곡'은 구하는 바를 모두 얻게 해 준다. '염정'은 백 가지 장애를 없애 주고, '무곡'은 복덕을 두루 갖추게 해 주며, '파군'은 수명을 연장시켜 준다고 한다.

중국 칠성신앙이 우리나라에 들어온 것은 삼국시대였다. 인간의 수명(壽命)을 담당하는 칠성신은 신(神) 중에서도 중요한 위치를 차지하고 있었다. 왕실이나 민간에서는 장수를 기원하기 위해 칠성신에게 기도를 하거나 제(祭)를 올렸다.

칠성신앙은 삼국 모두에 고루 퍼져 있었다. 고구려 시대의 고분(古墳)에는 칠성벽화가 등장하고, 『구당서(舊唐書)』동이전(東夷傳) 고구려조에 '사람들은 그 풍속의 내력이 온당하지 않은 신을 모시는 사당이 많으며, 영성신(靈星神)을 섬기며, 일신(日神)을 섬긴다'는 기록이 있다. 백제 영묘사(靈廟寺)에서는 오성제(五星祭)를 거행했다. 이는 고대국가 시대부터 우리나라에 영성신앙(靈星信仰)과 함께 다양한 종류의 성신 숭배가 이루어졌으며, 특히 북두칠성을 숭배하는 칠성신앙은 산신신앙과 더불어 민간신앙의 큰 줄기를 차지하게 되었음을 의미하는 것이다.

신라에서도 인간의 수명장수를 기원하고 국가의 길흉화복을 주관하는 성신 숭배(星辰崇拜)가 성행했다. 『삼국유사(三國遺事)』기이 김유신 조를 보면 "김유신 공은 칠요의 정기를 타고났기에 등에 칠성의 무늬가 있었으며 또 신기하고 이상한 일들이 많았다(庾信公 禀精七曜 故背有七星文 又多神異)"는 탄생설화가 기록되어 있다.

칠성신앙의 체계적인 기틀이 형성된 것은 삼국시대 말기 도교가 왕실과 민간에 널리 수용되면서부터였다. 도교적인 의례와 제신

(諸神)이 우리나라에 들어오면서 옥황상제(玉皇上帝), 칠성(七星), 북극성(北極星), 태을성(太乙星), 자미성(紫微星), 성황(城隍), 조왕(竈王) 등 다양한 신격이 나타나게 되었다.

고려 때는 나라에서 태일(太一)을 지낼 때 칠성신에게 제사를 지냈으며, 민간에서는 칠성신을 아이들의 수명을 관장하는 신으로 믿었다. 고려 왕실에서 도교식 제사를 올릴 때 태을(太乙), 칠성(七星) 등의 다양한 신격이 소개되었지만, 가장 중심적인 것은 북두칠성의 초제였다.

조선시대에는 인조반정 이후인 1636년 병자호란이 일어난 후 청의 압력으로 도교를 숭상하면서 칠성사상이 민간에 널리 퍼지게 되었다. 청나라에 굴욕적으로 항복한 조선은 청나라가 강권하는 도교를 받아들이지 않을 수 없었다. 사회적 혼란 속에서 도탄에 빠진 백성들은 도교의 여러 성신 중에서도 특히 칠성신앙에 깊이 빠져들었다. 그래서 청나라 도교 신명들이 지금까지 한국국민의 정신세계를 지배하고 있다는 사실이다. 칠성기도를 지성으로 드리면 풍년이 들고, 장수하며, 재물이 생긴다는 믿음이 전쟁으로 피폐해진 백성들의 마음을 사로잡았던 것이다.

민간에 널리 퍼진 칠성신앙은 자연스럽게 우리의 민간신앙 토속신앙에 수용되어 성황(城隍), 칠성(七聖), 조왕(竈王) 등의 신격으로 지금까지 이어져 오고 있다. 이러한 민간신앙들은 무당에 의해 주관되기도 하고, 불교 또는 도교와 접목된 형태로 행해지기도

하였다.

　제주도 무가(巫歌) 중의 하나인 「칠성본풀이」에서는 "불공을 드려 딸을 낳았는데 이 딸이 중의 자식을 잉태하여 집에서 쫓겨나 뱀으로 변신하여 일곱 마리의 뱀을 낳았다. 그 가운데 막내딸이 부군칠성(밖칠성)이 되었고, 어머니는 쌀독으로 들어가 부자가 되게 하는 안칠성이 되었다"는 내용이 있다.

　산신신앙이 집안의 재앙을 없애고자 하는 희구에서 비롯된 것이라면 북두칠성을 숭배하는 칠성신앙은 하늘의 별이 인간의 길흉화복과 수명, 자녀 생산과 복덕(福德)을 지배한다는 도교적인 믿음에서 출발한 것이다. 시신을 안치하는 관의 바닥에 까는 얇은 널조각을 '칠성판(七星板)'이라고 부른다거나, 이 널조각에 인간의 명적(名籍)을 관리하는 칠성을 그리고 일곱 개의 구멍을 뚫어 칠성을 나타내는 것이 우리나라 토속칠성신앙과 도교 칠성신앙의 영향으로 본다. **우리나라 칠성판에 일곱 개 구멍을 뚫은 고대역사를 보면, 고고학자들은 우리나라 고인돌에 있는 일곱 개 구멍인 천신칠성신앙이 메소포타미아 문명보다 1800년 전에 발달했다고 학자들이 밝히고 있다.**

　칠성사상은 우리나라 불교에도 적잖은 영향을 끼쳤다. 불교 경전인 『부모은중경(父母恩重經)』에 "석가여래의 공덕으로 칠성님께 명을 받고 제석신의 복을 받고, 아버지의 뼈를 빌리고 어머니의 살을 빌려 이 내 육신이 태어났다"는 내용이 있을 정도이다. 불교와 칠성신앙이 처음 접목된 것은 중국이었으나, **불교 사찰 내에 별도로 칠성각을 지어 칠성신을 모시는 나라는 우리나라밖에 없다. 칠성각에서는 치성광여래 일광여래 월광여래의 삼존불, 칠여래와 함께 칠성신을 불화로 모시고 있다. 칠원성군은 대개 관모와 관복을 착용한 모습이 많고, 도사의 모습으로 나타나기도 한다.**

본시 중국에서 칠성신은 사망자의 영혼(靈魂)이 좋은 곳으로 천도하기를 바랄 때 기원하는 신격이었다. 그러나 한국으로 건너오면서 칠성신은 죽음 이후가 아니라 탄생의 전후로부터 시작하여 인간의 수명을 주관하는 신격으로 탈바꿈하였다. 칠성신앙이 차츰 축소되어 가는 오늘날에도 칠성신에 의지하는 사람은 여전히 많이 있다.

칠성은 가택신이 아니지만 항시 집안에 내려와 있다. 아이들이 엄마 뱃속에서 태어날 때 칠성줄을 가지고 태어나기 때문에 칠성줄이 없는 사람은 없다고 한다. 일곱 칠성은 자손을 돌봐 주고 삼신은 자손을 만들어 준다. 삼신은 아기가 열 살이 될 때까지 돌봐주고 칠성은 죽을 때까지 돌봐준다. 칠성줄은 조상신으로, 어떤 이의 조상신이 지나치게 세면 이를 달래기 위해 칠성공을 드려야 한다.

흔히 칠성신은 아이의 탄생과 성장을 주관하는 신으로 알려져 있지만, 근래 자동차 사고가 빈번해지면서 자식이 성장한 후에도 칠성을 위하는 경우가 종종 있다. 자식이 군대에 입대하거나 유학, 지방 근무 등으로 오랫동안 집을 떠나게 된 경우 칠성신에게 가족의 무사귀환을 기원하며, 가족 가운데 병환이나 우환이 있는 경우에도 칠성공을 드린다. 또, 강원도 양양지역에서는 칠성신앙을 통하여 가정의 평안은 물론 국토의 통일을 기원하는 경우가 있다고 한다. 제일(祭日)은 지역마다 조금씩 차이가 있지만, 견우와 직녀가 만난다는 칠월칠석이 많다. 그밖에도 칠월 초엿새, 정월 초이레, 삼월삼진날, 사월초파일 등 각기 인연 있는 날에 제를 지낸다.

이러한 우리 민족의 칠성신앙을 조상법계에서 보면 상위계열의 천신이라 한다. 이러한 칠성기복신앙에 신들이 인격화한 신이 되어 민간신앙으로 변천하여 조상신과 결합하여 후손들의 정신세계를 지배하면서 업보빙의장애(業報憑依障礙) 발생의 원천이 되고 있다. (예를 들면 '사주팔자'를 만들어서 한국 국민의 정신세계를 지배하고 있다. 왜 지배되었을까? 숭배대상이기 때문이다.)

8. 도교와 신선사상

신선사상을 기반으로 형성된 도교는 서양에는 없는 독특한 사상이자 종교였다. 아마도 신선이 사는 세계를 상상하고 인간도 신선과 같이 불로장생하며 살 수 있다는 믿음이 도교의 출발이 된 것이 아닌가 싶다. 중국과 달리 도교의 독자적인 교단은 형성되지 않았다. 이미 우리나라에서는 단군을 비롯한 건국신화의 주인공들이 최고의 신적 존재로 추앙받고 있었기 때문에 태상노군(太上老君), 옥황상제(玉皇上帝)를 정점으로 하는 중국 도교의 정연(整然)한 신적 계보가 그대로 받아들여지지 않았던 것이다.

도교가 언제쯤 우리나라에 들어왔는지 정확한 연대를 알 수는 없다. 단군신화에 산신신앙적 요소가 뚜렷이 나타나는 것으로 미루어, 고대국가가 성립되기 훨씬 이전에 원시도교 사상이 유입되지 않았나 하고 짐작할 따름이다. 6세기 무렵 혹은 그 이전에 축조된 고분벽화에 학을 타거나 약그릇을 든 신선이 등장하는 것으로 보아 고대국가 성립 이후에는 신선신앙이 상당히 유행했다는 것을 알 수 있다.

『삼국유사』에 따르면 7세기 초 고구려의 민간에서는 도교의 한 유파인 오두미도(五斗米道)가 유행했다고 한다. 신라는 고구려나 백제에 비해 전반적으로 중국문화의 수입이 늦은 편이고, 국가적으로도 특별히 도교를 신봉했다는 문헌상의 기록은 없다. 그러나 신선과 관련된 설화가 많고, 성신신앙이 널리 퍼졌으며, 토착사상이나 종교, 민속 등에 도교문화와 관련된 요소가 다수 눈에 띄는 것으로 미루어 도교가 상당히 퍼져 있었지 않나 추측할 수 있다.

또한, 중국 도교가 들어오기 전에 만들어진 신라의 정치 종교적 조직인 화랑도는 '풍류도(風流道)'라고도 불렸고, 풍류도의 구성원인 화랑은 무예를 숭상하는 기풍과 아울러 도교 수행자로서의 모습을 함께 지니고 있었다. 화랑들 중에서 가장 많은 문도를 거느린

영랑(永郎), 남랑(南郎), 술랑(述郎), 안상(安詳)을 사선(四仙)이라 하였는데, 이들이 남긴 자연과 예술 애호에 관한 많은 전설들이 신선설화와 매우 흡사하다.

도교적인 의례가 가장 발달한 것은 고려시대였다. 고려는 불교국가임에도 불구하고 건국 초기 왕실에서는 도교를 무척 애호하였다. 태조(太祖)의 등극(登極)과 관련해 유명했던 갖가지 도참(圖讖) 및 비기(祕記)들은 중국의 창업 제왕들이 당대(唐代)의 이름 높은 도사들로부터 부명(符命)을 받았다는 설화들과 관련지어 생각할 때, 건국을 전후하여 태조와 당시의 도류(道流)들 사이에는 일정한 교감이 있었던 것으로 생각된다.

태조는 즉위한 후 본래 불교행사였던 팔관회(八關會)의 내용을 도교적인 면에까지 확대하여 천신(天神)과 오악(五嶽) 명산대천(名山大川)에 대한 제사를 시행하였고, 재위 7년에는 초성처(醮星處)로서 구요당(九曜堂)을 설치하였다. 일사불란하게 단행된 이런 일련의 조치들에는, 도교를 당시의 호국불교와 같은 위치로 끌어올림으로써 왕권을 확립하겠다는 태조의 치밀한 계산이 깔려 있는 것으로 본다. 이로써 **우리는 고려시대의 지배세력 역시 신을 정치의 수단으로 삼고 있었다는 것을 확인할 수 있다.**

고려 왕실은 각종 재난을 예방하기 위해 국왕이 직접 성신(星辰)에게 정성을 드리고 초제(醮祭)를 지냈다. 앞에서 이야기한 구요당(九曜堂)을 비롯해서 복원궁(福源宮), 전단(氈壇), 성수전(星宿

殿), 성사색(淨事色), 태청관(太淸觀), 소격전(昭格殿) 등 도교의 례를 수행하는 기관이 15개소나 설치되었고, 본명성수초(本命星宿醮), 북두초(北斗醮), 태일초(太一醮), 성변기양초(星變祈禳醮), 삼계초(三界醮), 백신초(百神醮), 천성초(天星醮) 등 갖가지 명목의 초제(醮祭)가 널리 시행되었다.

그중에서도 가장 주목할 만한 사실은 예종(睿宗) 10년에 고려의 대표적인 도관(道觀)인 복원궁이 건립된 것이다. 복원궁은 국가를 위한 도교의 각종 제초(齋醮) 행사를 수행하기 위해 건립된 도관이다. 당시 북송(北宋)의 도군황제(道君皇帝)였던 휘종(徽宗)은 도관의 건립을 돕기 위해 두 명의 도사를 파견할 정도로 큰 관심을 기울였다. 예종은 일찍부터 도교에 대한 관심이 지대했던 왕으로, 재위 2년에는 중국에 원시천존상을 안치(安置)하였고, 매월 정기적으로 초제를 지냈으며, 재위 14년에는 청연각(淸燕閣)에서 『도덕경』을 강론케 하기도 하였다.

예종 이후에도 도교는 계속 국가적인 차원에서 장려되었다. 인종(仁宗) 때에는 묘청(妙淸)의 건의에 따라 평양의 임원궁 내에 팔성당(八聖堂)을 건립하고, 그곳에 팔선(八仙)의 초상을 안치시켰다. 여기서 팔선(八仙)이란 호국백두악태백선인실덕문수사리보살(護國白頭嶽太白仙人實德文殊舍利菩薩), 용위악육통존자실덕석가불(龍圍嶽六通尊者實德釋迦佛), 월성악천선실덕대변천신(月城嶽天仙實德大辨天神), 구려평양선인실덕연등불(駒麗

平壤仙人實德燃燈佛), 구려목멱선인실덕비파시불(駒麗木覓仙人實德毗婆尸佛), 송악진주거사실덕금강색보살(松嶽震主居士實德金剛索菩薩), 증성악신인실덕늑차천왕(甑城嶽神人實德勒叉天王), 두악천녀실덕부동우바이(頭嶽天女實德不動優婆夷) 등 여덟 곳의 산지(山地)를 상징하는 우리나라 토착의 신선들을 말하는 것이다.

의종(毅宗) 때에는 재초(齋醮)를 너무 많이 거행하여 나라의 곳간이 탕진되는 지경에까지 이르렀다. 그럼에도 불구하고 의종은 반성은커녕 도리어 '선풍(仙風)의 진작(振作)'을 강조하는 왕명을 내리는 등 적극적으로 도교를 장려하였다. 복원궁(福源宮), 신격전(神格殿), 구요당(九曜堂), 소전색(燒錢色), 대청관(大淸觀), 청계배성소(淸溪拜星所) 등 도교식 제사를 주관하는 부서만도 무려 8개나 되었다고 한다.

이처럼 국가가 적극적으로 도교를 장려함에 따라 일반 지식인들 사이에서도 개인적으로 도교를 수련하거나 노장학(老莊學)에 심취하는 기풍이 형성되었다. 이자현(李資玄)이나 이명(李茗) 같은 이들은 수련도교의 독특한 경지를 이룩하였으며, 정지상(鄭知常), 한안인(韓安仁) 등은 노장학에 조예가 깊었다. 진(晉)나라 죽림칠현(竹林七賢)의 행적을 사모했던 이인로(李仁老), 임춘(林椿) 등은 죽림고회(竹林高會)를 결성하여 도가 신선사상의 색채가 물씬 풍기는 문학작품을 잇달아 발표하였다.

조선을 건국한 태조(太祖) 이성계 역시 도교에 대한 관심이 많은 임금이었다. 그는 조선을 세운 뒤 도교의 초제를 주관하던 고려의 부서들을 하나로 병합하여 '소격전(昭格殿)'이라는 관청을 만들었다. 조선 개국의 정당성을 확보하고 중앙권력을 강화하기 위해 신과 종교를 이용했던 것이다. 도교 행사를 전담하는 소격전의 초제에서는 옥황상제(玉皇上帝), 태상노군(太上老君), 보화천존(普化天尊), 칠성(七星), 북극성(北極星) 같은 신격이 등장했다.

그러나 조선시대는 유교를 국시로 삼은 나라였다. 조선조 유학자들은 억불론(抑佛論)을 내세우고, 도교를 이단(異端)이나 음사(淫祀)로 배척하였다. 초제(醮祭) 중심의 도교가 점차 위축되어 가는 와중에도 중앙정부는 유교가 갖지 못한 종교로서의 기능을 유교의 의례 속에 포함시켜 왕실의 권위를 유지하려 하였다. 하지만 유학자들은 '도교는 세상을 속이고 세상을 더럽히는 좌도(左道), 즉 이단이므로 소격서는 혁파되어야 한다'는 상소를 거듭해서 올렸다.

유학자들의 상소에 밀린 세조는 결국 소격전을 소격서(昭格署)로 개칭하고, 규모를 축소시켰다. 소격서는 본래의 종교적 기능을 발휘하지 못하고 단순히 재초의례를 거행하는 국가의 행정관청으로 전락하게 되었다. 임진왜란 이후 선조는 유학자들의 주장을 받아들여 소격서를 완전히 폐지하였다. 초제를 행하는 의식도교의 모습도 소격서와 함께 역사 속으로 사라져 버렸다. 그러나 소격서라는 관청이 사라졌다 해서 도교가 사라진 것은 아니었다.

도교가 대대적인 타격을 받고 겨우 그 명맥을 유지하고 있을 무렵, 조선의 일부 사족(士族) 계층을 중심으로 내단학(內丹學)을 연구하고 수련하는 기풍이 만들어지기 시작했다. 삼국시대 이후 국가적으로 장려되어 온 도교와는 달리 지식계층 사이에서 자발적으로 형성된 이 도교 집단을 세간에서는 '단학파'라고 불렀다.

신라의 문장가 김가기와 최치원, 고려의 학자 이자현과 이명 등으로 대표되는 단학파는 고려시대까지 일정한 지위를 유지해 온 도교가 조선조에 들어와 급격히 몰락하면서 새롭게 부상한 수련 중심의 도교 학파였다. 조선시대 단학파의 계보와 구성에 대해서는 한무외의 『해동전도록』, 조여적(趙汝籍)의 『청학집(靑鶴集)』, 홍만종의 『해동이적(海東異籍)』 등의 개인 문집들을 보면 구체적으로 파악할 수 있다.

그중에서 조선시대 도교의 계통을 한눈에 알 수 있도록 도식화한 것은 광해군 2년에 한무외가 찬술한 『해동전도』였다. 한무외는 『해동전도록』에서 신라의 학자 최치원을 비롯하여 조선시대의 김시습, 홍유순, 정희량(鄭希亮), 정렴 등으로 이어지는 도맥(道脈)의 전수과정을 계통적으로 일목요연하게 서술하고 있다. 조여적(趙汝籍)의 『청학집(靑鶴集)』과 홍만종의 『해동이적(海東異籍)』이 『해동전도록』과 다른 점은, 조선 단학파의 뿌리를 신라의 최치원에 두지 않고 단군 등 개국신화의 시조들에게 두고 있다는 점이다.

　조선시대의 단학파는 대체로 중국의 전진교 내단학을 수용하여 수련하였다. 물론 그들이 중국의 내단이론을 무비판적으로 수용한 것은 아니다. 조선의 단학파는 논구와 주석 등 학문적인 형식을 통하여 독자적인 내단학의 경지에까지 나아가고자 하였다. 김시습은 「용호론(龍虎論)」을 내세워 성리학적 입장을 토대로 비판적 내단 이론을 전개하였으며, 정렴은 현전하는 한국 최초의 내단수련서인 『용호비결』을 저술하였다.

　이들의 저서는 이후 단학파의 기본 텍스트가 되었을 뿐만 아니라, 조선시대 최고의 의학서인 『동의보감』의 의학체계를 정립하는 데도 중요한 단서를 제공하였다. 후기 단학파의 거물인 권극중은 자신의 저서 『참동계주해』를 통하여 본체론, 인성론, 수단론, 성인론 등의 내용을 망라하는 종합적인 내단 이론체계를 수립하였고, 서명웅은 『참동계』에 대해 독자적인 시각과 주석을 덧붙인 『참동고(參同攷)』를 저술하여 조선의 참동계학을 성립시켰다.

　또한 조선조의 지식사회는 노장학(老莊學)에 대해 깊은 관심을 가지고 있었다. 율곡 이이는 『도덕경』에 대한 주해서 『순언(醇言)』을 집필하였고, 박세당(朴世堂)은 『신주도덕경』, 『남화경주해(南華經註解)』 등을 집필하였으며, 한원진은 『장자변해(莊子辨解)』를 펴냈다. 모두가 성리학자의 시각에서 노장사상을 비판적으로 이해하고자 한 노력의 산물이었다. 이 시기의 도교 연구에 있어서 한 가지 주목할 만한 점은, 도교를 객관적인 학문 대상으로 삼아 분석논구한 시도가 있었다는 사실이다. 특히, 이규경이 집필한 『도교선서도경변증설(道敎仙書道經辯證設)』은 도교의 본질을 깊이 천착한 빼어난 논설이었다.

조선 후기에 이르러 민간에서는 권선서(勸善書)가 크게 유행하였다. 권선서(勸善書)란 백성들을 교화하기 위해 지은 책으로, 소박한 문장과 기복적 취지, 실천 가능한 규율을 그 내용으로 하고 있다. 처음에는 중국 선서들이 보급되다가 차차 이를 독자적으로 편집하고 주해하는 경지에 이르렀다. 1856년에 간행된 『각세신편팔감(覺世新編八鑑)』이 그 노력의 산물이라고 할 수 있다. 이 책은 『태상감응편(太上感應編)』, 『문창제군음즐문(文昌帝君陰騭文)』, 『관제보훈(關帝寶訓)』 등 주요 권선서에 대한 주석과 보충설명으로 구성되어 있다. 이들 권선서는 민간에서 크게 환영을 받아 조선 후기 민간도교의 새로운 장을 열었다는 평가를 받고 있다.

권선서를 중심으로 민간도교가 유행하고 있을 무렵 다른 한편에서는 또 다른 민간도교 사상이 형성되어 가고 있었다. 일부 몰락한 반체제적 사족계층들이 도참(圖讖), 비기(祕記) 등의 도교적 예언 형식을 빌려 조선왕조의 운명을 비관적으로 진단하고 새로운 세계의 도래를 주장하기 시작한 것이다. 『정감록(鄭鑑錄)』을 비롯한 참위설(讖緯說)이 바로 그것이었다. 임진왜란과 병자호란 등의 잇단 전란으로 백성들의 생활은 비참하기 이를 데 없고, 극심한 당파적 갈등으로 인해 조선 말기 왕조 통치의 한계가 극에 달하던 때였다. 민간도교의 이러한 저항의식은 조선 후기 왕권의 동요와 더불어 민간에 빠르게 유포되어 갔고, 급기야는 홍경래의 난과 같은 대규모 반란운동의 이념적 배경이 되기도 하였다.

기존 질서의 해체와 재통합을 목표로 하는 이러한 조류는 민중종교의 이념에 수용되어 이른바 신종교 운동으로 표출되었다. 1860년 수운(水雲) 최재우에 의해 성립된 동학, 1901년 증산 강일순이 영도한 증산교(甑山敎) 등은 조선 말기 이후 창립된 대표적인 민중종교들로, 우여곡절 속에서도 오늘날까지 존속, 발전해 오고 있다.

이들 신종교는 옥황상제(玉皇上帝) 관제 등 도교의 신을 숭배하기도 하고, 부주(符呪)를 사용하거나 지상신선을 추구하고 지상선계를 동경하는 등 많은 점에서 도교적 요소를 강하게 지니고 있다. 특히 증산교의 경우 교주를 '천사(天師)'라 부른다거나 해원(解冤)을 중요한 교의로 삼고 있는 점 등은 중국의 원시 민간도교 경전인 『태평경(太平經)』의 사상과 일맥상통하는 것이었다.

한국 도교는 오늘날까지 동학, 증산교, 불교, 무속 등 다른 종교 속에 수용된 형태로 명맥을 유지해 왔다. 동학은 천도교(天道敎)와 증산도, 대순진리회(大巡眞理會) 등으로 개칭하여 포교를 계속하고 있으나 여전히 도교적 요소를 강하게 지니고 있다. 한국의 불사

(佛寺)에는 칠성신(七星神), 산신(山神) 등이 함께 모셔지고 있으며, 무속에서도 옥황상제, 관제, 칠성신, 산신 등을 주요 숭배 대상으로 삼고 있다. 향촌에서는 조왕신(竈王神), 산신(山神), 성황신(城隍神) 등에 대한 숭배와 관련된 민속이 여전히 남아 있다. 도교 수련의 기풍도 지금까지 전해지고 있다. 개인이나 팀 단위로 수련하던 것이 단체로 발전한 케이스로는 한국단학회연정원, 국선도(國仙徒)가 대표적이다. 이들 단체는 모두 조선시대 단학파에 그 뿌리를 두고 있는데, 최근 우리 사회에 기공·양생 붐을 조성하는 데 큰 역할을 하고 있다.

이러한 여러 가지의 국사신앙이 민간신앙으로 유교, 도교, 토속 기복신앙으로 습합되어 조상줄로 국민들의 정신세계를 지배한 것은 사실이다. 업보빙의장애(業報憑依障礙)를 추적해 보면 오늘날에 와서는 모든 신앙들이 정신적, 육체적, 경제적, 고통을 주는 빙의장애 발생의 원천이 되고 있다.

9. 민간신앙에 큰 영향을 끼친 주역(周易)

도교나 칠성신앙 못잖게 주역도 우리의 민간신앙에 큰 영향을 미쳤다. 주역(周易)이란 글자를 그대로 풀이하면 '주(周)나라의 역(易)'이란 뜻이다. 그러면 '역(易)'이란 무엇일까? '역(易)'은 본래 도마뱀을 형상화한 상형문자였다. 도마뱀은 주변 상황에 따라 색깔이 수시로 바뀌는 동물이다. 바로 이 도마뱀이 생존해 가는 모습에서 '바뀌다', '변화하다'라는 뜻을 도출해 낸 것이 바로 '역(易)'이라는 글자일 것이다. 주역이 인간과 자연을 포함한 모든 존재의 기본적인 생존 방식을 변화의 관점에서 해석하는 것은 바로 그 때문이다.

주나라 이전에 '역(易)'이 없었던 것은 아니다. 하나라 때는 '연산역(連山易)'이 있었고, 상나라 때는 '귀장역(歸藏易)'이 있었다. 주역이란 말이 생긴 것은 주나라에 와서 역(易)이 완성되었기 때문이다. 8괘(八卦)는 복희가 최초로 창안하였고, 64괘와 그 괘사는 주나라 문왕이 이루었으며, 384효(爻)와 효사(爻辭)는 문왕의 셋째아들 주공이 체계화하였다고 한다.

복희는 지금으로부터 5~7천 년 전에 밧줄로 매듭을 묶어 표시한 결승문자와 '8괘'라는 이름의 암호 같은 문자를 인간사회에 전해준 신화적 인물이다. 그것이 바로 '괘(卦)'라는 한자로, 점괘를 뜻한다. 복희와 연관된 신화가 하나 더 있다. 황하에서 솟아오른 용마의 등에 그려져 있었다는 하도(河圖) 신화가 그것이다. 이 하도(河圖) 신화에는 역(易)의 수리적 이치가 담겨 있다. 용마의 등에는 1부터 10까지의 수를 나타내는 무늬가 있었다. 이것을 본 복희는 우주만물이 오직 1에서 10까지의 수 안에 존재하고 있음을 깨닫고 처음으로 8괘의 획을 그었다고 한다. 대한민국 사람이라면 누구나 태극기

안에 있는 '건곤감리'의 네 괘를 알아볼 것이다. 이 8괘를 아래 위로 서로 겹치면 8의 제곱이 되니, 64개의 괘가 만들어진다. 바로 이것이 주역의 알파벳에 해당되는 64괘이다.

그러면 괘사란 무엇일까? 주나라는 상나라에 조공을 바치는 작은 나라였지만, 상나라의 거듭된 실정으로 민심은 점점 주나라의 문왕에게 기울었다. 그러자 화가 난 상나라의 주왕은 문왕을 허난성 안양에 유폐했다. 문왕은 유폐지에서 64괘를 하나하나 설명하는 글을 지었는데, 이를 '괘사(卦辭)'라고 한다.

문왕의 아들 무왕은 주왕을 베고 천자가 된 사람이다. 무왕이 선정을 펼치다 사망하자 사람들은 무왕의 동생 주공에게 왕이 될 것을 간청했다. 그러나 주공은 어린 조카 성왕을 보필하여 주나라의 태평치세에 밑거름이 되었다. 아버지 문왕과 같은 고초를 겪지는 않았지만, 주공은 친형이 죽은 뒤 어떻게 처신해야 할지 고민이 많았을 것이다. 능력과 자질, 지지 세력이 있었음에도 그는 끝내 천자의 자리를 탐하지 않았다. 대신 세상만사의 이치를 두루 살펴 깨달은 자의 처세지도가 담긴 '효사(爻辭)'라는 글을 남겼다.

이렇게 완성된 주역을 정리하고 해석을 한 사람이 바로 공자이다. 기록에 의하면 공자는 스스로 주역에 주석을 달고 해설을 덧붙여 저술 작업을 했다. 그 저서가 바로 유교 3경(三經)의 하나인 공자의 『역경(易經)』이다. 공자는 제자들 앞에서도 끊임없이 '역(易)'에 대한 자신의 견해를 강론했다고 한다. 공자의 강론 내용은 공자의 제자, 그 제자의 제자들에게 전해지고 기록되면서 '역(易)'의 의미를 더욱 새롭고 풍부하게 만들었고, 그것은 훗날 '역전(易傳)', '십익(十翼)'이라는 이름으로 주역에 첨가되었다. 이러한 과정을 거치면서 주역은 유교에서 경전으로 존중되었으며, 『역경(易經)』이라는 이름을 얻게 되었다. 지금 우리가 『역경(易經)』이라고 부르는 것은 공자의 '역전'이 포함된 주역이라고 보면 거의 틀림이 없다.

주역은 천지만물이 끊임없이 변화하는 자연현상의 원리를 설명하고 풀이함으로써 궁극적으로 자연의 법칙과 인간의 삶이 다르지 않은 것임을 밝히고 있다. 주역은 우주론적 철학이기도 하지만 음양의 상호작용으로 드러나는 변화의 역동적인 원리를 기호화한 상징체계라고도 할 수 있다. 주역에서 말하고 있는 이 '변화의 역동적인 원리'란 과연 무엇일까? 바로 음양의 상호작용이다.

음양오행론은 이미 기원전 1000여 년 경에 그 뼈대가 세워진 이론으로, 오랜 세월 동안 자연과 생명을 관찰하고 성찰하여 얻은 지식을 바탕으로 인간과 자연현상의 원리를 체계화하여 만들어졌다. 특히 주나라 때 이 음양오행이 주역에 도입되면서 주역의 핵심원리로 자리 잡게 되었다. 다시 말해서, 주역의 음양오행(陰陽五行)은 '인간은 어디에서 왔고 어디로 가는가', '인간의 삶은 어떤 원리에 의해 지속되는가', '자연의 섭리는 어떤 원리에 의해 이루어졌으며, 이 세상을 주관하는 힘은 무엇인가'라는 인간의 오랜 의문에 대한

답을 구하는 과정에서 만들어진 철학이라 할 수 있겠다.

주역에 따르면 일체 만물은 음과 양이라는 상반된 성질로 이루어져 있다. 하늘은 양 땅은 음, 태양은 양 달은 음, 강한 것은 양 부드러운 것은 음이라 한다. 높은 것은 양 낮은 것은 음, 남자는 양 여자는 음이라 한다. 세상의 모든 자연과 사물은 음과 양으로 나뉘어 있고, 양의 방향으로 움직이려는 '작용'과 음의 방향으로 움직이려는 '반작용'의 법칙으로 생성되고 성장하며 소멸해 간다.

우주의 은하계나 회오리, 태풍 등의 자연현상을 자세히 살펴보자. 태풍이 발생할 때는 양의 성질을 가지고 있기 때문에 시계 반대 방향으로 움직이면서 성장하기 시작한다. 그러다가 태풍이 사라질 때가 되면, 음의 운동성인 시계 방향의 힘이 강해져 시계 반대 방향으로 돌던 운동성이 약해지게 되고 결국 소멸하게 되는 것이다. 즉, 양(陽)이 작용하는 방향은 항상 생장하려는 기운이 강하고, 반면에 음(陰)이 작용하는 방향은 항상 소멸하려는 기운이 강하다.

우주 만물에 깃든 이런 상반된 성질은 역설적으로 균형과 조화를 가능하게 해준다. 조개나 거북이처럼 껍질이 딱딱한 것은 속이 부드럽고, 복숭아나 오징어처럼 겉이 부드러운 것은 속에 딱딱한 것을 감추고 있다. 자연현상도 마찬가지다. 어둠이 짙을수록 빛은 더 밝게 보이며, 햇볕이 뜨거울수록 그늘은 더욱 시원한 법이다. 일출과 일몰, 낮과 밤, 한여름의 폭염과 한겨울의 맹추위라는 정반대의 성질이 서로 조화와 균형을 이루고 있음을 우리는 매일 실감하며 살아가고 있다. 우주만물에 깃든 이 음양(陰陽)의 성질은 서로 대립하고 있을 뿐 아니라 서로 간에 연관을 맺고 자연의 변화와 균형을 이끌어내고 있다. 한국 민족의 역사와 이념을 상징하는 국기인 '태극기(太極旗)'에서 우리 조상들이 역리(易理)를 얼마나 소중히 여겼는가를 알 수 있다.

그렇다면 오행(五行)은 무엇일까? 오행(五行)은 음양의 변화를 설명하는 다섯 가지의 운동요인으로서, 목(木=나무), 화(火=불), 토(土=흙/땅), 금(金=쇠), 수(水=물)를 말한다. 음양이 오행의 근간이라면, 오행은 음양의 지엽이라 한다. 결론적으로 음양오행의 법칙은 만물의 변화와 원리를 밝히는 법칙이며, 만물과 우주의 근원이라 할 수 있다.

주역의 음양오행은 자연현상에 대한 이해를 바탕으로, 위로는 하늘의 기운을 받고 아래로는 땅의 기운을 근거로 해서 만물이 존재한다는 동양적 사유의 틀이다. 만물의 형상과 바탕이 음양의 기운이라면, 변화하고 발전해 가는 현상들은 음양의 두 기운이 교감하는 것으로 볼 수 있다. 이 두 가지 음양의 운동성은 태극에도 잘 나타나 있다. 태극에서 시계방향으로 회전하는 음태극과 시계반대 방향으로 회전하는 양태극은 이러한 음양의 기운이 작용하여 생겨나게 된 것이다. 음양은 다시 변해 8괘가 되었고, 8괘만 가지고는 천지자연의 현상을 다 표현할 수 없어 이것을 변형하여 64괘를 만들고 거기에 괘사와 효사를 붙여 설명한 것이 바로 주역의 경문이라 한다.

주역은 우리 인간이 어떻게 하면 조금이라도 흉운(凶運)을 물리치고 길운(吉運)을 잡느냐 하는 처세상의 지혜로서, 점복(占卜)을 하는 점술가들에게는 원전과도 같은 것이다. '주역은 점서(占書)가 아니다'라고 주장하는 사람들이 있지만 그것은 사실이 아니다. 주역이란 본디 점서로 시작된 책이다. 『좌전(左傳)』과 『국어(國語)』에는 주역으로 점을 쳤다는 사실이 분명히 기록되어 있으며, 『사기』에도 "'역(易)'은 점치는 책이었으므로 불에 태우지 않았다"고 기록돼 있다.

중국 역학사에 큰 자취를 남긴 주자도 『역학계몽』에서 주역을 점치는 책으로 규정하며 이렇게 말하고 있다.

'말로써 하는 자는 그 말을 숭상하고, 동(動)으로써 하는 자는 변(變)을 숭상하고 기물(器物)로써 하는 자는 상(象)을 숭상하고 복서(卜筮)하는 자는 그 점(占)을 숭상한다.'

주자는 기존의 복잡다단한 역학을 수용하고 이를 집대성하고 체계화하여 새로운 유가역학을 이룬 사람이다. 『역학계몽』에서 주자는 64괘 384효의 발생적 근원과 논리적 구조와 획괘에 대한 근원으로 '하도(河圖)', '낙서(洛書)'를 제시하였다. '하도(河圖)'는 복희가 황하(黃河)에서 얻은 그림으로, 이에 영감을 얻어 '역(易)'의 팔괘(八卦)를 만들었다고 한다. '낙서(洛書)'는 하우(夏禹)가 낙수(洛水)에서 얻은 글로, 이를 통해 천하를 다스리는 대법

(大法) '홍범구주(洪範九疇)'를 만들었다고 전해진다. 다시 말하면 '하도(河圖)', '낙서(洛書)'는 일종의 신물(神物)로서, 천지가 생성 변화하는 대도(大道)를 표상하고, 인간사의 길흉을 상징하는 동시에, 천명을 부여받은 성인이 본받아야 할 대법(大法)인 것이다. 주자를 비롯한 송대의 역학자들은 '하도(河圖)', '낙서(洛書)'를 주역의 원리를 설명하는 흑·백점의 도식으로 제정하였다.

주역이 우리나라에 전래된 시기는 확실하지 않다.『삼국사기』에 '신라의 국학에서 주역을 강의하였다(삼국사기 권38 지7)'는 표현이 나오고,『고려사』에 '김부식으로 하여금 주역 건괘를 강의하도록 하였다(고려사 권14 용종)'는 구절이 있으며,『고려사 열전』에 '우탁(1263~1342)이 역학에 조예가 깊었으며 생도들에게 이를 전수하니 이학이 비로소 행해졌다(고려사열전, 권22 우탁조).' 글이 있는 것으로 미루어 대략 삼국시대 초기 이후에 우리나라에 들어왔을 것이라 추측할 따름이다.

퇴계 이황은 주자의 역학 이론을 그대로 이어받은 조선조의 학자이다. 퇴계는『계몽전의』에서 주자가『역학계몽』에서 다뤘던 여러 논쟁점들에 대해 일일이 자신의 생각을 덧붙였다. 퇴계는 음양과 오행을 자연이 생성 변화하는 과정으로 보고, '하도(河圖)', '낙서(洛書)'의 '생수성수설(生數成數說)'과 관련해서도 '자연의 운행질서는 수리적 질서로 드러나며, '하도(河圖)', '낙서(洛書)'는 그러한 자연 질서를 법칙화할 수 있는 근원적 원리를 함축하고 있다'는 점을 분명히 하였다. 또한 오행과 10간(十干) 12지(十二地), 60갑자(六十甲子), 오음(五音)과 육률(六律) 등이 '하도(河圖)', '낙서(洛書)'의 수리적 범주에 속하는 것임을 밝히고, 이들 사이의 상관성을 상세하게 설명하기도 했다. 주자의 역학을 이어받으면서도 자신만의 특징을 분명히 드러낸 것이다.

자연 질서를 법칙화한 이론적 도교 점서인 주역은 음양오행과 10간(十干) 12지(十二地), 60갑자(六十甲子)에 인간의 생사를 묶어서 사주팔자라는 명분으로 선량한 백성들을 다스린 천신칠성 신앙이 조상줄로 작금에 와서는 정신적 육체적 경제적 고통인 업보빙의장애(業報憑依障礙)가 알게 모르게 정신세계의 유전병을 발생시키고 있다. 그리고 주역의 사주팔자를 적용하여 한민족의 정신세계를 지배하는 빙의장애 발생의 원천이 되고 있는 것이다.

10. 풍수지리와 동기감응론

이처럼 오랜 역사를 가진 주역이 우리나라에 들어와 유교, 도교, 칠성사상과 결합되면서 풍수지리사상과 조상숭배사상이 크게 일어나고 장례문화가 크게 번성하기 시작하였다.

풍수지리란 무엇을 말하는 것일까? 풍수지리는 음양론과 오행설을 기반으로 주역의 학문 체제를 주요한 논리구조로 삼는 한국과 중국의 전통적인 지리과학으로, 길(吉)함을 따르고 흉(凶)함을 피하는 것을 목적으로 하는 상지(相地) 기술과학이다.

풍수지리에 따르면, 하늘과 땅 사이에는 정기(精氣)가 충만하여 지하로 흐르거나 바람과 물을 따라 유동한다. 이 정기는 지형과 지세에 따라 강약과 성질이 매우 다르다고 한다. 그러므로 한 나라의 도읍지를 정해야 한다거나 개인의 거주지를 정할 때 좋은 정기가 강하게 뭉쳐진 곳에 터를 잡으면 그 터에 사는 사람들이 복을 받으며, 조상의 유골을 매장할 때도 명당자리에 묘터를 쓰면 후손들이 길(吉)하고 복을 받는다는 것이다. 반대로, 나쁜 정기가 흐르는 곳에 자리하면 그 터에 사는 사람들이 흉(凶)하고 그 후손들도 지리멸렬해진다고 하였다.

사실 우리나라만큼 풍수지리설이 응용되고 번성하기 좋은 나라도 드물 것이다. 우리나라는 원래 '도처유명당(到處有明堂)'이라는 말이 나올 정도로 산이 많고, 풍수 조건에 적합한 명당들이 곳곳에 즐비하다. 청나라의 풍수지리학자 호순신은 『지리신법』에서 인간과 대지, 인간과 산의 상관관계에 대해 이렇게 서술하고 있다.

'산이 비옥하면 사람이 살이 찌고 산이 척박하면 사람이 굶주리고, 산이 맑으면 사람이 깨끗하고 산이 부서지면 사람들에게 불행이 생기고, 산이 멈추어 기가 모이면 사람들이 모이고 산이 직진하여 기가 모이지 않으면 사람들이 떠나고, 산이 크면 사람이 용감하고 산이 작으면 사람이 작고, 산이 밝으면 사람이 지혜롭고 산이 어두우면 사람이 미련하며, 산이 부드러우면 효자가 나오고 산이 등을 돌리고 있으면 사기꾼이 나오는데, 산과 물, 이 두 가지는 산을 둘러싸고 있는 주변 산의 모양을 서로 붙어 다니며, 길함과 흉함, 그 근본이 바로 여기서 시작하므로 잘 살피지 않을 수 없다.'

유달리 산이 많은 우리나라에 풍수지리사상이 성행하게 된 것은 지극히 당연한 일인지도 모른다. 예부터 우리의 조상들은 천신과 산신을 섬겨 왔고, 자연계의 모든 사물에 영혼이 존재한다는 정령신 앙을 가졌으며, 자연의 순리와 사물의 도리에 어긋나지 않는 천(天) 지(地) 인(人) 삼재(三才)의 합일과 조화를 꿈꿔 왔다.

단군신화가 표방하는 '홍익인간(弘益人間) 재세이화(在世理化)'의 이념도 마찬가지다. 다들 아는 것처럼 '홍익인간(弘益人間) 재세이화(在世理化)'란 세상에 나아가 이치대로 다스려 널리 인간을 이롭게 하라는 뜻이다. 여기서 '세상'이란 전세나 후세가 아닌 현실 세계를 말한다. 당시 우리 조상들은 현실 세계에서 자연과 조화를 이루고 우주만물과 상생하면서 살아갈 수 있는 이상적인 공간 창출을 소망했다. 바로 이러한 고대인들의 염원이 자연친화적인 전통지리사상의 바탕을 이루게 된 것이다.

풍수지리학의 기본이 되는 이론이 바로 '동기감응론(同氣感應論)'이다. 동기감응(同氣感應)이란, 말 그대로 '같은 기(氣)끼리는 서로 통한다'는 것이다. 중국 한나라의 풍수지리학자 청오가 묘터를 정하는 데 필요한 사항을 정리한 『청오경(靑烏經)』, 그리고 이 『청오경(靑烏經)』의 내용을 부연 설명해 놓은 당나라의 지리풍수가 곽박의 『금낭경(錦囊經)』을 보면 '동기감응'이 이렇게 설명되어 있다.

'인생 백 년에 죽음을 맞게 되니 형체를 벗어나 본디로 돌아가고 정(精)과 신(神)은 문으로 들어가며, 뼈는 뿌리로 돌아가는데, 그 뼈가 길한 기운에 감응하면 많은 복이 사람들에게 미치리라. 동쪽 산에 불빛이 오르면 서쪽 산에 구름이 일어나는 것이, 혈이 길하고 온화하면 부귀가 끊임이 없을 것이나 혹 그렇지 못하면 자손은 외롭고 가난해질 것이다.'

'사람은 부모에게 몸을 받는다. 부모의 유해가 기(氣)를 얻으면, 그 남긴바 몸인 자식은 음덕을 받는다. 경에 이르기를 기가 귀(鬼)에 감응하면 그 복이 살아 있는 사람에게 미친다고 하였다. 그것은 구리 동산이 서쪽에서 무너지는데 영험한 종이 동쪽으로 응하여 울림과 같은 것이다. 봄이 되어 나무에 꽃이 피면, 방 안에 있던 밤송이도 싹이 튼다. 털끝만 한 차이로도 화와 복이 천 리의 거리가 난다.'

주역의 64괘 가운데 첫 번째 괘인 건괘(乾卦)에는 풍수지리학의 동기감응론에 상응하는 '동성상응(同聲相應) 동기상구(同氣相求)'라는 글귀가 있다. '동성상응(同聲相應) 동기상구(同氣相求)'

는 같은 소리는 서로 응(應)하고, 같은 기(氣)는 서로 구한다는 뜻으로, 동기감응론과 일맥상통하는 내용이다. 북송 중기의 유학자 정자(程子)는 『장설(葬說)』이란 책에서 '나무뿌리를 북돋워 주면 그 가지나 잎이 무성해지는 이치'를 조상과 그 후손과의 동기감응에 비유하고 있다. '조상의 유골이 편안하면 그 후손이 편안하고, 조상의 유골이 불편하면 그 후손이 불편하다'는 것이다. 풍수지리 에서 말하는 동기감응론의 의미를 잘 지적한 글이다.

　'같은 기(氣)끼리는 서로 통한다'는 동기감응(同氣感應)은 풍수 지리 사상의 핵심 키워드로 본다. 이것이 없으면 후손발복(後孫發福)을 설명할 수가 없기 때문이다. 당나라 때의 풍수가인 복응천은 『설심부(雪心賦)』라는 풍수서에서 '콩 심은 데 콩 나고 팥 심은 데 팥 난다'고 하여, 길지에서 반드시 합당한 발복이 일어난다고 말했다. 당나라의 풍수지리학자 양규송은 『의룡경(疑龍經)』에서 '무릇 사람은 산천의 기가 피워낸 꽃과 같은 존재인데, 하늘이 성현을 낼 적에 때에 맞추어 태어나게 한다. 나라를 중흥시킨 임금이 나오려면, 그 이전에 반드시 그 조상의 훌륭한 무덤이 있기 마련인데 아주 오래 가는 산천의 영기를 얻은 자리다'라고 서술하고 있다. 하나의 인물을 배출하기 위해서는 산천의 기와 사람과 하늘이 때를 맞추어야 한다는 것이다. 풍수지리의 이런 이론풍수지리가 조상숭배사상, 묘지문화, 장례문화의 번성을 불러일으킨 것은 지극 히 당연한 결과였다.

사실 삼국시대 초중반의 유물에서는 풍수지리의 흔적이 그리 짙게 묻어 있지 않다고 본다. 중국의 풍수사상이 한반도에 전래되기 이전에도 풍수적 사고의 기본 관념은 이미 존재하고 있었다. 4세기 후반부터 발달한 고구려 고분벽화의 변화과정을 보면 그것을 알 수 있다. 6세기로 접어들면서 처음에는 생활도, 풍속도 위주였던 고분벽화에서 사신도가 자주 발견되기 시작한다. 이것은 풍수지리의 직접적인 영향이라기보다는 오래전부터 가지고 있었던 풍수지리적 사고의 산물이라고 보는 것이 타당할 것이다.

　삼국을 통일한 신라에는 고구려나 백제에 비하여 비교적 많은 유물이 남아 있다. 이런 사실로 미루어봤을 때 풍수지리설이 신라사회의 상층부에서 상당한 영향을 미쳤다고 추정할 수 있다. 시기적으로도 이때는 중국에 당나라가 들어섰을 무렵이다. 통일신라의 왕조는 당나라와 긴밀한 유대관계를 맺고, 당나라의 선진적인 문물을 대폭 수용하였다. 삼국통일을 전후한 시기에 신라 능묘(陵墓)의 위치가 크게 변화한 것을 보더라도 신라가 풍수지리설을 적극적으로 수용했다는 것을 짐작할 수 있다. 과거 풍수지리설이 들어오기 이전에는 왕족들의 능묘가 주로 경주평야의 평지 등에 구축되었다. 그러나 신라 제28대 진덕여왕과 제29대 무열왕 등의 능묘는 풍수지리적으로 명당(明堂)에 해당하는 곳에 안장되어 있다. 그밖에도 초승달의 모형을 지형을 하고 있는 경주 반월성, 불국사의 토함산 옥녀 세발형 등 통일신라시대부터 풍수지리설이 국가 차원에서 실천되어 왔음을 알 수 있는 근거는 여러 곳에서 찾아볼 수 있다.

나말여초 후삼국시대에 왕건을 비롯한 지방 호족들은 신라를 위협하는 독자적인 세력으로 성장하였다. 신라의 왕권은 약화될 대로 약화되어 중앙의 통제력이 힘을 쓰지 못할 때였다. 지방 호족들은 권력을 쟁취하기 위해 풍수사상을 적극 이용하였다. 이들은 신라의 수도인 경주가 국토의 동남쪽에 치우쳐 있어 정치 지리학적으로 적절치 못하며, '경주 남산이 단봉인데 애석하게도 경주에는 알이 없으므로 봉황이 날아갈 것'이라는 소문을 퍼뜨린 것이다. 이것은 '신라가 곧 망할 것'이라는 의미였다.

많은 호족 세력 중 송악을 근거지로 한 왕건은 도선의 제자 경보(慶甫), 천문 지리에 능한 최지몽(崔知夢)과 같은 학자들의 도움으로 역성혁명에 성공하고 마침내 고려를 개국하였다. 풍수지리설의 신봉자인 태조 왕건은 왕이 된 후에도 자신의 통치 논리를 풍수지리에서 찾았으며, 이를 왕권 강화에 적극 이용하였다. 왕건이 지은 '훈요십조' 제2항에는 '모든 사원(寺院)의 터는 도선이 산수의 순역(順逆)을 보아서 추점(推占)한 것이니 함부로 다른 곳에 창건치 말라. 다른 곳에 사원을 함부로 지으면 지덕(地德)을 손상시켜 국운이 길하지 못하다'는 내용이 있다. 이는 당시 사찰을 중심으로 뻗어나갔던 지방 호족(豪族)들을 억누르고 그 세력 기반을 원천적으로 제거하려는 고도의 정치적 의도에서 나온 말이다.

또한, 왕건은 훈요십조 제5항에서 '짐(왕건)은 삼한 산천(山川)

의 음우(陰佑)을 받아 대업을 이룩한 것이다. 서경(西京)은 수덕
(水德)이 순조로워 우리나라의 지맥의 근본이므로 대업을 이룰
수 있는 만대(萬代) 지지(趾地)다'라고 밝혔다. 이것은 고려 건국
의 당위성을 강조하여 국정운영의 동력을 얻고, 고구려 영토 회복의
전진기지이자 북방정책의 근거지인 서경을 예찬하여 서경 천도의
정당성을 확보하려는 왕건의 의지와 의도가 담긴 내용으로 풀이
된다.

　태조 왕건 이후에도 풍수지리사상은 크게 성행되어 왕권 강화정
책에 적극적으로 이용되었다. 고려의 역대 왕들은 지덕(地德)을
얻는다는 명분으로 수도 개경을 비롯하여 서경(평양), 동경(경주),
남경(한양)의 사경(四京)을 설치하였고, 수시로 사경을 순시하였
다. 풍수지리를 이용하여 지방 호족들의 세력을 견제하려는 치밀한
정치적 계산이 깔린 왕권강화 정책이었다. 이에 따라 왕권은 날로
강화되어 결국 광종 때에 이르러서는 지방 호족을 중앙 귀족으로
흡수시키거나, 일반 향리(鄕吏)의 지위로 전락시키는 데 성공하게
되었다.

　**고려시대의 풍수사상이 호국불교를 배경으로 한 것이라면 조선
시대의 풍수사상은 조상숭배와 '효'라는 유교적 이념을 배경으로
하여 크게 발전하였다.** 풍수학은 지리학(地理學)으로 개칭되었고,
풍수 관료들의 사회적 지위도 상당히 공고한 편이었다. 조선왕조는
풍수지리 이론에 입각하여 경복궁과 종묘, 사직을 축조하였고,

시가지를 계획하였으며, 각 고을의 도읍을 결정했다. 그러나 조선 중기로 접어들면서 지관들의 사회적 지위는 중인 계급으로 떨어졌다. 지관들은 잡과 출신의 여느 기술관들처럼 생업으로 풍수지리를 봐주게 되었는데, 그로 인해 풍수사상의 저변은 더욱 넓어지고 민간에 널리 보급되었다. 그런데 정치적 왕권강화 정책으로 주역 풍수지리가 발전하여 민간신앙으로 자리를 잡아서 작금에 와서는 정신적, 육체적, 경제적 고통인 조상 업보빙의장애가 알게 모르게 정신세계의 "빙의유전병"을 발생하게 하고 있다. '풍수지리의 방위마다 신들이 지배하고 있다'는 사실을 알고 있는지 의문스럽다. 예를 들어서 살아생전에도 후손에게 복을 주지 못한 조상님들이 죽어서 어떤 원력이 있어서 후손에게 만복을 줄 수가 있겠는가? 후손들을 도와준다고 믿은 '풍수지리 기복신앙'은 이로 인해 상상을 초월하는 업보빙의장애(業報憑依障礙) 발생의 원천이 되고 있다.

11. 지장신앙과 기복신앙

'지장신앙(地藏信仰)'은 지장보살을 신봉하는 신앙으로, 미타신앙(彌陀信仰), 관음신앙(觀音信仰)과 함께 불교 3대 신앙의 하나로 알려져 있다. 우리나라의 사찰들은 거의 대부분 이 지장보살을 모시고 있지만, 사실 지장신앙이 무엇인지 올바로 이해하는 사람은 그리 많지 않다. 지장보살은 석가모니 부처님이 열반하신 뒤 56억 7000만 년이 지나 미륵불이 세상에 나타나기 전까지 육도(六道)에 머무는 일체중생을 구제하겠다는 원력을 세운 보살을 말한다.

지장보살(地藏菩薩)은 산스크리트 어 '키티쉬가르바 (Ksiti-garbha)'에서 유래했다. 여기서 '키티쉬(Ksiti)'란 '대지 (大地)'를 의미하며, '가르바(garbha)'는 '생명을 품는 태(胎)'를 의미한다. '지장(地藏)'이란 한자어가 대지를 뜻하는 '지(地)'에, 어머니의 자궁 혹은 모태(母胎)가 아기를 품고 있음을 의미하는 '장(藏)'으로 구성된 것과 같은 것이라 한다. **지장보살은 고대 인도의 '대지의 신'인 대모지신(大母地神, Mother Earth)에 그 연원을 두고 있다.** 마치 자애로운 어머니가 아이를 품어 길러내듯, 대지가 세상 만물을 품어 발육 성장시키는 신성한 힘을 말한다. 천신(天神)이 태양을 비롯한 천체와 대기권의 자연현상 등을 주관하는 신이라면, 대모지신은 대지에서 자라는 모든 동식물과 흙으로 이루어진 지상계를 주관하는 신이라 할 수 있다.

대지의 신은 만물의 탄생과 발육과 풍요를 관장하는 신으로, 예부터 자연 숭배 신앙의 중심으로 신앙되었다. 특히 일찍부터 농경이 발달한 우리나라에서는 다산과 풍요를 기원하는 지모신앙 이 꾸준히 전해져 내려왔다. 불교의 지장신앙이 별다른 어려움 없이 우리나라에서 자리 잡은 것은 바로 그 때문이다.

앞에서도 이야기했듯이, 지장보살은 무불(無佛)의 악세에서 육도(六道)의 중생들이 끊임없이 교화하기를 발원한 대비원(大悲院)의 보살이라 한다. 중생들은 죽으면 육도를 윤회하게 되는데 죄를 많이 지은 중생은 축생, 아귀, 지옥의 세계인 삼악도에 떨어진다. 지장보살은 지옥의 중생들을 고통에서 구제하겠다는 것을 본원(本願)으로 삼아 그들이 모두 해탈할 때까지 스스로 성불하지 않겠다는 발원을 세웠다. 현세에서 성불하지 못하고 있는 중생이 한 사람이라도 있다면 그들을 구제하겠다는 것이며, 중생을 구제하기 위해서라면 지옥, 아귀, 축생 등의 삼악도에 태어나는 것도 불사하겠다고 서원을 세운 것이다.

자신이 피안에 도달하기 전에 먼저 남을 구하겠다는 이 대비천제야말로 이타행의 보살도라 하지 않을 수 없다. 이를 일러 『대반열반경(大般涅槃經)』에서는 "보살이 지옥에 갈 업이 없지마는 중생을 위해 서원을 세우고 지옥에 가느니라"라고 하였다.

보살에게 가장 중요한 것은 부처를 이룰 수 있는 소질과 부처가 되겠다는 강한 신념 즉 서원이다. 바로 이 점이 찬불승이나 소승과 다른 대승의 가장 큰 특징이라고 할 수 있다. 『지장보살본원경』 '도리천궁신통품'에는 죄를 짓고 지옥에서 고통받는 중생들을 마지막 한 사람까지 구제하고자 하는 지장보살의 큰 뜻이 담겨 있다. 다음은 지장보살의 중생 구제에 대한 서원의 내용이다.

미래세가 다하고 헤아릴 수 없는 겁 동안에 이 죄업으로 괴로워하는 육도 중생을 위해 널리 방편을 설해서 모두 해탈케 한 후 저 자신도 비로소 불도를 이루겠다.

지장보살은 천제보살(闡提菩薩)이라고 하는데, '천제'란 범어 이찬티카(icchantika)를 음역한 말로, 인연을 잃어버린 자, 즉 '성불할 수 없는 자'라는 말이다. 지장보살이 성불할 수 없는 것은 그의 커다란 본원(本願) 때문이다. '육도중생을 모두 해탈시키기 전에는 결코 성불하지 않겠노라'는 대비원(大悲願) 때문이다. 실로 충격적인 서원이다. 악업을 짓는 중생들의 숫자는 끝이 없고, 수많은 죄업들로 지금도 육도를 표류하는 중생들이 너무나 많은데, 이들이 어느 세월에 모두 성불할까. 이는 곧 불가능을 의미하는 것이 아닐까.

지장보살은 성불할 자격을 갖추고 있음에도 스스로 성불을 포기하고 천백억 항하사 모래알과 같은 겁수가 다하고 마지막 중생이 성불할 때까지 외자식을 향한 어머니의 사랑으로 지옥에서 천상의 온갖 중생을 구제하는 '영원한 보살'이 되었다. 중생들이 모두 성불할 때까지 그 사이에 그 어떤 불(佛)이 출세하더라도 지장보살의 대원(大願)에는 아무런 변화도 있을 수가 없으며, 중생이 '여기'에 있는 한 그도 역시 우리와 같은 모습으로 항상 '여기'에 남아 있겠다는 것이다.

지장보살이 무수한 중생들을 과거에 제도하였고 또 지금도 제도하고 있고 또 미래에도 제도할 것이라는 사실에 깜짝 놀란 문수사리보살은 다음과 같이 묻는다.

"지장보살은 과거에 어떤 행을 하고 어떤 원(願)을 세웠기에 이처럼 불가사의한 일이 능히 가능한 것일까?"

지장보살은 전생에 바라문의 딸이었던 적도 있었고, 어느 나라의 왕이었던 적도 있다. 그때에도 "만약 죄 많은 중생들을 제도하여 편안케 하여 보리도에 이르도록 하지 못한다면 나도 언제까지라도 부처님이 되기를 바라지 않겠다"라고 하였다. 또 전생에 바라문의 딸이었을 때에는 어머니를 구하려는 마음에 지옥에 뛰어들었다가 무수한 중생들이 어머니와 똑같은 처참한 고통을 받고 있는 것을 보고, '일체의 중생구제'라는 커다란 서원을 세웠다.

이처럼 지장보살이 자신의 해탈마저 미루고 서원을 거듭하며 중생을 구제하는 이유는 무엇일까? 그것은 바로 죄 많은 중생을 자비심으로 가여워하기 때문이다. 자비심으로 가여워하는 마음은 원대한 서원의 바탕이 된다. 스스로를 돌볼 겨를도 없이 가장 낮은 곳에 임하는 우리 어머니 아버지의 모습과도 같은 이 자비심의 물방울은, 거대한 폭포가 되고 다시 바다가 되어, 일체 중생을 구제하는 원동력이 된다. 지장보살은 '가장 높은 이념에 가장 낮은 목표를 세우고 있는 보살'이다. 그래서 지장보살이란 이름 앞에는 늘 '대원본존(大願本尊)'이라는 칭호가 붙었다.

삼악도에 떨어져 헤매는 중생을 제도한다고 해서 지장보살은 명부전(冥府殿)의 주존, 즉 사후 세계를 관장하는 존재로 많이 알려져 있다. 또한, 만물에 생명을 불어넣고 풍요롭게 기르는 대지와 같은 불가사의한 공덕성을 갖추고 있고, 당장 결핍되어 고통받는 것을 자비의 마음으로 다 품어주는 보살로도 유명하다. 바로 그 때문에 우리나라에 들어온 지장신앙은 민간신앙과 결합되어 현세 중심의 기복신앙적 특징을 뚜렷이 드러내게 된다. 재산, 지위, 명예, 공덕, 무병장수, 복덕, 치유, 수능합격기원 등 지장보살에게 기도를 드리면 시든 꽃에 다시 생기가 돌 듯 가피를 입을 거라고 하는 믿음이 바로 그것이다. 『지장보원경』에는 팔한지옥, 팔열지옥 등 모두 46가지의 지옥이 있다고 한다. 독사지옥, 화탕지옥, 한빙지옥, 무간지옥의 이 모든 업보로 나타나는 『업보빙의장애(業報憑依障礙)』는 일어나는 현상을 일부 보면, 쓸모없는 인간으로 만들어 결국 폐인(廢人)이 되거나 사망 원인이 되기도 한다.

12. 명부신앙(冥府信仰)

고대인들은 죽은 영혼들이 사는 세상도 인간의 세상과 마찬가지로 하나의 '사회'를 구성하고 있다고 믿었다. 이 죽은 영혼들의 사회는 '명부(冥府)', '명계(冥界)' 또는 '음부'라고 불렸다. 불교가 중국에 전파된 뒤 고대인들의 이 **명부관념은 불교의 업보, 윤회 사상을 바탕으로 더욱 발전하여 종교적 신비주의 색채가 농후한 신령체계를 형성하였다.** 사실 명부(冥府)는 고대인들이 만들어낸 단순한 상상의 산물이라기보다는 현실사회의 강력한 투영이라고 보는 것이 옳을 것이다. 명부를 이루는 사회구조나 생활 방식 역시 현실사회로 근거로 하여 만들어낸 허구적 허상적 존재로, 많은 환상적인 요소들을 담고 있다. 고대인들이 이 같은 허구의 세계를 만들어내고 그것에 의지하게 된 것은, 현실사회에서 정의를 행하고 악을 징벌하는 데 무력함을 느끼게 되었기 때문이다. 그들은 자신들이 만들어낸 이 허구의 세계에서나마 악한 인간들이 죽어 귀신이 되면 반드시 명부에 가서 신들의 공정한 재판을 받게 되리라고 믿고 싶었던 것이다.

전국에 있는 우리의 사찰에는 대부분 명부전이 있다. 명부전의 주존은 지장보살로, 죽은 이의 넋을 인도해 극락왕생하도록 기원하는 전각이다. 각 사찰에서는 이곳을 돌아가신 분들의 위패를 모시고 천도제를 지내주는 곳으로 많이 쓰고 있다. 명부전에 조성된 그림들은 대부분 '지옥변상도'처럼 지옥의 고통이나 무서움을 적나라하게 형상화한 불화들이 많다. 지옥의 끔찍하고 처참한 모습을 그린 그림은 글이나 말로써 전달되는 것보다 훨씬 더 강렬하고 직접적이며 사실적인 느낌을 주기 때문에 사람들을 교화하고 선도하는 데 이것만큼 효과적인 수단은 없을 것이다.

명부전을 방문한 사람들은 누구나 이 지옥 그림을 보고는 자신의 죄업과 훗날 죽은 뒤에 겪게 될 지옥의 고통을 상상하면서 공포감을 갖게 되고, 종교에 귀의하려는 마음을 갖게 되었을 것이다. 그 때문에 민간에서는 죽어서 지옥의 고통을 겪지 않기 위해 살아생전에 미리 지옥의 시왕(十王)에게 재를 지내는 예수시왕재가 성행하게 되었다고 한다. 죽은 자를 위해서는 남은 가족들이 추선불사(追善佛事)를 행하여 다음 생에서는 망자가 좀 더 좋은 곳에 태어나도록 기원하기도 하였다.

　『지장보살본원경』의 「지옥명호품」에서는 지옥(地獄)을 설명하는 대목이 나온다. 지옥은 수미산의 남섬부주(南贍部洲), 즉 우리들이 살고 있는 대륙의 지하에 있다고 한다. 불교의 지옥은 크게 팔열지옥과 팔한지옥으로 나눈다. 전자는 뜨거운 불기로 벌을 받는 곳이고, 후자는 혹독한 추위로 형벌을 받는 곳이다.『지장보원경』에는 모두 46가지의 지옥 이름이 거론되고 있다.

　지장경전은 아니지만 고려 시대 고승 료원(了圓)이 신라와 고려 시대의 승속에 대해 기록한『법화영험전(法華靈驗傳)』에도 지옥이 생생하게 형상화되어 있다. 다음에 인용한 글은 죄업의 과보가 얼마나 끔찍하며, 지옥이 얼마나 처절할 정도로 고통스러운 곳인지 잘 보여준다.

　잠시 후에 아내가 어떤 사람에게 불려 나갔다. 법장이 뒤따라가서 보니

쇠머리를 한 옥졸이 아내를 쇠꼬챙이에 꿰어 펄펄 끓는 가마에 넣어 뼈와 살이 흩어졌다. 이를 쇳물에 꺼내니 도로 살아났다. 이렇게 일곱 번을 되풀이 하고 나서야 놓아주니, 아내가 법장에게로 왔다. 모습이 갑자기 흉측해져 있었다.

이렇듯 지옥은 숨이 막히는 뜨거움, 흉측한 모습, 살이 찢어지고 불에 데어 문드러지는 고통이 반복되는 곳이다. 경전에서 이처럼 지옥을 자세하게 다루는 이유는 아마도 신불대중들을 경계하기 위해서일 것이다. 사람들이 무지하고 눈멀고 어두워서 악업만 짓다 가는 지옥에 떨어지기 때문에 그런 일을 막기 위해서는 이승에서 미리 선을 많이 지어야 한다는 인과론(因果論)의 원리를 강조한 것이다. 내세의 구원을 중심으로 하는 서구 종교와 달리, 불교는 내세의 징벌을 강조하여 현세에서 선을 지어야 한다는 결론을 도출해 내고 있다.

불교의 지옥관이 다른 지옥 사상과 크게 다른 점은 지장신앙에서 엿볼 수 있듯이 지옥에서 고통을 받고 있는 이들을 구제하고자 하는 자비심이 바탕을 이루고 있다는 점이다. 이 점에서 볼 때 불교의 지옥세계에서 으뜸가는 존재는 지장보살이다.

명부전은 저승의 유명계, 곧 명부세계를 사찰 속으로 옮겨 놓은 전각이다. 이 명부전의 구조를 살펴보면, 대부분의 사찰에서는 중앙에 위치한 지장보살을 중심으로 왼쪽에는 도명존자를, 오른쪽에는 무독귀왕을 봉안하여 삼존불을 이루게 한다. 그리고 그 좌우에 명부시왕상을 안치하며, 시왕상 앞에는 시봉을 드는 동자상 10구를 안치한다. 이 밖에도 대왕을 대신하여 심판을 하는 판관(判官) 2인, 기록과 문서를 담당하는 록사(綠事) 2인, 문 입구를 지키는 장군(將軍) 2인 등을 마주보게 배치하여 모두 29체(體)의 존상을 갖추게 된다.

지장보살의 뒤쪽 벽에는 지장탱화를 봉안하고, 시왕의 뒤편에는 명부시왕탱화를 봉안하게 된다. 이 시왕탱화를 명부전에 봉안할 때는 1대왕씩 10폭으로 묘사하거나 5대왕씩 2폭으로 묘사하여 봉안하며, 중앙 지장보살의 왼쪽에는 홀수 대왕이 배치된다.

그림의 내용은 상단부와 하단부로 나뉘는데 상단부에는 그 대왕을 중심으로 시여, 판관, 외호신장들이 둘러 서 있고, 그림의 상하단을 구름으로 구분한 다음, 그 아래 하단부에는 형벌을 받은 죽은 사람과 형벌을 과하는 사자와 귀졸, 죄인의 앞에서 지은 죄를 하나하나 열거하며 읽어 주는 판관 등이 그려져 있다. 여기서 지옥의 장면은 하단부에 묘사되어 있다.

일반적으로 지옥, 곧 유명계를 지배하는 염마왕은 지장보살의 변화신 가운데 하나로서 수용되어 있다. 『십륜경』에서 볼 수 있는 것처럼 지장보살은 중생들을 설득시키기 위하여 그들의 근기에 맞게 설법을 하고 응하기 위하여 42가지의 변화신을 나타내는 가운데, 혹은 염라왕의 몸으로 나타나기도 하였다. 여기서 염라왕은 이디까지나 지장보살을 주체로 한 화신의 하나인 것이다. 다시 말해서, 명부신앙은 지옥의 구세주인 지장보살을 주존으로 모시고 죽은 이의 넋을 천도하여 극락왕생하도록 기원하는 종교적 기능을 담당한다고 할 수 있다.

지장보살을 주체로 한 명부전은 저승의 유명계, 곧 명부세계를 사찰 속으로 옮겨 놓은 전각이다. 전국에 있는 사찰에는 대부분 명부전이 있다. 고대인들이 이 같은 허구의 세계를 만들어내어 명부관념을 불교의 업보 윤회 사상을 바탕으로 중국에서 접목하여 더욱 발전시켜 종교적 신비주의 색채가 농후한 신령체계를 인격화 하였다. 지장보살에 접목된 명부세계의 허구적인 신령들을 소멸시 켜야 한다.

왜냐하면 명부전에 십대대왕이나 신령 신중은 자신도 해탈하지 못한 분들인데 어떻게 남의 조상을 해탈시킬 수가 있겠나, 이치에 맞지가 않다. 이로 인한 신령들의 방해로 조상줄로 업보빙의장애 (業報憑依障礙)를 발생시키는 원천이 되고 있다.

13. 시왕신앙(十王信仰)

시왕신왕의 기원은 중국의 도교와 산악숭배신앙(山嶽崇拜信 仰)에서 찾아볼 수 있다. 중국의 도교에는 일찍부터 신령스러운 힘이 인간의 생사를 다스린다고 하는 개념이 존재했다. 대표적으로 중국 후한대(後漢代)에 형성된 태산신앙(泰山信仰)을 들 수 있다. 태산신앙에 따르면 동악(東嶽)인 태산(泰山)은 사명(死命)의 신인 태산부군이 머무는 곳으로, 그곳에는 인간의 생적(生籍)과 사적(死籍)이 준비되어 있다고 한다.

남북조시대에 불교의 지옥사상이 인도에서 유입된 후 중국 고유의 태산신앙은 큰 변화를 겪게 된다. 고대 인도에서 죽은 사람들의 주재자였던 '야마(Yamaraja)'를 음역한 염라왕(閻邏王)과 태산신앙이 결합되면서 중국 지옥사상의 주류를 이루게 된 것이다. 또한 그때까지 인간의 수명을 관리하던 태산은 지옥의 관념으로 변모되고, 본래 태산에서 인간의 수명을 관장하던 태산부군은 시왕 중 일곱 번째 왕으로 등장하게 되었다. 이 일곱 번째 대왕을 불교에서는 '태산대왕'이라고 하고, 도교에서는 태산부군이라고 불렀다.

여기서 '시왕(十王)'이란 고대 인도의 '야마(Yamaraja)'의 개념이 중국 도교의 태산신앙과 결합한 후 불교의 지옥사상이 발달하면서 열 명의 왕으로 확대된 것이다. 중생이 죽으면 지옥도로 가서 열 명의 왕으로부터 차례차례 심판을 받는데, 매 7일마다 일곱 번의 심판을 받고, 100일이 될 때 한 번, 1년이 될 때 또 한 번, 2년이 될 때 마지막으로 한 번을 받는다고 한다. 이 열 명의 왕이 내린 판결문에 따라 죽은 이가 육도 중 한 곳으로 다시 태어나는 것이다.

열 명의 왕 중 여섯 왕의 명칭은 도교의 영향을 강하게 받고 있다. 당말 오대에 장천에 의해 찬술된『불설예수십왕생칠경(佛說預修十王生七經)』에서는 시왕의 명칭을 제1왕 태광대왕(太光大王), 제2왕 초강대왕(初江大王), 제3왕 송제대왕(宋帝大王), 제4왕 오관대왕(五官大王), 제5왕 염라대왕(閻羅大王), 제6왕 변성대왕(變成大王), 제7왕 태산대왕(泰山大王), 제8왕 평등대왕(平等大王), 제9왕 도시대왕(都市大王), 제10왕 오도전륜대왕(五道轉輪大王)이라 부르고 있다.

시왕의 명칭이나 지옥에서의 심판 광경 등은『예수시왕생칠경』이 편찬된 후에 정립된 것이라고 한다. 제5대왕인 염라대왕은 원래 인도에서는 최초로 죽은 자로서 천상의 교주였다. 그런데 지옥사상이 발달하면서 언제부턴가 염라대왕이 '명부의 왕'으로 나타나 업경을 통해 전생의 일을 확인하고 있다. 제6대왕인 변성대왕의 처소에서는 망자가 천당이나 지옥 중 어디로 전생하는가가 결정되기 때문에 유족들의 추선공양이 중요함을 강조하고 있다.

제7대왕인 태산대왕은 망자의 죄업에 따라 육도윤회를 정한다. 보통 중유는 태산대왕의 처소를 경과하는 49일째 되는 날에 끝나기 때문에 이날은 중음불사를 행하는 마지막 날이다. 일반인들은 이를 칠칠재 혹은 49재라고 부르고 있다. 이것이 불교의 49재 시왕신앙과 결합하면서 다음의 8대·9대·10대왕의 3재를 더해 모두 열 번의 재를 지내는 행사로 발전된 것이다.

제8대왕인 평등대왕에 이르러서 고통받고 있는 망자가 이 고통을 면하는 길은 남은 친족들이 망인을 위해 추선불사를 하는 것밖에 없다고 한다. 제9대왕인 도시대왕 앞에서도 망자는 육도윤회가 미정이기 때문에 친족들이 경전과 불상을 조성하는 등 공덕을 쌓으면 비로소 다음 태어날 곳이 정해진다고 한다. 여기서 경전은 『법화경』을 말하고 있다. 그리고 제10대왕인 오도전륜대왕에 이르러 비로소 다시 태어날 곳을 결정받게 된다.

결국 지옥이나 인간, 천당 등 망자의 다음 생이 결정되기 위해서는 시왕 모두를 거쳐야 하는데, 그 기간이 3년이 걸린다고 한다. 이 기간이 무사히 끝날 때까지 친족들이 계속해서 추선불사를 행하지 않고 중간에 그만두면 망자는 다음 생에서 낳다가 죽거나 젊어서 죽는 운명으로 태어난다고 한다.

당(唐)의 당감(唐鑑)이 자기가 보고 들은 사례를 모아서 불교의 현보(現報), 생보(生報), 후보(後報)가 사실이라고 명시한 책 『명보기(冥報記)』에는 염라대왕에 대해 다음과 같이 기록하고 있다.

천제는 육도를 통솔하는데 이를 일러 천조(天曹)라 한다. 염라대왕은 천자(天子), 태산부군(太山府君)은 상서령, 록오도신(錄五道神)은 여러 상서에 해당한다. 매번 인간사를 판단하여 위에다 사뢰어 복을 구하면 천조가 그것을 받아 모월 모일에 염라대왕이 공경히 받아 행하니 마치 인간이 조서(詔書)를 받듦과 같다.

염라대왕은 인간세계로 치면 천자와 같은 존재이며, 그 휘하에 태산부군 등을 두고 명부를 다스린다고 한다. 이것은 지하세계도 지상세계와 마찬가지로 엄격한 위계질서에 의해 통치되고 있음을 보여주는 사례라 할 것이다. 염라대왕과 태산부군을 중심으로 하는 명부의 조직은 『불설예수시왕생칠경』이 편찬된 후 시왕에 의한 체제로 정립되면서 그 사상적 기반이 더욱 확고해졌다.

시왕신앙은 중국의 민속적인 영향으로 불교적이라기보다는 도교적인 색채가 농후한 신앙이다. 앞에서 시왕신앙의 기원을 중국의 산악숭배신앙과 민간종교인 도교의 습합으로 본 것은 바로 그 때문이다. 한국 도교의 입장에서 시왕신앙을 설명한 성현의 『용재총화(慵齋叢話)』에 따르면 소격서(昭格署)에서 시왕을 예배하였다는 내용이 나온다.

대개 소격서는 중국의 도가를 모방하여 태일전에서 칠성과 여러 별들을 제사하는데 그 이상은 모두 머리를 풀어 헤친 여자의 모양이었다. 삼청전(三淸殿)에는 옥황상제(玉皇上帝), 태상노군(太上老君), 보화천존(普化天尊), 재동제군(梓潼帝君) 등 10여 위를 제사하였는데 모두 남자의 형상이었다. 그밖의 모든 단에는 사해용왕(四海龍王), 신장명부시왕(神將冥府十王), 수부(水府)의 모든 신을 모시어 위패의 이름을 쓴 것이 무려 수백이었다. 권관(曆官)과 서원(署員)은 모두 흰옷에 검은 두건으로 재를 올렸고, 또 관을 쓰고 홀을 들고 예복을 입고 제사를 지냈으되 제전(祭奠)은 과실, 인절미, 과자, 술이었다.

인류 역사에서 인간의 사후 운명에 관한 문제는 그 무엇에도 비할 수 없을 정도로 근원적이고 중요한 문제로 인식되어 왔다. 선사시대부터 이미 사후세계에 대한 관념이 존재하고 있었고, 불교의 전래와 함께 본격적으로 수용된 명부신앙도 체계적인 면모를 갖추게 되었다. 그중에서도 특히 명부신앙, 지장신앙, 시왕신앙이 성행하였다. 인도의 지천(地天)에 기원을 둔 지장신앙은 삼국시대에 중국으로부터 전해져 초기에는 주로 점찰법회를 통해 수용되었으며, 8세기 중엽 진표(眞表)에 의해 본격적인 꽃을 피우게 되었다. 『삼국유사(三國遺事)』에 수록된 망덕사(望德寺) 선율(善律)의 환생담에서 보듯이 삼국통일을 전후한 시기에 시왕신앙은 지옥사상과 함께 널리 알려졌다. 전래 초기에 이들은 독립된 신앙으로 존재하고 있었으나, 당말 오대에 『불설예수시왕생칠경』이 찬술되면서부터는 지장보살과 시왕이 결합된 지장시왕신앙이 유행하게 되었다.

고려시대에 지장보살은 아미타정토신앙과 관련을 맺으면서 관음보살과 함께 아미타여래의 주요 협시로 등장하게 되었고, 법상종 계통에서도 미륵과 함께 지장보살을 숭배하였다. 또한 시왕신앙은 고려시대 때에 더욱 체계적인 신앙 형태를 이루게 되었다.

조선시대에는 불교의 민간적인 성격이 더욱 강화되었다. 사찰마다 산신각(山神閣), 칠성각(七星閣) 같은 전각들이 건립되었고, 기복(祈福)과 망자의 영가천도(靈駕薦度)를 위한 도량인 명부전

이 사찰 내에서 큰 비중을 차지하게 되었다.

고려시대에는 지장보살과 시왕이 지장전과 시왕당(十王堂) 등에 따로 봉안되었으나, 조선시대에는 명부전이 새로 건립되고 지장보살과 시왕을 비롯하여 명부와 관련된 존상들을 모두 함께 모아 명부전에 봉안함으로써 지장신앙과 시왕신앙이 결합되는 양상을 보이기 시작했다. 또, 『지장삼부경』에서는 시왕에 대한 개념을 찾아볼 수 없으나, 『불설예수시왕생칠경』의 편찬 이후 불교와 도교의 습합으로 명부신앙과 시왕신앙이 결합되고 이것이 명부전이라는 공간에서 지장신앙으로 합치되는 경향을 보이게 된다.

일본의 민속학자 사쿠라이 투쿠타로우(櫻井德太朗)는 일본 지장신앙의 원류로 중국과 한국 불교의 영향을 인정하고, "일본의 지장신앙이 대륙에 뿌리를 두고 자란 것은 물론이지만 오늘날 그 근간이 되는 중국이나 한국에서는 미륵이나 관음신앙은 뚜렷이 남아 있는 데도 불구하고 지장신앙은 점차 퇴색하고 있다"고 하여 한국 지장신앙의 퇴색화를 우려하고 있다. 그러나 그것은 한국 불교의 특성을 충분히 이해하지 못한 결과라고 생각한다. **한국의 지장신앙은 도교와 시왕신왕 등과의 습합을 통해 회통(會通)적으로 발전해 왔다.**

조선시대에는 불교신앙과 민간신앙, 무속신앙, 토속신앙과의 융합이 활발히 이루어졌다. 이러한 점은 지장신앙도 마찬가지이다. 고려시대 이전까지 주로 개인의 참회수행을 위주로 하여 점찰법회의 주존으로 신앙되어 오던 지장보살이 고려시대에 이르러서는 극락정토왕생을 기원하는 신앙 대상으로 자리 잡게 되었고, 특히 시왕신앙과 결합하여 사후세계의 주존이라는 성격을 갖게 되었다. 그리고 조선시대에 와서는 추선공덕(追善功德)과 영가천도(靈駕薦度)를 위한 명부전의 주존으로서의 성격을 갖게 되면서 참회수행이라고 하는 지장보살의 본래 성격이 변용되어 주로 신도들의 망자명복을 비는 주존으로 변화되었다고 봐야 할 것이다.

결국 지옥이나 인간, 천당 등 망자의 다음 생이 결정되기 위해서는 시왕 모두를 거쳐야 하는데, 불교신앙과 민간신앙, 무속신앙, 토속신앙과의 습합이 활발히 이루어졌다. 이러한 점은 지장신앙도 마찬가지다. 인도의 신(염라대왕), 중국 도교의 신들로 구성된 시왕(十王) 십대대왕은 절대로 인간의 생사해탈을 관장할 능력을 갖추지 못한 신들이다. 십대대왕이 해탈했다는 증거가 있는가? 본인들도 해탈을 못했는데, 어떻게 망자들을 해탈시킨다 말인가? 그래서 칠칠이 49제는 조상들을 해탈시킬 수가 없으므로 불교에 습합된 시왕신앙(十王信仰)이 도리어 기복신앙으로 변질되어 『업보빙의장애(業報憑依障礙)』을 발생시키는 원천이 되고 있다.

14. 유교 조상숭배사상과 제사문화

무릇 종교는 그것이 속한 사회 문화를 형성하는 데 결정적인 영향을 미치는 중요한 요소이다. 특히 사회구성원들의 인간관이나 세계관 등과 같은 기복적 가치관의 형성은 전적으로 종교의 몫이다. 그래서 어떤 사회를 이해하려 할 때 종교를 간파한다면 그것은 절반 이상을 놓친 셈이 된다.

한 사회를 이해하려면 그 사회의 종교와 가족제도를 보라는 말이 있다. 종교와 가족제도는 사회를 이루는 근간이기 때문이다.

우리나라의 경우에는 유교가 가족제도와 한국 민족의 정서뿐 아니라 우리 사회 전반에 지대한 영향을 미쳤다. 조선 사회는 유교의 절대적 영향 아래 놓여 있었고, 가족중심주의나 장유유서 같은 유교적 원리는 지금까지 한국인의 사회적 관계를 좌우하는 핵심 가치 중의 하나이다.

유교를 종교로 볼 것인가, 학문으로 볼 것인가 하는 문제는 지금까지도 명확한 결론이 나지 않은 오래된 이슈다. 유교를 종교라고 주장하는 사람들은 조상제사를 거론하면서 유교가 가진 종교성을 거듭 강조한다. 반대로, 유교는 종교가 아니라고 생각하는 사람들은 유교의 제례문화가 조상신에 대한 믿음에서 온 게 아니라 '종법(宗法)'에 기반을 둔 한 집안의 혈연적 정통성을 확인하고 보장하는 의식이라고 주장한다. 이와 같은 양쪽의 주장은 시작과 끝을 알 수 없는 뫼비우스의 띠처럼 잊을 만하면 한 번씩 되풀이되고 있다.

이 논쟁의 해법을 얻으려면 '종교란 무엇인가?' 하는 근원적인 질문에서부터 다시 출발해야 한다. 종교란 과연 무엇일까? 서구의 학자들이 공통적으로 규정하고 있는 종교의 자격 요건은 크게 네 가지가 있다.

배타성을 가진 유일선 신앙인가.

전문직 사제자가 있는가.

교리를 담은 성서가 있는가.

의례행위가 이루어지는 성전이 있는가.......

이들의 관점에 따르면 유교는 종교로서는 자격 미달인 듯 보인다. 위 네 가지 요건을 충분히 갖추고 있지 않으니까. 물론, 다른 종교와 마찬가지로 유교에서도 이른바 '귀신(鬼神)'이라 칭하는 조상을 모셔두고 일정 형식을 갖춘 의례를 거행하고 있다. 조선시대에 제사를 지내던 모습을 떠올려 봐도 유교가 종교가 아니라는 주장을 받아들이기 어려운 게 사실이다. 군이 말하자면, 유교의 신은 조상신이고, 성전은 사당이며, 성서는 『주자가례』였다고나 할까.

조상숭배가 유교문화만의 특징은 아니지만 우리나라의 '제사'와 유교는 불가분의 관계를 가지고 있다. 조선 중기로 넘어가면서 우리 사회의 모든 의례는 '주자가례'를 따르게 되었고, 조상제사도 완전한 유교식으로 지내게 되었기 때문이다. 유교식 조상제례의 기본 정신은 『예기(禮記)』의 '보본반시(報本反始)'이다. 즉, 만물의 존재는 하늘에 근본이 있고 사람은 조상에 근본을 두고 있기 때문에 인간의 근본인 천지(天地)와 선조의 은혜에 보답하고 근본으로 돌아간다는 뜻이라고 한다. 우리가 때마다 고향을 찾는 것도 근본을 잊지 않고 내가 태어나고 부모님이 계신 곳, 그 처음으로 돌아가는 것이라 할 수 있다. 결국 부모를 공경해야 한다는 효사상이 곧 조상숭배로 이어진 것이다.

조상숭배사상과 제사문화가 우리 사회 깊숙이 뿌리를 내리게 된 데는 유교적 사생관의 영향이 컸다. 유교적 생사관이란 무엇일까? 사람이 죽으면 그 육신은 흙으로 돌아가고 영혼은 우주의 큰 기운으로 돌아간다고 한다. 기독교적 생명관을 가진 사람들이 볼 때는 선뜻 이해가 가지 않는 대목일 것이다. 기독교인들 입장에서야 인간의 육신은 부모로부터 받는 것이지만 그 육신이 출현할 때에는 하나님이 직접 그 개인에게 진정한 생명인 영혼을 부여해 준 것이기 때문이다.

그러나 유교적 생명관은 그와는 전혀 다르다. 한 개체로서의 인간은 하늘로부터 성품을 부여받는 동시에, 혈통의 연속성 속에서 개인이라는 독립된 고리들이 조상에서부터 후손까지 긴 사슬로 끝없이 연결되어 있다. 인간은 죽으면 이 세상을 떠나 신의 세계로 돌아가는 것이 아니다. 죽은 다음에도 이 세계에서 '혼백(魂魄)'이라는 새로운 형태로 그 후손들과 더불어 살아간다. 전통적인 유교 관습 가운데 이러한 의식을 가장 선명하게 드러내고 있는 사례가 바로 조선시대 각 가정에서 조상의 신주(神主)를 모셔놓았던 사당 곧 '가묘(家廟)'다. 유교 가정의 사당은 살아 있는 후손과 죽은 조상이 공존하면서 제사 의례를 통하여 만나는 공간으로, 기독교의 성전과 같은 성격을 갖는다.

유교식 조상제례는 지금까지도 종교 논란으로부터 벗어나지 못하고 있다. 유교를 종교로 간주하는 사람들은 유교의 의례가 서구에서 말하는 배타적 유일신, 전문 사제자, 성서 등 종교의 기본요소와 상관없이 오직 죽은 이를 대상으로 행해진다는 점을 지적한다. 그러나 끝없는 논란에도 불구하고 유교의 조상제례에는 '종교성'이 내재되어 있다는 것을 인정할 수밖에 없다. 유교식 조상제례가 일정하게 일상과 차별화되어 죽은 영혼을 대상으로 거행되는 의례이기 때문이다. 만약에 유교식 조상제례의 절차와 구성이 일상과 동일하게 전개되었다면 '제례의 신성성'을 상실하여 의례로서의 지위를 가지지 못했을 것이다. '제례의 신성성'은 유교식 조상제사의 존립 기반이기도 하다.

한국인들이 돌아가신 부모와 조상에게 제사를 드리는 것은 '효(孝)'라는 유교 원리가 여전히 우리 사회 깊숙이 자리하고 있기 때문이다. 오늘날 유교사상에 대한 이해는 우리의 전통문화를 이해하는 관건이다. 유교가 모든 덕의 으뜸으로 삼고 있는 것이 바로

'효'사상이다. 제사의 가장 근본적이고 중심이 되는 의의도 효심(孝心)이라 표현할 수 있다. 유교에서는 효를 모든 덕의 근본이요 최고의 선(善)으로 본다. 공자는 '무릇 모든 효는 덕의 근본이며 모든 가르침이 여기서 시작되는 것'이라 하였고, 맹자는 '섬기는 일 중에 어버이를 섬기는 일이 가장 중요하다'고 하였다. 효의 근본정신은 극진한 사랑과 은혜를 베풀어준 부모와 선조에 감사하는 것이다.

공자는 제사를 모심에 있어 '정성'이 중요하다고 강조했다. 『논어(論語)』와 『예기(禮記)』에 의하면 옛날 선비들은 제사를 모시기 열흘 전부터 일주일 동안 제사 모실 곳을 깨끗이 청소하고, 주위를 정돈하였으며, 몸가짐을 단정하게 했다고 한다. 그리고 제사 모시기 삼 일 전부터는 아예 제사를 모실 곳에 들어가 침식을 하며 고인의 유품과 유물을 보면서 과거를 추억하고 좋은 기억을 떠올리면서 정성으로 제사를 준비하였다고 한다. 제사를 지내는 후손과 제사 모실 대상은 같은 핏줄이기 때문에 그렇게 열흘 동안 준비하고 정성을 다하면 서로 교감할 수 있다고 생각한 것이다.

유교의 효(孝) 사상으로 조상숭배사상의 일체 조상제사는 묘지에 누워계시는 조상들을 자주 불러서 조상줄을 후손에게 단단히 묶는 것이므로 업보빙의장애(業報憑依障礙)를 발생시키는 원인이 된다. 업보빙의장애(業報憑依障礙)는 뭐니 뭐니 해도 조상줄이 첫째 발생 원천이 되고 있다. 어떠한 경우라도 조상줄을 만들면 안 된다.

15. 죽음과 장례문화

전통적으로 우리나라 사람들은 병이나 재앙이 닥치기 전에 미리 귀신(鬼神)의 침입에 대비하고, 혹시 귀신을 막지 못해 병이 들면 한시라도 빨리 귀신을 쫓아내야 한다는 생각을 신앙처럼 간직하며 살아왔다. 귀신을 예방하거나 쫓아내기 위해 부적을 붙이는 등 여러 가지 축귀법(逐鬼法)이 사용되기도 했다. 귀신에 대한 이러한 관념은 비단 민간신앙에 한정된 것이 아니라 우리 민족의 생활 전반에 폭넓게 자리 잡았다.

그 대표적인 예가 우리 민족의 언어다. 사람들 사이에서 자연 발생하여 전승되어 내려온 우리의 언어에는 우리 조상들의 생활과 사상이 풍부하게 담겨 있다. 오늘날 우리가 무심코 사용하고 있는 언어에서도 귀신에 대한 우리 조상들의 신앙과 생각이 담겨 있다. 누군가 발병(發病)했을 때 우리는 '병이 들었다', '감기가 들었다', '감기에 걸렸다'고 말한다. 병이 바깥에서 몸 안으로 들어왔다는 뜻이다. 또, 병이 나았을 때는 '감기가 나갔다', '병이 나갔다'고 표현했다. 여기서 나가고 들어오는 것은 서양의학에서 말하는 바이러스나 세균이 아니라 '병귀(病鬼)'이다. 귀신신앙이 발전하여 현대인의 언어 속에 아직까지 잠재하고 있음을 단적으로 보여주는 좋은 예로 본다.

그러면 '귀신(鬼神)'과 '신(神)'은 어떻게 다른 것일까? 일반적으

로 신(神)은 조직화된 교단에서 말하는 신앙의 대상으로, 초자연적인 능력을 소유한 성스러운 존재를 의미한다. 이에 반해 귀신(鬼神)은 죽은 사람의 혼령이나 자연물 등에 의지하고 있는 영적인 존재로, 초능력을 지니고 있어 인간에게 화복(禍福)을 가져다준다고 믿는 민간신앙의 대상이기도 하다. 흔히는 미신이나 이단의 개념으로 사용되고 있다.

『논어』를 비롯한 유교의 고전들은 '귀(鬼)'를 죽은 사람의 혼령, '신(神)'을 조상신, 자연신 등의 범신(凡神)으로 설명하고 있다. '귀(鬼)'라는 한자는 원래 어린아이가 죽은 사람의 하얀 해골(白骨)을 머리에 쓰고 있는 모습을 그린 글자다. 유교적 시각으로 봤을 때 사람(人)이 죽으면 죽은 자는 조상신이 된다는 의미에서 '신(神)'이라는 한자를 덧붙인 것이다.

기본적으로 유교는 인간과 자연을 유기적인 관계로 이해하고 있다. 유교에서 중시하는 '효(孝)'나 '예(禮)'의 개념도 삶과 죽음, 산 자와 죽은 자를 연속적인 관계로 파악하는 데서 출발하는 것이다. 삶과 죽음, 살아 있는 사람과 귀신의 관계도 예외는 아니다. 특히 '귀신'이나 '혼백' 같은 개념들은 삶과 죽음의 문제와 직접적으로 연관되어 있다. 공자 역시 『논어』에서 죽은 혼령으로서의 귀(鬼)와 신령한 존재로서의 신(神)을 이분법적인 입장에서 설명하지 않고, 연속적이고 유기적인 관계로 설명한다.

유교적 장례문화는 이처럼 인간과 자연, 삶과 죽음을 유기적

관계로 해석하는 시각 위에서 형성된 것이다. 동서고금의 장례문화에는 인간이 죽음을 받아들이고 해석하는 시각이 그대로 녹아 있다. 원시시대의 단순한 형태의 무덤에서부터 중세시대의 세련되고 복잡한 의식절차에 이르기까지, 인간은 죽음이라는 이 일상적이고도 특별한 사건을 처리하기 위해 그들만의 독특한 방식을 고안해 왔다. 모든 죽음은 망자 개인의 죽음이지만, 그것이 의례가 되는 순간 의례에 참여한 사람에게도 동일하게 예비돼 있는 인간 보편의 죽음이 된다. 의례에 참가한 사람들은 자신을 포함한 모든 인간이 소멸의 존재임을 절감하고, 언젠가는 자신도 죽을 수밖에 없는 존재라는 사실을 깊이 자각한다. 이러한 자각은 철학과 종교의 시원에 닿아 있다는 점에서, 죽음을 둘러싼 의례의 역사는 바로 문명의 역사일 수밖에 없다.

고대 문헌을 살펴보면 원시 아프리카와 인도네시아, 고대 중국 민족이 제사를 지냈다는 기록이 남아 있다. 이 기록에 따르면, 중국의 경우 공자가 태어나기 이전인 하(夏)나라 때와 상(商)나라 때 정식으로 제사를 지냈던 걸로 보인다. 특히 중국 산동성(山東省)의 조상 제사는 거의 대부분 유교식으로 진행되었다. 이것은 산동성의 지리적, 문화적 환경과 밀접한 관련이 있다. 지리적으로 소수민족의 거주지에서 멀리 떨어진 탓에 다른 문화권의 영향을 크게 받지 않고 자신들의 조상제사 방식을 유지할 수 있었던 곳이고, 문화적으로도 산동성은 유교의 발원지였다. 춘추시대에는 공자를 비롯한 사상가들이 유교사상을 정립하였고, 한나라 때는 한무제 (漢武帝)가 숭유정책을 펼쳐 유교문화가 꽃피었으며 조상 제사도 유교식으로 진행하게 되었다. 한나라 때부터 청나라 때까지 유교사상은 국가를 다스리는 단일한 통치이념이었다.

유교식 조상제사가 민간에까지 널리 보급되게 된 것은 성리학이 창시된 송나라 때였다. 송나라 학자들은 민간에도 유교식 제사를 보급해야 한다고 주장하였고, 통치자들은 이들의 주장을 적극 수용하여 유교식 조상제사를 민간에 널리 보급하게 된 것이다. 유교식 조상제사가 산동성을 포함한 중국의 전통적 조상제사의 방식으로 정착된 것은 바로 그때부터였다. 물론 세월이 많이 흐른 지금 산동성의 조상제사는 많이 간소화 되었다. 번거로운 유교식 제사의 절차들이 바쁜 현대인의 생활 방식에 맞지 않기 때문이었다.

한국의 조상제사는 무속식, 불교식, 천주교식, 유교식 등 다양한 양상으로 전개되었다. 무속에 '조상거리'라는 굿이 있다. 죽은 부모와 형제자매 등 모든 조상 혼령이 무당에 내려 공수를 주는 굿이다. 또, 전라남도, 경상도 등의 남부지역에서 '조상단지'라고 해서 주부가 매년 가을에 햅쌀을 단지나 항아리에 넣어 대청이나 안방에 봉안하고 모시는 풍속도 조상숭배사상이 민간신앙에까지 큰 영향을 미치고 있는 중요한 사례도 있다.

고려시대 때는 불교가 국교로 되면서 조상제사도 불교식으로 진행되었다. 불교식 조상제사는 사찰에서 '제(霽)'라는 형식으로 거행되었다. 그런데 고려 말기에 성리학이 한반도에 들어오면서 통치자들은 점차 유교사상을 중시하기 시작하였다. 특히, 조선이 건국한 후 배불숭유(排佛崇儒) 정책이 건국이념이 되면서 유교는 조선왕조 500년을 지탱하는 근간이 되었다. 그 결과, 유교식 조상제사는 서민층까지 널리 확산되게 되었다.

근대 이후 서양에서 들어온 기독교와 천주교의 영향력이 확장됨에 따라 기독교식이나 천주교식 조상제사를 지내는 사람들이 늘어나고 있다. 그러나 여전히 유교식 조상제사가 압도적으로 많은 것이 우리의 현실이다. 성리학이 우리나라에 전래된 지 무려 800여 년이라는 오랜 세월이 흘렀지만 유교식 조상제사는 한국의 대표적인 조상제사로서 전승되고 있다.

조상제사는 조상신으로 승화(昇華)한 선조의 혼령(魂靈)과 체백(體魄)을 모시고 서로 교감(交感)하며, 조상숭배사상인 명절제사, 기일제사, 중양절제사, 묘사 등 한국의 조상제사는 무속식, 불교식, 천주교식, 개신교식, 유교식 등 다양한 양상으로 전개되지만, 일체제사문화는 무덤에 누워있는 조상들을 자꾸 불러서 조상줄로 후손과 단단히 묶는 행위로 업보빙의장애(業報憑依障礙)인 빙의유전병을 발생시키는 큰 원인이 되고 있다.

16. 제사문화의 병폐와 미신 타파

우리나라에서 유교식으로 조상제사를 치르기 시작한 것은 성리학이 국내에 들어오기 훨씬 전부터의 일이다. 삼국시대의 문헌을 살펴보면 유교식 조상제사에 관한 기록을 발견할 수 있다. 이에 따르면, 백제의 황화왕(黃禾王)은 287년 온조왕(溫祚王)의 묘에 유교식 제사를 지냈으며, 신라의 진평왕(眞平王)은 586년에 외교와 의례를 맡아보는 관청인 '예부'를 설치했다. 그러다가 고려 말기에 성리학이 도입되자 고려의 사대부들이 『주자가례(朱子家禮)』에 따라 제사를 지내게 된 것이다.

조선시대의 통치자들은 개국과 동시에 유교 통치이념을 확립하기 위해 두 가지의 노력을 기울였다. 그 첫 번째가 바로 유교적 질서를 법제화하는 일이었다. 다시 말하면, 유교의 정치적 지위를 법제화시킨 것이다. 그리고 『주자가례』를 원본으로 삼아 유교식 제사에 관한 많은 예서를 만들었다. 두 번째는 '유교입국(儒敎立國) 유교치국(儒敎治國)'을 국정 운영의 목표로 삼아 숭유배불 정책을 펼쳐나갔다는 점이다. 그 결과, 정치적으로는 유학자들이 실권을 장악하게 되었고, 경제적으로는 불교에 대한 재정적 지원이 대폭 감소하게 되었다. 조선왕조는 유교입국이라는 국시에 입각하여 양반 관료제도를 정비하였고, 신분제도를 재편성하였으며, 새로운 사회 질서를 확립하기 위해 유교 윤리를 보급하는 등 여러 방면에 걸쳐 국가 기반의 구축을 도모하면서 혁신정치를 꾀했다.

조선왕조가 숭유배불 정책을 통해 양반층에서부터 일반 서민들에게까지 보급했던 유교식 조상제사는 다양한 사회적 변화를 거치며 오늘에 이르렀다. 조선 후기부터 봉건사회가 점차 붕괴되어 가면서, 이를 바탕으로 형성된 조상제사도 적잖이 영향을 받았다. 일제강점기에 들어와서는 일제의 한민족 말살 정책으로 인하여 조상제사의 근간이 뿌리부터 흔들리게 되었다. 해방 후 5년 만에 한국전쟁이 발발하자 동족상잔의 참화 속에서 조상제사는 더욱 약화될 수밖에 없었다.

1960년대 초에 등장한 박정희 정권은 경제개발5개년계획으로 전쟁으로 폐허가 된 나라를 일으키고 '한강의 기적'을 만들어냈다. 급격한 산업화 과정 속에서 사람들이 대거 농촌을 떠나 도시로 이동하기 시작했다. 대규모 이촌향도 현상으로 인해 종래의 대가족 제도는 점차 해체되고, 핵가족 시대로 나아갈 수밖에 없었다. 산업화시대에 들어서면서 사람들의 생활방식도 많이 달라졌다.

그러나 유교적 제사문화는 '전통'이라는 이름으로 여전히 계속되었다. 우리나라 사람들은 자신이 죽으면 자신의 후손을 돌봐주는 귀신이 된다는 생각을 가지고 있었다. 또한 자신의 삶에 어떤 어려움이 닥쳤을 때에는 그 원인을 조상에게서 찾는 사람들도 많았다. 이것은 일부 사람만 가지고 있던 생각이 아니라 우리나라 국민들이면 모두가 공유하는 사상이었으며 생활양식이었다.

종교로서의 유교를 지탱하는 가장 기본적인 단위는 '가족'이었다. 유교는 본질적으로 사람과 사람 간의 관계에 대한 가르침이며, 이것은 사후세계의 모습과도 관련이 있다. 유교에서 사람과 신의 관계는 신과 개인이 일대일로 대면하는 것이 아니라, 신까지도 가족의 영역으로 포함되는 것이기 때문이다. '국가(國家)'라는 명칭에서 볼 수 있듯이, 유교를 숭앙하는 사람들은 국가가 '확대된 가족'이라는 인식을 가지고 있다. 유교는 가족이데올로기의 재생산이라는 역할을 담당함으로써 사회의 존속에 이바지해왔던 것이다.

　그때까지도 우리 민족은 유교에서 가르치는 인간의 중요한 네 가지 예법, 즉 관혼상제(冠婚喪祭)를 생활 속에서 실천하고 전승하여 고유의 전통 의례로 발전시켜 왔다. 이것이 바로 유교적 전통에 빛나는 '동방예의지국(東方禮儀之國)'으로서 우리 민족만이 보존하고 있는 정신문화 유산이라는 자부심이 컸다.

　특히, 제사는 조상신으로 승화(昇華)한 선조의 혼령(魂靈)과 체백(體魄)을 모시고 서로 교감(交感)하며 성심을 다하여 추모하는 엄숙한 보본의례(報本儀禮)로서, 효 사상을 중시하는 우리 민족이 소홀해서는 안 될 조상숭배 행사였다. 24절기 중 손이 없다는 청명과 한식에는 사초와 성묘를 하고, 망종에는 제사를 지내고, 설과 추석에 차례를 지내고, 사당제사를 지내고, 부모와 조부모, 증조부모, 고조부모 기제사까지 '4대봉사'가 기본으로 여겨지는 사회였으니, '가난한 집에 제사 돌아오듯 한다'는 속담이 괜히 생긴 것이 아니었다.

1969년 박정희 정권은 가정의례를 치를 때 허례허식을 없애고 의식절차를 간소화함으로써 낭비를 억제하고 미신을 타파하여 건전한 사회 기풍을 진작하기 위해 1973년 '가정의례준칙'을 제정 공포했다. 종래의 관혼상제 의식 중에서 상례의 경우는 3일장을 원칙으로 하고 발인제와 위령제로 제한하였으며, 굴건제복의 착용과 만장, 상여 사용을 금지하였다. 제례의 경우는 고인의 기일에 모시는 기제, 절기에 따라 모시는 절사, 설날 아침에 모시는 연시제로 제한하였고, 묘제(기제를 받지 못하는 5대조 이상의 묘에 올리는 제사)는 성묘로 대신하는 것으로 원칙을 정했다.

당연히 국민들은 '조상님 제사를 없애면 가문에 우환이 발생한다'며 반발했다. 1999년 정부는 기존의 '가정의례준칙'을 폐지하고, 가정의례의 의식절차를 합리화하고 건전한 가정의례의 보급정착을 위해 현대사회에 맞는 '건전가정의례준칙'이라는 것을 제정하여 2016년까지 몇 차례 개정했다. 하지만, 오랜 전통의 뿌리 깊은 습속을 고치는 데는 역부족이었다. 그러나 가정의례가 지금에 와서는 좋은 점도 있지만, 현대사회 생활패턴의 변화에 따라 어느 가정을 불문하고 가정의례가 몸살을 앓고 있다. **이러한 생활변화에 맞게 후손들에게 장애 없이 "대우법계 대광명불 초월세계방편해탈법"으로 조상줄을 분리, 해체, 파괴, 소멸시켜, 조상님들을 돌아오지 못하는 이고득락(離苦得樂) 극락세계로 보내시면 된다. 그래서**

장례는 가족 자연장으로 간소하게 치루면 된다. 조상 영혼(靈魂)이 떠나고 없어 조상 영혼(靈魂)을 청래해도 오시질 않는데, 묘사, 제사를 참배할 의미가 없어진 것이다. 도리어 조상 영혼(靈魂)을 청래하면 객귀가 들어와서 업보빙의장애(業報憑依障礙) 발생의 원인이 된다.

17. 외래 종교와 민간신앙의 습합

중국에서 들어온 불교와 도교, 서양에서 들어온 천주교와 개신교, 종교라기보다는 철학에 가까웠던 유교, 도교 주역, 음양오행(陰陽五行), 풍수지리 등 수많은 외래 종교들이 우리나라에 토착화되는 과정에서 우리의 토속신앙 민간신앙에 습합되는 과정을 거쳤다. 어떤 종교도 우리 민간신앙과 샤머니즘의 저항을 극복하지 못하고 빌고 바라는 타력신앙, 기복신앙으로 변형되고 굴절되었다. 현재의 토속신앙은 과거의 원시신앙을 비롯하여 도교와 불교, 유교 등이 복합적으로 혼재된 양상을 보이고 있다. 이는 한국에서 오랜 기간 다양한 종교들이 대립하고 타협하며 전승되어 오는 과정에서 이루어진 결과라고 할 수 있다.

불교의 경우를 한번 살펴보자. 불교가 우리나라에 전래된 것은 지금으로부터 약 1600여 년 전 삼국시대 때의 일이다. 삼국시대 이후 불교는 오랜 기간 정신적 문화적 종교적 기능을 수행하면서 통일신라와 고려의 통치이념으로 기능하며 발전하였다. 조선이 개국한 뒤에는 성리학적 통치이념에 바탕을 둔 억불정책의 영향으로 다소 쇠퇴하긴 했지만 종교로서의 기능은 계속적으로 전승되어 왔다.

불교가 들어오기 전에 우리나라에는 이미 무속을 포함한 토속신앙, 산신신앙, 칠성신앙 등 다양한 신앙이 자리 잡고 있었다. 이런 상황에서 새롭게 우리나라에 들어온 불교는 기존의 신앙과 대치하지 않고 효과적으로 기존 사회에 침투하는 길을 선택한다. 때로는 권력과 결탁하기도 하고, 토속신앙을 흡수하기도 하고, 상호 절충하고 결합하기도 하면서 끝내 자신의 영역을 지켜 토착화에 성공하게 된다. 특히, 한국 고유의 토속신앙인 산신신앙은 그와 성격이 유사한 도교와 일차적으로 결합하여 서로의 경계가 불분명한 상태로 민간에 퍼져 있었는데, 이후 불교와 결합되면서 불법을 수호하는 호법신으로 등장하게 되었다.

전각은 사실 불교와는 관련이 없다. 이 전각들은 불교가 산신신앙, 칠성신앙. 용왕신앙 등 다양한 토속신앙을 받아들여 신령이 결합되고 호법신앙으로 자리 잡은 결과라고 볼 수 있다. 전각 안에 있는 산신도, 칠성도에는 불교와 산신신앙, 칠성신앙의 의미만 담겨 있는 것이 아니라 도교나 유교, 무속적 내용도 포함되어 있다. 특히 산신도에 이러한 특징이 두드러졌다. 이를 통해 우리는 불교가 전래된 이후 기존의 다양한 신앙적 속성들과 끊임없이 결합되고 영향을 주고받으면서 지금까지 유지되어 왔다는 사실을 알 수 있다. 사찰 입구에 세워져 잡귀의 출입을 막고 경내의 부정을 금하는 장승 역시 불교가 민간신앙 무속신앙을 흡수했다는 한 증표다. 이 장승은 절에 오는 사람을 악귀와 질병으로부터 보호하고 수호해주며 소원을 성취해주는 신앙의 대상이기도 했다.

기독교에도 토속신앙의 영향이 짙게 배어 있다. 교인들이 새벽에 모여 새벽기도를 올리는 모습은 한국교회만이 가지는 독특한 풍경으로, 이는 한국 토속신앙의 기도 습관과 무관하지 않다. 옛날에 여염집 아낙네들은 새벽에 정화수(井華水)를 떠놓고 가정의 평안과 가족들의 무병장수를 빌곤 하였다. 새벽에 기도를 올리는 민간의 풍습은 날이 밝기 전의 이른 새벽이 신령한 존재와 영적 교류를 할 수 있는 가장 좋은 시간으로 여겼기 때문이었다. 한국 교회에서 경쟁적으로 새벽기도를 하게 된 것은 토속적인 무속신앙의 영향이라고 볼 수 있다.

한국에서 새벽기도회를 시작한 것은 1900년대 초반 평양 장대현 교회 담임목사인 길선주 목사였다. 처음에는 길선주 목사가 개인적으로 새벽에 기도를 했는데, 1906년 가을부터 같은 교회 박치록 장로가 동참하였다. 한 달 후 그들은 장대현 교회에 '전 교인이 참여하는 새벽기도회를 열 것'을 정식으로 청원하였고, 이 청원이 받아들여져 새벽기도회가 열리게 된 것이다. 국내는 물론 세계

교회 역사에서도 처음 있는 일이었다. 독실한 기독교 신자들이 많은 미국 교회에서도 새벽기도회를 하는 경우는 없다.

이른 새벽시간을 거룩한 시간으로 여기고, 정화수를 떠놓고 조상신에게 치성을 드리는 민간의 풍습은 아마도 과거에 북극성을 향해 기도했던 도교 문화와 칠성신앙의 영향으로 생각된다. 정성껏 치성을 드리면 천지신명이 감복하여 집안의 우환을 해결해 주고, 환자의 병을 씻은 듯이 낫게 해주리라는 믿음이 있었던 것이다. 이런 기도 습관은 우리나라 사람들에게는 이미 몸에 밴 종교 문화였고, 그것이 외래 종교에까지 스며들어 기독교에서는 새벽기도로, 불교에서는 새벽 예불로 자리 잡게 되었다. 문제는 새벽기도에서 간구하는 내용이 대부분 무병장수나 부귀영화, 자손만대의 축복 등 현세의 소원성취에 머물러 있다는 점이다. 우리의 종교가 기복신앙으로 전락한 데는 민간신앙, 토속신앙의 영향이 결정적이었다고 생각한다.

우리나라에 들어온 외래 종교 중에서 천주교는 가장 많은 박해를 받았다. 그것은 천주교가 유교식 제사를 받아들이지 않았기 때문이다. 조상제사를 지내는 것은 미신행위이며, 천주교 교리에 어긋난다고 하여 인정하지 않았던 것이다. 이러한 태도는 천주교가 동아시아의 유교 문화권으로 진출하는 데 큰 장애가 될 수밖에 없었다. 선조들을 공경하는 풍습을 가진 한국을 비롯한 동아시아의 국가들은 '제사가 과연 천주교 교리에 어긋나는가'라는 점에 대해 계속적으로 의문을 제기했다.

동아시아의 여러 나라에서 제사 문제가 선교활동에 큰 장애가 되자 천주교 교단은 기존의 입장을 바꿀 수밖에 없었다. 조상제사 문제를 성경적 원리라는 잣대로 판단하기보다는 정책적으로 판단한 것이다. 1939년, 교황 비오 12세는 전통 의식에 관한 문헌에서 동양권의 제사의식을 조상에 대한 효성과 존경을 드러내는 미풍양속으로 해석하고 허용하였다. 공자에 대한 경신(敬神)의식도 허용되었고, 장례식에서 죽은 자에게 절하는 것도 허용되었다.

이에 따라 천주교의 추모의식에서 유교의 제사 형식과 내용이 상당 부분 받아들여졌다. 명절 때가 되면 천주교 신자들은 제사를 앞두고 고해성사를 하며, 목욕재계 후에 집안을 깨끗이 청소한다. 벽에는 십자가상을 걸고 그 밑에 조상의 사진을 모신다. 사진이 없으면 이름을 정성스럽게 써 붙인다. 그러나 위패에 신위(神位)나 신주(神主)라는 글자를 적어서는 안 된다. 하느님을 유일신으로 섬기는 천주교의 교리에 어긋나는 행위이기 때문이다.

일반 천주교 가정에서 치러지는 추모의식의 순서는 다음과 같다. 먼저 성호를 긋고 성가를 부른다. 제주가 먼저 분향 배례한 후 참석자 모두 제주와 함께 재배한다. 가족 중 대표가 기도한 후 시편과 성경 구절을 선택해 봉독한다. 주례자의 말씀, 신앙고백, 부모 자녀 가정, 부부를 위한 기도 등을 거쳐 차례 분향과 배례(술, 과일, 음식, 꽃 등을 봉헌함), 독축(讀祝:제문이나 축문을 읽는 것), 묵념이 차례로 진행되고, 조상에게 중보기도 격인 '전구(轉求)'를 청한다. 가족들은 화해와 사랑의 인사를 서로 건넨 뒤 주님이 가르쳐주신 기도와 영광송, 작별배례(공경과 사랑으로 교제했던 조상을 보내면서 하는 배례) 후 마침 성가를 부르고, 독축음식을 음복하고 성호를 긋는 것으로 차례를 마친다.

천주교와 개신교의 추모의식은 비슷하면서도 조금은 다르다. 개신교에서는 조상에 대한 효심이 지나쳐 제사 절차가 미신적인 요소로 변질될 것을 우려하여 영정을 모시고 절하는 것, 조상을 향한 전구를 통해 죽은 자와 산 자의 교제, 음복을 통해 조상과 통교하는 것을 금지하고 있다. 이 같은 행위가 조상을 신적인 존재로 인정함과 동시에 우상 숭배적인 요소가 있다고 판단하기 때문이다.

물론 개신교 역시 우리나라에 들어와 토착화되는 과정에서 상당 부분 무속적인 요소를 받아들일 수밖에 없었다. 현세 위주의 구원관 이라든지 귀신에 대한 관념, 무속적인 신앙생활 등 흔히 미신으로 취급되는 비기독교적인 요소들이 그것이다. 교회 내부에서 복음의 개념 회복과 복음운동 전개, 성경적 교육을 통한 제자운동을 통해 한국 교회의 무속적인 요소들을 제거하려는 노력을 꾸준히 기울이고는 있지만 여전히 그런 요소가 많이 남아 있는 것이 현실이다.

한국의 샤머니즘은 끈질긴 생명과 탁월한 수용능력을 가지고 있다. 처음에는 외래종교를 배척하지 않고 큰 저항 없이 받아들이는 것처럼 보이지만, 일단 받아들이고 난 후에는 상대방을 표면에 내세우고 자신은 안으로 숨어드는 특성을 가지고 있다. 겉으로 드러나지 않고 내부에 살아 있으면서 결국은 외래 종교와 민간신앙을 습합시켜 버리는 것이다. 우리나라에 들어온 외래의 어떤 종교도 샤머니즘을 극복하지 못하고 오히려 흡수되어 변형되었다. 불교와 유교가 그러했고 기독교, 천주교도 예외가 될 수는 없었다. 기독교가 한국 문화 속에서 선교가 이루어지고 토착화되어 감에 따라 그 형태는 기독교이지만 그 의미와 내용은 한국적인 샤머니즘을 포함하게 된 것이다.

한국에 들어온 불교, 천주교, 기독교 등 일체종교 단체가 토착화되는 과정에서 토속신앙과 습합하여 타력기복신앙으로 발전한 종교의 신들은 조상줄로 업보빙의장애(業報憑依障礙)의 원천이 되고 있다.

18. 단단하게 묶여버린 우리나라의 조상법계

외국에서 들어온 불교나 천주교, 기독교 같은 외래종교가 우리나라에서 독자적으로 성공을 거두지 못한 것은 우리의 법계가 너무 단단하게 묶여 있기 때문이었다. 이 단단한 법계가 만들어진 역사를 돌아보자. 단군시대 이래 이 나라의 지배세력은 각종 신화와 설화를 통해 신을 만들어내고, 그 신을 앞세워 정치를 해왔다. 자신의 권력을 정당화하기 위해 종교를 정치의 수단으로 적극 활용한 것이다. 고대에 형성된 샤머니즘, 토테미즘의 기반 위에 단군시대의 천신신앙, 산신신앙이 결합되고, 도교와 칠성신앙이 들어오고, 주역의 음양오행, 사주팔자 등이 들어오면서 어지간한 종교는 이도 안 들어갈 만큼 우리나라의 법계가 단단하게 묶여 버렸다.

특히, 조선시대에 와서는 소격서라는 관청을 만들어 일 년에 한두 번씩 산신제를 지내고, 전국 방방곡곡 마을마다 산신각, 서낭당, 천왕당을 만들고 당제 동제를 지내도록 권장하였으니 '정치가 신을 만들었다' 해도 과언이 아닌 것이다. 그뿐만이 아니라 조선왕조는 숭유억불정책, 즉 불교를 억누르고 유교를 숭상하는 정책을 통해 조상숭배사상을 서민들의 일상 깊숙이 침투시켰다. 본래 조상숭배사상은 고대국가 성립 시기에 '지배자가 하늘의 자손'이라는 것을 강조하기 위해 왕실에서 시조묘에 대한 제사를 지낸 데서 비롯된 것이었다. 그런데 조선의 지배세력은 유교이념을 통치원리로 확립하는 과정에서 조상숭배를 제도화하였다. 유교이념과 '주자가례'에 따라 형식화되고 체계화된 장례문화와 제사문화가 이때부터 서민층에 널리 퍼지게 된 것이다.

조상숭배 신앙이 인간에게 기여한 점은 무엇이고, 문제점은 또 무엇일까? 조상숭배신앙은 민간의 토속신앙, 무속신앙, 칠성신앙, 음양오행, 풍수지리 등 여러 신앙이 도교, 불교, 유교, 기독교, 천주교, 개신교 등 다종교에 습합되는 과정에서 점술과 사주팔자 같은 타력기복신앙(他力祈福信仰)으로 변질되었고, 현재까지 한국인의 정신(의식)세계를 지배하고, 우리 민족 전체를 질곡에 빠트리고 있는 업보의 귀신−신령세계(神靈世界)를 건설하게 되었다. 이 신령세계가 바로 한민족의 핏줄을 타고 흐르며 우리 민족의 거대한 무의식세계를 형성하고 있다. 바로 이것이 동족의 조상줄을 타고 내려와 우리 민족 고유 유전자의 진화와 형성에 개입하고, 업보빙의장애(業報憑依障礙) 신병, 각종 빙의유전병을 발생시켜 우리 민족을 타는 듯한 고통 속에 밀어 넣고 도탄에 빠트리고 있는 것이다.

대체 신령이란 무엇일까? 신령(神靈)은 하늘에서 하강한 분도 아니고, 땅에서 솟은 분도 아니다. 동족의 조상 되시는 분들이다. 천상에는 기후변화와 수명, 복록을 주는 해와 달, 그리고 별자리인 칠성이 있고, 지상에는 국조이신 단군과 국왕(임금)들, 대문장가와 국사장군 등 우리 민족의 삶에 지혜와 교훈을 안겨 준 위대한 인물들이 있으며, 이들에 대한 신앙과 기원들이 조상들의 촌수 명칭에 신령하여 우리의 길흉화복과 사주팔자를 좌지우지하는 신령으로 숭배되고 있다.

이 신령세계가 어떻게 형성되었는지를 잘 살펴볼 필요가 있다. 대한민국 국조(國祖)인 단군(檀君)시대부터 현대에 이르기까지 우리 민족 고유 유전자가 형성되는 과정에서 가장 지대한 영향을 미친 요인은 바로 한민족의 생활의식과 정치 환경이었다. 생활의식이란 '신령(神靈)'을 숭배하는 신앙사상이 시대의 흐름과 시절인연에 따라 외래 신앙 등과 결합하여 만들어진 것이다. 우리의 조상들은 삶이 고단하고 힘겨울 때마다 '자연과 신이 나를 도와줄 것이다'라는 믿음으로 대자연을 향해 자신의 고통을 호소하거나 소원을 빌며 고통스러운 현실에서 벗어나게 해달라고 애원했을 것이다. 때로는 신비한 능력을 지닌 무왕(巫王)(국왕)에게 존경과 숭배의 마음을 바치며 마음의 위로를 받기도 했을 것이다.

조상들의 이런 믿음과 바람이 천신신앙, 산신신앙, 칠성신앙 그리고 도교, 불교, 유교, 천주교, 기독교 등의 다신앙 다종교, 점술과 사주팔자를 중심으로 한 타력신앙(他力信仰), 세속철학(世俗哲學), 신비주의철학과 결합하면서 현재의 타력기복신앙(他力祈福信仰)을 만들어낸 것이라고 볼 수 있다. 토속신앙, 천신신앙, 칠성신앙, 도교, 불교, 유교는 말할 것도 없고, 조선 후기에 한국에 들어온 천주교, 개신교도 예외는 아니다. 외래의 어떤 종교도 우리나라의 토속신앙, 무속신앙을 극복하지 못하고 오히려 흡수되어 타력기복신앙으로 변형되어야만 했다.

지금까지 한국인의 정신(의식)세계를 지배하고 있고, 개인과 가정, 사회에 환란(患亂)을 일으키는 사주팔자를 만들어 내는 주인공은 중국의 주역, 칠성신앙이 더 강하다. 신앙, 의식, 사상이 조상줄로 유전되면서 신령과 귀신, 조상님들이 이미 연결되었기 때문이다. 단군시대부터 대대손손 이어져 온 무의식세계 잠재의식이 현 자아의식으로 내려오면서 정신과 물질(몸)의 상호의지작용으로 의식이 만들어질 때마다 시대와 시절인연에 따라 신령, 조상, 귀신이 연결되어 상속 유전되고, 질병 또한 유전되는 것이다. 그러므로 빙의장애는 피할 수 없는 필연유전조건(必然遺傳條件)이다. 그래서 통틀어서 빙의유전병이라는 것이다. 인간이 만들어 놓고 인간이 당하는 것이 얼마나 어리석고 무지한가.

지금까지도 한국인의 의식(정신)세계는 중국의 칠성신앙에 지배를 당하고 있다. 한국인의 우주관, 세계관이 칠성신앙을 중심으로 돌아가고 있는 것이다. 중국의 칠성신앙과 주역이 우리나라에 들어와 한국 고유의 천제신앙, 토착신앙과 결합되고 이 신앙들이 민간에서 크나큰 선망의 대상이 되면서 우리 사회는 대혼란을 맞이하고 있다. 가정에는 가장이 있듯이, 높은 산과 낮은 산에는 산신(山神)이 있고, 바다에는 칠성 용신(龍神)이 있고, 천상에는 천신칠성(七星)이 있다. 마을 어귀에는 마을을 관장하는 수호신(守護神)이 있고, 나라에는 민중세력을 규합하기 위한 정치적 목적으로 추대한 무왕이 있다. 이 무왕은 지배세력이 만들어낸 설화와 신화의 주인공이자, 역사의 고비에서 삶의 지혜와 교훈을 안겨주는 인물이기도 하다. 역사의 새 장을 열어간 인물들의 이야기는 민중들에게 큰 위로와 마음의 안식을 주었고, 이들은 점차 민간에서 신앙의 대상으로 자리 잡게 되었다.

인간이 자기 삶의 주인이 되지 못하고 풍수지리, 사주팔자, 점괘

등이 인간의 운명을 판가름하는 주인노릇을 하기 시작하면서 한민족의 불행은 시작되었다. 온갖 귀신과 신령들이 인간의 삶을 장악하고 흥망과 성쇠를 쥐고 흔들기 시작한 것이다. 집터에는 터신(攄神)이 버티고 있고, 집안에는 사람대신, 성주대신(城主大神)이 건물을 관장하고 있다. 가족의 의복과 음식과 질병을 관장하는 것은 조왕대신(竈王大神)이요, 대문에는 출입을 관장하는 수문장(守門將)이 있다.

이 '터신(攄神)'이란 게 뭔가? 천상과 지상을 오가며 인간의 집터, 마을과 고을 터, 공공건물 터, 무덤 터 등을 잡아주는 신으로, 풍수지리와 천문학, 무속신앙이 결합되면서 나타난 신령이다. 상가 터에 가든 공장 터에 가든, 어딜 가나 사람 대신 이 터신이 주인행세를 한다. 아주 오랜 옛날부터 이 터에 가라앉아 있는 악독하고 강력한 힘을 가진 '귀신(鬼神)'이 주인노릇을 하고, 많은 권속을 거느리고 있다.

그러나 생각해 보라. '터(攄)'라는 것은 태고로부터 오랜 시간이 집적된 장소이며, 수많은 생명체들이 삶을 이어 온 곳이다. 누가 주인이 될까? 당연히 인간이다. 현대 사회의 방식대로 말하자면, 그 땅의 등기 소유권자나 임대권자가 바로 그 터의 주인이다.

이 '터신'의 업보(業報)를 해탈시켜 인간에게 도움이 되는 역할을 하도록 인도하여야 한다. 그러면 과연 어떤 방편(方便)으로 터신의 업보를 해탈시킬 수 있을까? 자기 조상을 해탈시킬 방편도 없으면서 터의 여러 생명체를 우지좌지 할 수 있는 능력을 가지고 있다고 할 수 있는가? 우리는 각성해야 한다. 그래서 인간은 간사하다는 것이다. 『우주법계 초월세계 방편해탈법』 경지를 이룩한 자는 이 터에 있는 유정 무정의 귀신들을 분리, 해체할 수 있다. 다시 말해 이 터에서 죽은 귀신이라면 죽음과 동시에 부모에게 받은 몸(물질)은 허물어지지만 그의 혼(魂)은 죽음이란 인연에 연결된다. 『우주법계 초월세계 방편해탈법』으로 그 연결된 의식 부분의 업력과 '기(氣, Energy)'를 분리, 해체하여 끊어 줌으로써 그 터에 있는 여러 종류의 혼(魂)들이 터에서 완전히 분리되어 떠나가게 하는 이치이다.

아무쪼록, 한국인은 중국이 지배하는 의식(정신)세계에서 벗어나야 한다. 중국의 칠성신앙과 풍수지리, 사주팔자, 점괘 같은 민간의 삿된 신앙과 불교, 천주교, 개신교 등 종교들이 결합하여 만들어낸 마귀(魔鬼)세상에서 온 국민이 환란을 겪고 있다. 외래종교, 외래신령, 토속신령 등 일체신앙의 인연 조상줄을 분리, 해체 파괴, 소멸, 정화(淨化)시킬 수 있는 대체의학 치료법은

『대우주법계 대광명불 초월세계방편해탈법(大宇宙法界 大光明佛 超越世界方便解脫法)』뿐이다.

지금까지 한국인의 업보빙의장애인 빙의유전병(憑依遺傳病)을 발생시키는 역사적 정치적 생활정서, 인류 진화 역사에 원천적인

발생 요인들을 간략하게 정리하였다. 세계인의 정신(의식)세계를 지배하고 있는 대대손손 혼탁한 조상법계 무의식세계 잠재의식을 정화시켜야 일체업보빙의질병이 소멸되며, 자아초월 인성개발이 되어 세계 평화가 열린다.

제2장

『대우주법계 대광명불 초월세계방편해탈법
(大宇宙法界 大光明佛 超越世界方便解脫法)』

1. 대우주법계 대광명불(大宇宙法界 大光明佛)
부처님 출현

오늘날 대우주법계(大宇宙法界) 미륵세계(彌勒世界) 사바세계(娑婆世界) 중생제도에 대한 올바른 이해가 절실히 필요하여 우주법계의 비밀을 최초 공개한다.

세계 최초로 출현한『대우주법계 대광명불(大宇宙法界 大光明佛)』 부처님의 법(法)을 공개할 수가 있어서 제자로서는 무한한 영광이다.

현재 종교계에서 미륵세계의 진리를 중구난방으로 여기저기서 내가 최고라고 강하게 주장하고 있는 현실이『대우주법계 대광명불(大宇宙法界 大光明佛)』부처님의 제자로서 죄송할 따름이다.

대우주법계 최상의 도를 이루고 나서 미륵세계 법을 설파하는지

의구심이 생긴다.

지금까지 수행정진기도로 경험한 모든 대우주법계의 비밀을 하나하나 간략하게 이 책에서 처음 공개한다. 올바른 『대우주법계 대광명불(大宇宙法界 大光明佛)』 부처님의 법(法)을 처음 공포한다.

영탁(暎卓)제자가 출가하여 조상님을 해탈시키려고 수행 정진을 했지만, 해탈방편을 찾지 못하였다. 아미타불 48대본원력 지방보살 일체불보살님들의 경전에 기록된 방편 원력으로 일체중생들을 해탈시킨다고 되어 있는데, 왜 일체불보살님들이 설법한 해탈방편법이 돌아가지를 않는지, 의문을 풀기 위해 아미타불 부처님을 친견하고자 설산수행을 결심하고 설산수행 중에 서방정토극락세계에 들어가게 되었다. 아미타불 부처님을 친견하였지만, 왜 48대본원력 법이 돌아가지 않은 지는 제자가 그 진리를 깨치고 중생제도법이 돌아갈 수 있는 법을 만들어서 일체중생을 제도하라고 설법을 하셨다. 아미타불 부처님은 타방불이라고 알고 있었지만 우주법계 부처님인 것을 처음 알게 되었다.

서방정토극락세계는 부처님만이 갈 수 있는 세계라는 것을 알게 되었다. 그러면 조상 영혼들이 극락왕생할 수 있는 안식처는 어느 곳에 있을까? 찾아야 한다. 그리고 조상영혼들이 갈 수 있는 이고득락 극락왕생 해탈궁을 건설해야 한다.

그 후 영탁(暎卓)제자는 아미타불 부처님께 답을 구하지 못하여 아미타불 부처님의 제자이신 사바세계를 건설하신 석가모니불 부처님을 친견해서 용화세계 미륵불 부처님의 출현에 대한 궁금한 것을 알려고 결심을 하고 설산 수행하여 고행 끝에 사바세계를 건설하신 석가모니불 부처님을 친견하게 되었다. 석가모니불 부처님은 환희심(歡喜心)으로 맞이하여 주셨다. 제자가 어떠한 것을 알고자 친견한 목적을 혜안통으로 이미 아시고 **사바세계 일체 문을 열어 줄 태니 우주법계를 두루두루 돌아보고 고통받는 일체중생해탈법을 만들어서 제도하라고 당부하셨다.**

사바세계 서방정토극락세계를 건설하신 두 분의 부처님을 친견했지만 답을 찾지 못하여 궁금증이 더욱더 내 마음을 힘들게 만들었다.

또다시 죽음을 각오하고 동방만월세계를 건설하신 약사여래불 부처님을 친견하고자 수행 중에 약사여래불 부처님을 친견했지만, 십이대본원력이 없었다. 그러나 타방불이라고는 알고 있었지만 우주법계 부처님이었다. 그래서 영탁(暎卓)제자는 동방에 살고 있으니 동방만월세계 우주법계 일체 문을 열어서 법을 구하려고 '아미타불 석가모니불' 부처님을 친견하여 법어(부처님의 말씀)를 받아서 또 다시 설산수행을 정진하여 가보니, 다음 단계는 상상도 못 할 현상이 또 일어났다. 교인들이 말하는 우주를 창조하셨다는 『**하느님 세계**』가 있었다. 교회에서 말하는 우주를 창조하신 분이라고 하는 세계 '하느님'을 친견했지만, 우주를 창조하신 분도 아니고 중생들을 원만하게 제도할 방편법이 없다는 것을 알게 되었다. 하느님 세계의 모든 비밀은 사회에 혼란이 오기 때문에 추후에 밝히겠다.

또 다음 세계가 또 없을까 하고 수행정진을 하여 도달하여 하느님 세계 위층인 세계의 문을 열어서 가보니 『미륵불(彌勒佛) 부처님이 계시는 미륵세계(彌勒世界)』가 있었다. 그런데 미륵세계 부처님을 친견하여 설법을 들었지만 호법신장법뿐이었다. 황당한 일이 생겼다. 미륵경의 설법과 달리 중생을 해탈시킬 방편법이 전혀 없었다.

그래서 해탈방편법을 구하기 위해 다음에는 어떤 세계가 있을까 하고 궁금하여 더 강한 수행으로 정진하여 가보니, '이것이 어떻게 된 일이야!' 깜짝 놀랐다. 제자는 또 다른 부처님세계가 열릴 줄 알았는데 황당한 일이 일어났다. 우리가 상상도 못하는 『신(神)의 세계』가 있었고 조직적인 세계로 건설되어 있었다. 여기서는 천상의 비밀이기 때문에 누구라고 밝히지는 못한다. 그렇지만 현실 생활 속에서는 신법(神法)으로 원만하게 중생들을 제도할 해탈방편법이 없다는 것은 모두가 경험하고 있는 사실이다.

이러한 과정으로 설산수행이 몇 년이 지났는데 법을 구하지 못하여 하산을 할 수가 없었다. 신심(身心)은 지칠대로 지쳤지만,

이제까지 고행한 구도의 길을 저 버리고 초로인생이 되기는 싫었다. 너무나 안타까운 비참(悲慘)한 현실이었다. 영탁 제자는 구도의 길이 이렇게도 험난한 고행(苦行)인 줄은 몰랐다. 백척간두(百尺竿頭)에 나의 고행의 생사의 보따리를 모두 내려놓고 또 다시 불철주야 정진 끝에 도착한 곳이 우주에 마지막 세계인 대우주법계 궁전(宮殿)이었다.

영탁(暎卓)제자는 『대우주법계(大宇宙法界) 주인공인 "대광명불(大光明佛)』부처님을 친견하였지만, 오직 사람 몸이 아닌 『대광명(大光明) "빛"』으로 성불하신 생사를 창조하신 부처님이시었다. 제자는 부처님으로부터 삼계(대우주법계 미륵세계 사바세계) 일체중생들을 제도할 수 있는 『대우주법계 대광명불 해탈법(大宇宙法界 大光明佛 解脫法)을 만들어서 고통받는 일체 중생들을 제도하라는 천명을 받았다.』 어떻게 만들어야 할지 앞이 보이지 않았다. 우리는 대우주법계 참된 진리의 흐름을 제대로 알아야 한다. 대우주법계를 창조하신 분이 바로 『대우주법계 대광명불(大宇宙法界 大光明佛)』부처님이기 때문이다.

여러 우주법계를 두루두루 돌아보았지만 대우주법계의 최상위 진리인 『대우주법계 대광명불 해탈법(大宇宙法界 大光明佛 解脫法)』만이 일체 중생제도를 할 수 있다는 것을 알게 되었다.

영탁(暎卓)제자는 『대우주법계 대광명불 해탈법(大宇宙法界 大光明佛) 解脫法)』을 만들기 위해서 수십 년 동안 수행정진 하여 『대우주법계 대광명불 초월세계방편해탈법(大宇宙法界 大光明佛 超越世界力方便解脫法)』을 처음으로 깨우쳐 일체중생제도 문을 열게 되었다.

삼계(三界) "대우주법계, 미륵세계, 사바세계" 생사해탈 일체중생제도 『대우주법계 대광명불 초월세계방편해탈법(大宇宙法界 大光明佛 超越世界力方便解脫法)』을 이 세상에 처음 공개하기 위해서 『진리는 의학이다』 개정판을 발간하게 되었다.

매년 『음력 3월 15일이 대우주법계 "대광명불(大宇宙法界 大光明佛)" 부처님 오신 날』이라고, 천하미륵사에서 영탁스님이 공포한다.

2. 인간의 "영혼(靈魂)"은 『정신 - 육신』을 상호 의지해서 의식작용을 한다

－다음 문단부터 이해를 하기 위해서 여기서 먼저 영혼의 의식작용에 대한 이치를 알아야 한다.－

우주법계에서 인간의 잠재의식은 육신(肉身)의 물질인 지(地). 수(水). 화(火). 풍(風) 4대로 이루어져 있으며, 정신－육신이 서로 상호 의지하여 의식이 작용할 때, 생명에 필요한 영양을 섭취하며 의도적으로 살아가고 있다.

여기서 말하는

인간의 "영혼(靈魂)": 사람의 생명체를 의미하며.

죽음의 "영혼(靈魂)": 망자를 의미한다는 것을 먼저 전제로 한다.

본래 나의 정신세계의 '영혼(靈魂)'은 혼탁한 잠재의식 선악업보(善惡業報)에서 문제가 발생한다는 것이다. 그래서 **의식을 악(惡)에서 선(善)으로, '바른 지혜(正慧) 바른 행동(正行)'으로 삶을 바꿈으로써 우주법계의 선업력(善業力)**인 '의식의 기(氣, Energy)'가 소생인연법(所生因緣法)으로 흐름이 반연(攀緣)되어 내 목적인 사회봉사로 서원(誓願)을 성취하여 사회봉사로 중생 구제하는 회향(回向)되는 삶을 살아야 한다. 대상의 주인공들이 행복하다면 내가 노력하는 것이 행복하다는 것이고, 서로가 이익이 되고 행복하고 평화롭다면 괴로움이 소멸되었다는 것이다. 이 세상에 모든 사람들이 봉사하는 삶을 생활화한다고 한다면 현생이 해탈세계가 되는 것이다.

인간의 생명체인 정신(名)과 육신(色)의 의식 구조를 분석해 보면 정신-육신이 서로 상호 의지하여 의식작용이 일어나는데, 이 의식작용을 보면 의도적 행위로 심리현상들이 일어난다.

인간에게는 여섯 가지 감각기관인 육근[六根: 안(眼)·이(耳)·비(鼻)·설(舌)·신(身)·의(意)]가 있다.

인간의 육근(六根) 지각기관을 통하여 얻어지는 표상을 보면
눈(안:眼)으로는 모양은 색채 빛으로,
귀(이:耳)로는 소리로,
코(비:鼻)는 냄새로,
혀(설:舌)는 맛으로,
몸(신:身)은 접촉으로,
마음(의:意)는 생각으로,
여섯 가지 외경(外境), 밖의 대상에서 비치는 표상의 근본기관을
분류할 수 있다.

지각기관을 통하여 들어오는 심리현상들
눈식(안식:眼識) 눈으로 보는 심리현상들
귀식(이식:耳識) 귀로 듣는 소리의 심리현상들
코식(비식:鼻識) 코로 맡는 냄새에 의한 심리현상들
혀식(설식:舌識) 혀로 맛을 보는 심리현상들
몸식(신식:身識) 몸의 접촉에 의한 심리현상들
마음식(의식:意識) 생각하는 심리현상들
여섯 가지 심리현상들이 각각 작용하는 것을 알 수 있다.

의식은 오온[五蘊]: 색(色:육신의 육근)·수(受)·상(想)·행(行)·식(識)의 순서로 심리현상들이 순간적으로 일어나는 과정을 의식작용(정신작용)이라고 한다.

오온(五蘊): 색(色)·수(受)·상(想)·행(行)·식(識)을 해체해 보면, '자아(自我)'가 있다는 것이 분명하게 드러난다.

색(色:육신)은 근본물질로 지(地: 견고성), 수(水: 응집성), 화(火: 열성), 풍(風: 유연성) 사대 물질이 파생된 근본감각 지각기관인 "안.이.비.설.신.의" 육근, "색.성.향.미.촉.법" 육경을 갖춘 몸을 가리키고, 육식의 오온(五蘊)은 다섯 가지 근본요소가 모여져 이루어진 즉 우리의 몸을 말하는 것이다. 그래서 오온으로 말하면 몸(물질)은 '색(色)'이 되는 것이고, 색(色)이 작용하는 **여기에 내 몸을 가지고 있는 내(自我)가 있다는 것이다.**

수온(受蘊)은 나의 몸 육근(六根)-육경(六境)-육식(六識)의 근본물질의 대상의 표상을 통하여 감정감각과 같은 괴로움이나 즐거움 등 정서적인 토대로 느낌을 받아들이는 **감수(感受)작용**(외부 세계의 자극을 감각신경이 받아들이는 작용)**하고 있는 마음에 내가(自我) 있다는 것이다.**

상온(想蘊)은 무엇이라고 아는 인식작용을 하는 지적 토대로 이루어지는 인식 회론(回論)하는 인식의 네 가지 전도된 인식들 즉 무상(無常)을 상(想)으로, 락(樂)을 고(苦)로, 무아(無我)를 아(我)로, 정(淨)을 부정(不淨)으로 전도되는 과정에는 인간은 어리석음의 무명으로 인한 심상(心像)을 취하는 취상작용으로서 표상, 다양한 개념을 지어내는 작용, **취상작용을 하고**

있는 내가(自我) 있다는 것이다.

행온(行蘊)은 신행(身行), 구행(口行), 의행(意行) 삼행의 탐진치(貪瞋痴)를 지향하는 충동력 욕심을 말하는데, 의도적 작용으로 잠재의식을 형성하는 힘을 의미하지만, **행을 주도하고 있는 내가(自我) 있다는 것이다.**

식온(識蘊)은 알음알이 인식 분별 판단하는 작용하는 인식 주관으로서의 주체적인 마음의 심리작용을 가리킴이다. **심리의식 판단작용을 하고 있는 내가(自我) 있다는 것이다.**

위 오온(五蘊) 작용에서 심리현상들이 일어나게 하는 주인공은 '내가(自我)'가 있다. 결국 내가 즐거움과 괴로움을 만들어가고 있는 것이 확실히 드러난 것이다.

마음은 마음을 일어나게 하는 순간순간마다 생멸이 근본인 무명(無明)-갈애(渴愛)로 인한 탐욕(貪), 성냄(瞋), 어리석음(痴)이 집착되어 다할 때까지 순간순간마다 계속 일어나는 심상속(心相續) 대대손손(代代孫孫) 업보잠재의식 조상유전의 흐름이다. 심상속(心相續) 흐름에서 문제가 발생하는 것이 있다. 마음에서 일어난 것이 항상 하지 않고 사라지므로 문제가 발생하여 내 것으로 보유 간직하려는 마음의 갈등을 만들어냄으로써 애착심에 괴로워하고 개인과 가족 간에 갈등과 사회적 피해의식, 배신감에 분노(憤怒)가 폭발하여 낙오자가 되는 경우도 있다.

갈애(渴愛), 집착, 시비, 분별 의식작용이 물질인 형색을 '내

것이다'라는 견해에 사로잡히면 나는 극심한 탄식이 일어나 육체적
－정신적 고통과 절망에 빠지게 된다. 물질은 항상 다른 상태로
변화하기 때문이다. 지금 보고 느끼는 것이 항상 하지 않는다는
것을 모르고 영원히 변치 않으리라는 허상(虛像), 내 것으로 보유
간직하여야 만족하는 욕심, 이 한없는 욕심이 과연 행복이라고
할 수 있을까? 욕심은 '나'. 그러므로 항상 물질은 내 것에 만족해야
하고 물질 속에는 내가 있다. **나는 오온(五蘊)의 물질(형색)이므로
진아(眞我)는 없다는 것이다.**

인체의 근본물질에서 파생된 지각감각기관인 **육근, 육경, 육식,
의식작용(심리현상)**의 과정을 살펴보면

육근[六根:눈(안:眼)·귀(이:耳)·코(비:鼻)·혀(설:舌)·몸(신:
身)·생각(의:意)),

육경(六境: 몸 밖의 세상에서 비처지는) 대상에서 일어나는

육식(六識: 심리현상들)들을 풀어 보면

※ 육근 → 육경 → 육식 『색(色:육신).수(受).상(想).행(行).식
(識)』으로 순간순간 심리현상들이 일어난다.

눈. 안식(眼識)이 알아차릴 때는 나머지 이식(귀).비식(코).설식(혀).
신식(몸).의식(생각 알음알이)의 경험에 의한 대상에 대한 잠재의식
이 함께 동시에 심리현상들이 일어난다.

귀. 이식(耳識)이 알아차릴 때는 나머지 안식(눈).비식(코). 설식(혀) 신식(몸). 의식(생각 알음알이)의 경험에 의한 대상에 대한 잠재의식 이 함께 동시에 작용하는 심리현상들이 일어난다.

코. 비식(鼻識)이 알아차릴 때는 나머지 안식(눈).이식(귀).설식(혀). 신식(몸).의식(생각 알음알이)의 경험에 의한 대상에 대한 잠재의식 이 함께 동시에 심리현상들이 일어난다.

혀. 설식(舌識)이 알아차릴 때는 나머지 안식(눈).이식(귀).비식(코). 신식(몸).의식(생각 알음알이)의 경험에 의한 대상에 대한 잠재의식 이 함께 동시에 심리현상들이 일어난다.

몸. 신식(身識)이 알아차릴 때는 나머지 안식(눈).이식(귀).비식(코). 설식(혀).의식(생각 알음알이)의 경험에 의한 대상에 대한 잠재의식 이 함께 동시에 심리현상들이 일어난다.

마음. 의식(意識)이 알아차릴 때는 나머지 안식(눈).이식(귀).비식(코).설식(혀).신식(몸)의 경험에 의한 대상에 대한 잠재의식이 함께 동시에 심리현상들이 일어난다.

여섯 가지 안팎의 감각 장소 육내외처(六內外處)가 세상을 만들 어가는 인식으로 잠재의식을 형성하는 지각이 되는 여섯 감각 접촉의 장소들(심리현상들)을 단속하지 못하면 **괴로움(苦)**을 만 나고, 마음에 드는 형색을 보거나 마음에 들지 않은 것들을 보게 되면 마음에 드는 것에 대한 **애욕(愛慾)**이 생겨나고, 나도 모르게 마음이 더럽혀진다. 불쾌한 소리를 듣거나 경험하여 그것에 빠지게 되면 안 되고, 사랑스럽지 못한 것에 **증오(憎惡)**가 생겨나 나도 모르게 마음이 더럽혀진다. 향기로운 마음을 끄는 냄새를 맡거나 악취 냄새를 맡고 더러운 냄새에 저항을 없애고 내가 좋아하는 향기에 **욕망(慾望)**이 생겨나면 나도 모르게 마음이 더럽혀진다. 감미롭고 달콤한 맛을 좋아하거나 음식에 대한 **식탐(食貪)**을 내거나, 맛이 좋지 않는 음식을 먹더라도 맛없는 음식을 **혐오(嫌惡)**하게 되면 나도 모르게 마음이 더럽혀진다. 즐거운 감촉에 끌리거나 괴로운 감촉에 평온하지 않고 **동요(動搖)**하게 되면 나도 모르게 마음이 더럽혀진다. 무명, 갈애, 분별, 집착하는 의도적 인식에 나도 모르게 빠지면 혼탁한 악업이 발생하여 고통의 현상으로 내 삶이 힘들게 된다.

≪나는 누구입니까?≫

인체의 근본지각기관의 작용으로 얻어지는 대상의 표상(表象: 밖의 세상에서 비쳐지는)은 감각기관을 통하여 들어오는 인식에서 심리적 의식작용이 일어난다. 의식작용을 하는 주인공이 나의 '영혼(靈魂)'임을 알 수가 있다. 그래서 나의 영혼(靈魂)이 의식작용을 하고 있다는 것이 분명하다.

그래서 의식작용에서는 감각기관인 육신 따로 정신 따로는 의식작용이 일어날 수가 없다. 아주 중요한 이론이다. '정신- 육신' 상호 의지해서 의식작용을 하여 생산한 잠재의식에 죽음의 영혼(靈

魂)이 묶어서 자유자재할 수가 없어서 무애해탈을 할 수가 없다는 것이 극명(克明)하게 드러 난 것이다.

해탈을 정의해보면, '무애해탈(無礙解脫)'을 하려면 먼저 '정신 – 육신'이 상호 의지하여 의식작용을 하여 생산한 잠재의식과 연결된 조상업보잠재의식(대대손손 무의식세계)을 분리, 해체, 파괴, 소멸시키면, 정신– 육신 의식업보에서 양면 (정신)–(육신)이 분리, 해체되어서 무애해탈(無礙解脫)한 '조상 영혼(靈魂)'이 되고, 그 다음은 '나의 영혼'으로 분리가 된다. 그래서 조상님들의 영혼(靈魂)들은 혼탁한 업보에서 해탈하여 어디에도 걸림이 없는 해탈통로가 열려진다. 내가 태어난 고향 영혼(靈魂)의 뿌리를 찾아가야 한다. 우리가 도달해야 곳이 바로 영탁스님이 건설한 이고득락(離苦得樂) 극락왕생 조상해탈궁이며, 조상해탈궁 외에는 우주법계 어느 곳에도 극락세계를 건설할 수가 없었다. 아미타불 부처님이 건설한 서방정토 극락세계를 가보니, 부처님이 가시는 곳이지 중생들의 조상영혼(靈魂)이 가는 극락세계가 아니라는 것을 알게 되었다.

다른 어느 곳에 극락세계가 있다고 주장은 토속신앙이나 사찰, 교회에서 지내는 조상천도제를 여러 차례 지내도 영가들이 극락세계로 가지 못하고 있는 것이 현실로 증명되는 것이다.

인간은 어디에서 왔고 어디로 가는가?

인간의 삶은 어떤 원리에 의해 지속되는가? 라는 의문들을 하나하나 풀어 보자.

- 내 영혼은 어디에서 왔을까?
- 내 영혼은 어떻게 출생했을까?
- 지금의 내 영혼은 어떠한 업력(무의식세계 잠재의식) "기"를 지니고 있는지 알 수가 있을까?
- 내 영혼은 나쁜 업력(무의식세계 잠재의식)에 벗어날 수가 있을까?
- 사후세계(死後世界)는 어떻게 될까?
- 그러면 내 영혼은 정말 윤회를 할까?
- 아니면 윤회를 하지 않는다면 어디로 갈까?
- 그러면 무애해탈을 할 수가 있을까?
- 무애해탈 방편(方便)은 있을까? 무애해탈을 했다면 내 영혼(靈魂)은?

이렇듯 여러 가지 의문을 반복하면서 살아가는 것이 인간사이다.

- 내 영혼(靈魂)은 어디에서 왔을까?

내 영혼은 어느 곳에서 온 것도 아니고, 윤회한 것도 아니다.

즉 밝히자면 대우주법계에 『대광명(大光明) "빛"으로 성불하신 대우주법계 대광명불 부처님이 우주만물의 "생사(生死)"를 창조하여』 조상줄로 『인간 씨』 생명(生命)을 준 아버지가 있다. 그리고 이 육신을 준 어머니가 있다는 것이다. 그래서 양부모에 의해서 인간 '영혼(靈魂)'이 출생한다.

인간 영혼(靈魂)이 육근(六根:눈(眼).귀(耳).코(鼻).혀(舌).몸(身).뜻(意))에 연결되어 있고, 육근(六根:눈(眼).귀(耳).코(鼻).혀(舌).몸(身).뜻(意))은 영혼(靈魂)에 연결되어 있다.

나의 영혼(靈魂)이 의식작용을 한 잠재의식에도 묶여 있고, **나의 영혼(靈魂)은 『인간 씨』생명을 준 아버지 조상줄에도 연결되어 있고, 몸을 준 어머니 조상줄에도 연결되어 있다는 사실은 부정할 수가 없다.**

조상의 대대손손 '무의식세계' 유전업보가 아버지의 잠재의식에 이미 연결되어서 『인간 씨』가 아버지로부터 처음 생명이 탄생하여 어머니의 자궁을 빌려서 안착하여 10개월 동안 몸을 받아 '인간의 영혼'이 출생한다.

그래서 아버지에게 받은 『인간 씨』의 조상줄의 유전업보를 분리, 해체, 파괴, 소멸시켜야 한다. 어머니 뱃속에서 10달 동안 몸을 받아온 조상줄의 유전업보를 분리, 해체 파괴, 소멸시켜야 한다.

현생에 외경에서 반사된 심리현상들(六識: 안식(眼識). 이식(耳識). 비식(鼻識). 설식(舌識). 신식(身識). 의식(意識))과 심리현상들에 의해 만들어진 잠재의식도 분리, 해체, 파괴, 소멸, 정화(淨化)하여 해탈(解脫)시켜야 한다.

마음을 해탈시켰다고 해서 무애해탈(無礙解脫)이 될 수가 없다.

몸을 받기 이전에는 본래청정하다고 하지만, 인간 '씨' 생명(生命)일 뿐이다. 조상줄에서 받은 『인간 씨』 생명이 어떻게 해서 본래청정할까? 인간의 '씨' 이전의 세계는 매우 잘못 파생된 이론이다.

『인간의 씨는 불생불멸(不生不滅)』의 법칙이다

인간 씨 '생명(生命)'은 몸을 받아 물질인 육신(肉身)의 육근[안(眼).이(耳).비(鼻).설(舌).신(身).의(意)]과 정신 의지하여 의식작용을 하여 무명(無名) 갈애(渴愛)-분별(分別)-집착(執著) 등으로 의도적으로 가아(假我)를 만들어 온 잠재의식을 선악업보(善惡業報)라고 한다.

그래서 정신과 육신이 상호의지 작용한 의식세계의 잠재의식인 업보(業報)를 본래 청정한 진여자성의 의식세계로 바꾸어야 한다.

『대우주법계 대광명불 초월세계방편해탈법(大宇宙法界 大光明佛 超越世界方便解脫法)』은 어느 것에도 걸림이 없이 인간의 영혼은 『인간 씨(氏)』를 준 아버지 조상줄도 해탈시키고, 몸을 받아온 태아 어머니 조상줄도 해탈시키고, 양부모의 천륜, 인륜, 형제자매, 후손 일체, 천륜, 인륜, 인연줄도 분리, 해체시켜 종교 신앙, 출생년월일시 사주팔자와 인간 인연법에 그 어느 것에도 걸림 없이 독립시키는 『양면해탈법(兩面解脫法)』이다.

3. 나의 의식작용에 잠재의식(潛在意識) 무의식세계의 연관성(聯關性)을 밝히다

− 지금의 내 영혼(靈魂)은 어떠한 업력(무의식세계 잠재의식) "기"를 지니고 있는지 알 수가 있을까?

● 나의 생노병사의 의식

정신은 분별작용이고, 물질(육신)은 사대(四大)[지(地)·수(水)·화(火)·풍(風)]에서 안(眼)은 색(色:물체의 모양)으로, 이(耳:귀)는 성(聲:소리)으로, 비(鼻:코)는 향(香:냄새)으로, 설(舌)은 미(味:맛)로, 신(身)은 촉(觸:부딪침)으로, 의(意)는 법(法:의식)으로 이루어진 의식작용에서 즉 **대상에 분별하여 연결된 의식이다.**

■ 잠재의식(潛在意識)

정신과 육신(肉身)의 지각감성작용으로 상호 의지하여 의식작용으로 생산한 나의 마음이 **기능적으로 저장된 것이 잠재의식이다.**

심리적 무의식과 의식의 중간 과정. 즉 어떤 경험을 한 후 그 경험과 관련된 사물, 사건, 사람, 동기 따위와 같은 것을 일시적으로 의식하지 못하고 있으나 그것이 필요하면 다시 의식할 수 있는 상태를 이른다는 것이다.

■ 무의식세계(無意識世界)

무의식은 인간이 의식적으로 인지하지 못하는 부분이지만, 그런데, 무의식(無意識)은 인간이 의식적으로 인지되지 않은 부분에서 일어나는 알지 못하는 마음의 힘으로 자연스럽게 인간의 성격, 행동, 생각, 욕구, 감정, 등 수요에 큰 영향을 미치게 된다.

인간의 행동과 성격이 그러는 이유는 무의식세계 프로그램을 그대로 놔두기 때문이다. 생각보다 우리는 무의식세계 프로그램의 "선업(善業) 악업(惡業)" 상태에서 살고 있다. 그래서 나의 마음과 행동을 선업(善業)으로 유도하여 ≪자신의 마음≫속에 안착시켜야 한다.

선업을 자신의 마음속에 심는 것은 단순한 행동이 아니다. 마음에서 우러나오는 선업을 쌓고 긍정적인 삶을 살기 위해서는 꾸준한 노력과 실천이 필요하다. 자신만의 가치관을 정립하고, 긍정적인 마음을 갖고, 끊임없이 배우고 성장하며, 나눔과 봉사를 실천하는 것이 중요하다. 행복한 삶, 평화로운 세상, 그리고 초월세계 ≪자아실현≫이라는 목표를 향해 나아가는 것이 인생의 의미를 찾는데 큰 도움이 되며, 의식적으로 인지되지 않은 무의식세계의 악업줄에서 많이 벗어날 수 있는 방편이다.

인간의 의식과 잠재의식(潛在意識) 상위에 속하는 무의식의 마음의 근본자리(바탕)에서 전의(專意)적인 잠재의식에서 현재 의식작용으로 부분적으로 결합작용하면서 나도 모르게 인간의 심리작용에 간여한다.

대우주법계 대광명불(大宇宙法界 大光明佛)부처님은 세계 지구촌에 『대광명(大光明) "빛"으로 생사를 창조하여』 원시시대 상고시대부터 고대 대대손손 조상줄로부터 일체조상 잠재의식이 유전 융합된 것이 무의식세계(無意識世界)이며, 조상법계(祖上法界)라 칭한다. **대대손손의 내림내림 유전으로 기운(氣運)이 연결된 조상줄을 타고 부모에게 받은 인간의 영혼에게 연결 작용하는 무의식(無意識)의 내림 길이다.** 즉 무의식의 기운(氣運)이 조상줄로 연결 고리하여 의식작용에 관여한다는 것이다.

『**인간 씨**』라는 뜻은 인류의 축소판 인간의 영혼(靈魂)이다. 다른 말로 하면, 인간의 혈통, 즉 '김씨 혈통', '이씨 혈통'이라고 칭할 수가 있다. 속담에는 '씨(氏)'는 속일 수 없다는 표현도 한다. 이 속담을 풀이하면 내림(유전적)으로 이어받은 집안 내력의 그 피(血)를 숨기려 해도 숨길 수 없음을 이르는 말이다. 타고난 인성(人性)이라 한다. 우주관으로 보면 인간 '**씨**' 의 가족관은 단순한 인간 가족관에 국한되지 않는다. 자연의 가족관, 우주만물의 가족관까지 그 범위를 넓게 봐야 한다. 인간이 경험하고 있는 정신의식세계는 광범위한 우주법계관이다.

여기서 의식세계를 분리해 보면, "무의식세계", "잠재의식세계", "자아의식세계"로 분리할 수 있다.

무의식세계(無意識世界)는 대대손손조상에게 연결된 아버지로부터 받은 인간 "씨"의 대대손손 무의식세계 유전이고, 여기서 말하는 유전은 숫자개념의 유전이 아니고, 대대손손 전체가 내려오는 인류 변천과정을 유전적 인성(人性)과 육신으로 보면 된다.

잠재의식(潛在意識)은 자신이 최초 경험한 의식은 엄마의 자궁 안에서 경험한 의식, 출생 후 경험한 의식들이 저장된 자신의 영혼(靈魂)의 기능적(機能的) 잠재의식이다. 그래서 현 자아의 의식세계가 되는 것이다.

그러므로 무의식세계를 만든 대대손손 각 조상님도 함께 잠재의식에 서로 영혼(靈魂)으로 공유하면서 현 자아의 의식세계가 진행된다. 나도 모르게 대대손손조상이 생산한 무의식세계의 조상의식의 영혼 "기(氣)"가 융합작용하면서 나의 의지와 달리 내 마음인양 나도 모르게 조상의 선악업보(善惡業報)가 토대가 되어 작용하여 문제가 발생하게 된다.

여기서 대대손손의 각 조상의 잠재의식이 결합된 무의식세계에 "조상영혼(祖上靈魂)"들이 왕래한다. 대대손손 각 조상 영혼(靈魂)이 무의식세계를 건설한 각각 잠재의식을 만든 장본인이기 때문에, 무의식세계 "의식"을 만든 각 '조상 영혼(靈魂)'이 본인이 만든 잠재의식에 묶여서 조상의식 내림줄(조상줄)이 통로가 되어 왕래한다.

왜냐하면, 대대손손 각 조상 영혼(靈魂)이 살아생전에 의식작용하여 대대손손 각 조상이 잠재의식을 만드는 과정에서 정신(혼)＋물질(육신)을 상호 의지한 의식작용으로 잠재의식을 만들었다. 죽음으로 의식 자체가 정지상태가 됨으로 정신(혼)＋물질(육신)이 분리가 될 수가 없다. 그래서 사망한 영혼은 허물어진 시신에도 가라앉아 있고, 사망한 장소 환경에도 묶여 있고 그리고 대대손손조상 의식줄 조상줄(유전줄)에는 인간이 출생할 때부터 연결고리가 되어 있다. 그래서 출생과 동시에 어느 누구를 막론하고 이미 조상의 업보가 빙의(憑依)가 될 수 있는 고리가 조상줄로 연결되어 있다. 조상후손들의 의식작용(심리현상들)에 따라 조상의 영혼(靈魂))들의 여러 가지 선악(善惡)의 의식이 알게 모르게 작용한다. 모든 인간이 "조상줄"에서 처음 업보빙의(業報憑依)현상이 발생하는 것을 불변의 법칙이라 한다.

그래서 빙의병 업보치료법 정답은 어떤 경우에라도 "조상줄"을 분리, 해체, 파괴, 소멸시키면 된다.

대대손손 조상혼의 잠재의식이 유전 융합되면서 **"무의식세계로 조상법계(祖上法界)"**가 형성된다.

인(人)은 아버지에게 『인간 씨』로 새 생명이 태어날 때, 이미 대대손손 각 조상의 혼(정신+육신)이 후손 인간 씨인 생명에 이미 연결되어서 후손이 탄생한다. 그러므로 내 몸에는 이미 의식작용 내용에 따라 의식작용에 해당되는 조상이 조상의식줄이 통로가 되어 조상영혼들이 혈관으로 왕래한다는 것이다.

사람이 출생할 때는 아버지에게 『인간 씨』로 생명을 받아 양부모의 몸을 받고 『인간 씨』인 생명은 아버지 영혼(靈魂)에서 연결되어 있다. 아버지는 할아버지 영혼(靈魂)이 연결되어 윗대조상으로부터 하행식으로 연결되므로 각 조상육신도 각 어머니줄로 대대손손 유전되어 진 것이 **부모 조상줄로 연결된 조상법계의 축소판인** 『나의 영혼(靈魂)』이다.

그래서 대대손손 각 조상의 영혼(靈魂)들이 만든 잠재의식과 잠재의식을 만든 각 조상 영혼(靈魂)들이 분리되어 떠나지 못하여 함께 융합된 조상무의식세계가 후대로 연결되고, 육신도 후대에 연결된다. **대대손손 조상줄 무의식세계와 나의 잠재의식에 연결되어 현 자아(自我)에는 육신(肉身)이 있기 때문에 의식이 정지된 조상 영혼(靈魂)들이 의식작용을 할 수가 있다.**

※ 빙의장애 발생 원인을 분석하면

1. 대대손손 "조상줄"이 죽은 영혼(靈魂)들이 왕래할 수 있는 유일한 통로이며, 후손의 육신을 사용해서 살아생전의 원한진 고통을 호소하는 것이 조상빙의장애를 발생하는 업보빙의(業報憑依)의

발생 원인이 된다.

2. 현생에서 여러 종류의 생명체에게 극심한 유해를 가해서 업보빙의(業報憑依)가 발생하는 빙의병(憑依病)을 발생시키는 원인이 된다.

3. 조상법계는 신의세계로 형성되어 있으므로 원한(怨恨)이 많은 조상은 사대(四代)가 넘어가면 조상신명으로 올 수가 있다. 후손을 무속인제자로 삼아 신병(神病), 무병(巫病)인 천지신명(天地神明) 업보내림 빙의장애(憑依障礙)를 발생시키는 큰 원인이 된다.

4. 생사관의 사주팔자가 업보빙의장애(業報憑依障礙)를 발생시키는 원천이 된다.

5. 종교적인 원인이 업보빙의장애(業報憑依障礙)를 발생시키는 원인이 된다.

6. 인간의 인연법이 업보빙의장애(業報憑依障礙)를 발생시키는 원인이 된다.

7. 유전병은 부모 조상의 업보빙의장애(業報憑依障礙))로 발생한다.

8. 타력기복신앙으로 업보빙의장애(業報憑依障礙)가 발생한다.

9. 국사신앙, 천신신앙, 토속신앙으로 업보빙의장애(業報憑依障礙)가 발생한다.

그리고 여러 가지 발생 원인들이 너무 많이 있다.

인간의 영혼(靈魂)이 생각 생각마다 윗대 대대손손 조상님 영혼(靈魂)과 무의식세계가 토대가 되어서 나의 잠재의식의 선·악의 혼탁한 업보가 근본인연으로 같이 의식작용을 한다. 그래서 나쁜 의식이 형성되면 삶이 고통스럽고 정신적 육체적 병이 생기는 것을 통틀어서 업보빙의장애(業報憑依障礙)라고 한다. **세계보건기구(W.H.O)에서는 빙의병(憑依病.possession disdrder)이라고 병명으로 등재되어 있다.** 사람의 타고난 인성은 속일 수가 없다고 한다.

그래서 고통스럽고 불행한 삶의 현실이 업보빙의장애(業報憑依障礙)로 너나할 것 없이 사회문제가 되는 것이다.

업보빙의병(業報憑依病)이라고 하니, 단순하게 귀신병, 신병(神病)이라고만 생각하면 안 된다. 조상이 살아생전에 고통스럽고 불행한 혼탁한 나쁜 의식 악업보가 대물림(정신, 물질, 유전)이 되는 것이다. 조상의 인류 진화(進化)과정을 통틀어서 광범위하다고 이해하면 된다.

우리가 생각해보면 내 의식작용에서 나도 모르게 황당하게 마음 현상들이 일어나고 있다. 나의 진로는 내가 의사 결정해야 하는데, 나도 모르게 전혀 무관하게 결정이 되어서 가고 있다는 것이다. 그래서 내 인생관은 변화무상한 심리적 장애가 일어난다.

그래서 조상 영혼과 무의식세계의 '기'를 대대손손 조상줄에서부터 분리, 해체, 파괴, 소멸시킬 수 있는 『대우주법계 대광명불 초월세계방편해탈법(大宇宙法界　大光明佛　超越世界方便解脫法)』으로 일체중생들 의식세계를 정화시킬 수 있다.

여기서 말하는 '기(氣)'는 의식을 생산한 조상 영혼(靈魂)을 분리, 해체, 파괴, 소멸시킨 독립된 무의식세계의 좋은 의식 기(氣)라고 비유하면 된다. 인간의 "기"를 꺼내어 사용하고 사용해도 끝이 없는 무한대이다.

대대손손 조상이 생산한 무의식세계를 조상 영혼(靈魂)과 조상의 혼탁한 무의식세계를 분리, 해체, 파괴, 소멸시키고 나면, 선(善)의 무의식(無意識)만 남게 된다. 후손들 자아의 의식작용에 융합되었을 때는 생각 생각마다 무궁무진(無窮無盡)한 선(善)의 지혜 '기(氣)'가 발생하게 된다. 그래서 내 삶의 지혜 문이 열리는 법이 『대우주법계 대광명불 초월세계방편해탈법(大宇宙法界 大光明佛 超越世界方便解脫法)』이다.

정신은 이미 육신을 상호의지하고 있기 때문에 의식작용에서 분별 집착하여 기록된 잠재의식들은 인간에게는 정신-육신을 의지하여 현현히 상주하며, 어떤 조건이 주어질 때는, 자연계에서 인간계 의식 활동이 온 우주에서 상호의존적 업력조건으로 생(生)·멸(滅)을 거듭하면서 대대손손 동족 부모조상으로부터 잠재의식이 상호 왕래하고 선악업력으로 쌓이는 것이, "조상들의 잠재의식이다. 즉, '조상 영혼(靈魂)'의 무의식세계가 연결되어 흐르는 기(氣, Energy)"라 한다. 말하자면, **삼라만상은 인연법으로 돌아간다는 "조상법계(祖上法界)"가 형성되는 것이다.**

감각기능인 육근(六根), 육경(六境), 육식(六識), 내(內)·외(外) 경계의 통로의 의지작용을 이미 갖추고 있기 때문에 입태(入胎)를 하는 순간에 인간생명은 이전의 여러 조상의 새로운 무의식세계 존재와 연결 지어져서 생활한다.

그래서 조상줄에서 융합된 무의식세계 자체가 '조상 영혼(靈魂)'들이 왕래할 수 있는 통로가 된다. 왜냐하면 대대손손 조상본인들이 생전에 잠재의식을 만들었기 때문에 의식작용에서 영혼(정신−육신)이 결합되어 사망과 동시 의식작용이 정지 상태이기 때문에 조상 영혼(靈魂)이 이미 후손에게 연결된 조상줄로 왕래할 수 있는 혈관(血管)이 통로가 된다.

육신(肉身)은 현생의 부모를 만나 몸을 받아 부모의 양가조상의 무의식세계와 부모의 잠재의식, 자아의식작용에서 영양 보호를 받으면서 성장하여 출생하게 된다.

어떤 사람은 원만한 육근을 갖추어 태어나는 사람도 있고, 그 반면에는 육근과 육체의 장애와 질병을 가지고 태어나는 사람도 있다. 그리고 살아가면서 면역성이 떨어져 질병을 앓게 되는 현상들이 발생하고 있다. 인간은 인류가 진화해 오면서 부모조상에게 상속받은 나의 영혼(靈魂)은 물질적 정신적 조상의 선악업보(善惡

業報))에 유전(내림)을 받아 출생한다고 정의할 수 있다. 때에 따라서는 산모의 부주의로 장애 아이를 생산할 수도 있다. 그리고 장애자 출산도 조상의 무의식세계에서 장애업보가 발생한다. 이 모든 과정을 내림 유전업보라고 한다.

후손들에게 동족상속유전으로 동족이라는 통로가 연결되어 여러 종류의 업보빙의장애(業報憑依障礙)가 발생하는 것도 대대손손의 무의식세계와 잠재의식은 물질적 감각기관의 육신(肉身)과 연결되어 발생했기 때문에 물질기능의 '기'로서는 벗어날 수가 없다. 왜냐하면 잠재의식이 없으면 외경계의 대상의 통로가 연결할 수 없으며, 이미 정신+육신과 상호 의지하고 의식작용하여 저장된 것이 기능적 잠재의식이니까, 육신 없이는 '인간의 영혼(靈魂)'이 의식작용을 할 수가 없다.

의식작용자리에서는 정신과 육신기능과 내경계-외경계가 함께 융합되어 인식작용의 통로가 이미 열려 있다. 의식작용이란 정신-육신의 상호 의지작용이 없으면 의식작용이 연출되지 않으므로 신경 따로 물질(육신) 따로는 의식을 만들어 낼 수가 없다.

그래서 인간이 죽으면 사망과 동시에 의식이 정지 상태에 들어간다. 육근의 작용이 멈추었기 때문에 의식이 활동하려면 죽은 영혼(靈魂)이 살아 있는 동족의 육신을 만나야 의식작용을 할 수가 있다고 정의(正義)할 수 있다

여기에서 분명한 것을 밝혀보면, 죽은 자의 '영혼(靈魂)'은 의식

작용이 정지된 허물어진 육신과 장소 환경에도 가라앉아 있다. 죽은 영혼은 의식작용이 정지상태가 되었기 때문에 허물어진 육신과 장소 환경에서 떠나지 못한다. 그리고 조상 '인간 씨'줄에 이미 연결된 영혼은 조상줄에서 대사슬로 엉키어 융합된 통로가 바로 후손의 혈관으로 아주 가까운 사람에게 육신과 접촉하여 살아생전의 고통을 표현하는 일체업보발생 현상인 빙의병(possession disdrder.憑依病)이 발생하게 된다.

마음은 정신-육신(肉身)이 상호 의지하여 의식작용으로 융합된 정신의식세계 인간의'영혼(靈魂)'의 '기(氣, Energy)'라고 표현할 수가 있다. 이 무의식세계-잠재의식의 '기'는 마음을 만들어내는 무궁무진한 생산력을 갖춘 공장이며 초월세계의 능력도 갖추어져 있다.

이 에너지는 육신인 물질을 상호의지 해야만 의식작용이 발생하게 된다.

의식이 물질기능에 독립체가 아니라는 것이다. 의식을 생산하여 저장된 정보가 잠재의식이다. 그 잠재의식 속에는 정-부정적 각 분야의 분별 형태의 모든 의식의 기(氣)가 함께 융합되어 있는데, 그 가운데 어떤 의식정보를 사용하느냐에 따라 내 삶이 달라지는 것이다. 잠재의식 그 자체가 이미 육신(肉身)의 물질기능과 융합되어 있으므로 의식작용은 물질기능의 신경세포를 통해서 정보를 받은 것이기 때문에 분리할 수도 없고 끊어진 것도 아니다. **그러므로**

마음이 물질적인 감각기능에 상호 의지하지 않는다면 왜 일체업보빙의장애가 발생하여 온 겨레가 정신적 육체적 경제적 신병(神病), 영매현상, 질병, 유전병, 귀신병, 이혼, 인성 범죄 정치혼란 등의 고통스럽고 불행한 의식 변화로 온 국민이 환란(患亂)을 겪고 있을까? 돌출된 혼탁한 죽은 '영혼(靈魂)'의 악업(惡業) 나쁜 기'가 고통스럽고 불행한 업보빙의장애(業報憑依障礙)를 발생시키는 것이다. 이러한 고통스러운 의식을 치유해야 한다. 여기서 밝히는 업보빙의장애는 인성(人性), 지혜, 나쁜 생활전체를 포함한다.

　인간의 영혼(靈魂)의 의식작용을 보면, 죽음을 통하여 물질인 감각기능이 허물어졌다고 해도 잠재의식을 생산한 **영혼(魂)이 떠날 수가 없다.** 마음(영혼)은=정신+육신 감각기능에서 '영혼(靈魂)'이 끊어질 수 있다면 죽음을 당한 영혼(靈魂)은 사랑스러운 후손에게 고통을 주지 않고, 자기가 원하는 대로 자유자재로 가야 되는 것이 원칙이다. 그러나 죽음으로 육근(六根)이 정지 또는 의식작용의 대상인 영혼(정신)이 사망한 육신에 육근(六根)이 정지되었기 때문에 떠나려고 해도 떠날 수가 없다. 허물어진 육신과 죽음을 맞이한 환경 장소에도 일부 가라앉아 있다. 그리고 아주 가까운 가족에게도 조상 내림줄(씨줄)이 혈관으로 통하여 잠재의식으로 연결된 죽은 영혼(靈魂)이 있다. 그래서 "죽음의 영혼(靈魂)이 생전인연법인데, 망자업보(생전에 생산하여 잠재된 정보) 잠재의식의 업보로 빙의병(憑依病.possession disdrder)"의 원인이다.

우리는 불안한 사후세계를 대비(對備)해야 한다. 유교사상 정서를 보면 부모는 사후에 장남에게 모든 것을 위임하고 장남을 믿고 죽음을 맞이하게 된다. 그런데 작금에 와서는 부모의 의도와 달리 업보 빙의장애를 발생시킨다. 금이야 옥이야 하면서 키운 자식들에게 부모가 이래서야 되겠는가? 이 세상에는 자식도 못 믿을 시대인 만큼, 살아생전에 죽음에 대한 대비를 해야 한다. **내 영혼(靈魂)을 안락한 극락세계에 보내줄 수 있는 도량을 찾아서 약속을 하고 편안한 마음으로 사후세계(死後世界)를 맞이하면 된다.** 저승 가서도 걱정할 것이 없다. 망자가 되어 돌아오지 못하는 극락세계 이고득락(離苦得樂) 극락왕생 조상해탈궁으로 가셨는데, 무덤을 만들고, 제사를 지내고 하는, 의미가 사라진 것을 알아차리는 분별력이 필요하다.

정치, 문화, 종교 등 유교의 조상숭배사상으로 납골당, 수목장, 자연장, 부도장, 유교장 수장 등에 의지해서 마음의 위로를 받고 이렇듯 기복신앙으로 변질되고 있지만, 머지않아 일불장, 허공장까지 등장할 것이다.

한국의 장례문화에서 간소화하고 산 자와 죽은 자의 관계를 정리하는 방법을 조상천도재의식이라 한다. 유교조상, 숭배사상에서 벗어나 부모에게서 피를 이어받은 후손이므로 '효' 사상으로 조상천도재를 지내 이고득락(離苦得樂) 극락왕생시키는 아름다운 마무리를 하는 것이 후손과 망자의 축복이 된다.

관습과 연민, 국민의 정서, 문화, 신앙, 종교에 얽매이지 말고, 인간에게 해(害)가 되고 비생산적인 정서와 문화, 신앙의 고통을 과감하게 버릴 줄 알아야 한다. 현명한 판단으로 각 종교, 칠성, 도교, 유교사상에 죽은 자와 산 자가 서로 얽매이지 말고 마음 가볍게 새롭고 건설적이고 서로가 이익이 되고 행복한 미래생활을 설계해야 의식이 치유된다.

영구위패, 일인일불, 조상천도, 49조상천도재, 백중천도재, 기도회향천도재, 합동조상천도재, 구병시식, 합동제사, 기일제사, 묘사 등 여러 가지 영가(靈駕)를 위해 왕생극락 발원을 해도 **떠나지 못하는 원인이 바로 잠재의식이 죽음과 동시에 허물어진 육신인 물질기능에 묶여 있어 후손들에게 동족상속유전으로 망자의 잠재 의식인 '기(氣, Energy)'가 융합작용하고 묶여서 왕생극락하지 못하기 때문이다.**

여러 가지 장례문화가 등장하고 또 나아가서 해탈하시라고 영구 위패까지 모셔주고 여러 가지 연중행사처럼 백일재, 천일재, 사십 구재, 수자령재, 합동천도재, 동지천도재, 백중천도재, 생전예수 재, 기도회향천도재, 합동천도재, 합동제사 등의 각종 이름을 부처 조상천도재 명목을 만들어 왕생극락시킨다고 해도 해탈이 되지 않은 것이 작금의 현실이다.

각 종교 교단에서 조상천도재를 올려 왕생극락을 했다면, 왜 여러 가지 업보 빙의장애(귀신병, 신병, 유전병 등) 현상들이 일어날까? 조상해탈 명목으로 비정상적인 과소비 풍경이 벌어지고 있는 안타까운 현실을 해결할 수 있는 것은 『아버지에게 받은 인간 씨 영혼(靈魂)들의 정신』과 『어머니에게 받은 물질의 육신』을 양면해탈(兩面解脫)을 시킬 수 있는 것은 『대우주법계 대광명불 초월세계방편해탈법(大宇宙法界 大光明佛 超越世界便解脫法)』뿐이다.

조상천도가 왜 안 되었는지 문제점이 분명히 밝혀진 것이다. 현재 고도로 과학문명이 발달하고, 각 종교 신앙들이 사후세계 이론들을 내놓고 있지만, 현실과는 맞지 않아 혼란이 지속되고 있다.

그래도 천도시킬 방편(方便)이 없기에 일시적인 안식처를 마련해 준 것이고, 유교문화의 정서로 보고 있다. 앞부분에서도 밝혔지만 의식작용은 정신-육신의 상호 의지작용을 하는 요소의 하나인 물질적 기능이기 때문에 물질적 인연의 '기(氣, Energy)'에 얽매여 허물어진 육신과 환경 장소에도 가라앉아 있고 후손에게도 조상법계 무의식세계로 연결되어 있다. 그래서 의식작용은 물질기능을 의지하고 있기 때문에 빙의장애가 발생한다. 그렇다면 어떻게 망자의 의식작용으로 물질적 감각기능에 연결된 잠재의식의 '기(氣, Energy)'를 분리, 해체, 파괴, 소멸시킬 수 있다는 것일까?

대우주진리법이 최고수승한다고 해도 물질인 육신이 없기 때문에 방편이 나타나지 않으며, 필자[영탁(暎卓)스님]가 원력을 성취(成就)한 『대우주법계 대광명불 초월세계방편해탈법(大宇宙法界 大光明佛 超越世界方便解脱法)』에 따라 대우주진리의 불가사의(不可思議)한 법(法)이 나타난다는 것이다. 『대우주법계 대광명불 초월세계방편해탈법(大宇宙法界 大光明佛 超越世界方便解脱法)』 없이는 모든 조상천도 의식과정이 형식에 불과하다는 것을 증명해 주는 것이다. 잠재의식(육신과 정신세계)을 분리, 해체 파괴, 소멸시킬 수 있는 "양면방편해탈법"만이 해탈시킬 수가 있다.

　『대우주법계 대광명불 초월세계방편해탈법(大宇宙法界 大光明佛 超越世界方便解脱法)』이 작용하면 잘난 척하던 인간들이 악행(惡行)을 저지르면 어떤 형태로든 현실에서 "인과응보(因果應報)"를 받게 된다. 인간의 목숨은 파리 목숨보다 못하다는 것을 모르고 편견, 시비, 분별하여 정치, 경제 사회, 문화, 신앙, 정서 등을 금전 권력으로 상하급 계층을 만들고 있다. 내가 최고라고 우지좌지하고 자기네들의 이익을 추구하기 위한 먹이 사슬로 수많은 국민들에게 고통을 주고 있다. 개인과 개인, 국민과 정치, 국가와 국가 간에 사회 전쟁 혼란과 고통을 주는 자는 "인과응보(因果應報)"가 현생에 여러 가지 형태로 나타나서 고통을 겪게 된다.
　그래야 정신을 바로 차리고 스스로 남을 배려하고 나쁜 짓을 하지 않고 올바른 삶을 선택해야 한다. 이제부터는 바르지 못한 선동에 개인과 단체가 다수의 국민의 힘이 모아져도 각자 "인과응보(因果應報)"의 대가(代價)를 치를 때가 왔다.

'인과응보(因果應報)'를 현실로 나타내는 해탈법이 『대우주법계 대광명불 초월세계방편해탈법(大宇宙法界 大光明佛 超越世界 方便解脫法)』이다. 초월세계(超越世界) 인과응보 법만이 세계 평화를 이룩할 수가 있다. 이 법(法)은 후대에도 세계 지구촌에 영원히 존재하며 진행형이다. 명심하시기 바란다.

지금까지의 사바세계 대성불교의 가르침은 불성경전부처자리 진여자성을 확실히 깨친 견성성불(見性成佛)을 불성경전부처자리라고 할 수 있다.

경전불성부처자리를 확연대오(廓然大悟)했다고 부처라고 한다. 그런데 고통의 바다에서 갈팡질팡 헤매는 중생들을 그대로 보고만 있을까?

부처님의 무한(無限)한 삶은 삼계(우주법계 미륵세계 사바세계)에 고통받는 중생을 불쌍히 여겨 대서원의 방편해탈법(方便解脫法)으로 일체 중생들을 고통의 바다에서 건져내어 해탈(解脫)시키는 『대우주법계 대광명불 초월세계방편해탈법(大宇宙法界 大光明佛 超越世界方便解脫法)』으로 해결해야 한다.

비유한다면 중생들이 행복하다면 부처도 행복하다. 모든 중생들에게 평화와 이익, 행복, 안락을 주는 『대우주법계 대광명불 초월세계방편해탈법(大宇宙法界 大光明佛 超越世界方便解脱法)』만이 세계 평화를 이룩할 수가 있다.

일체가 평등하고 진여불변(眞如不變) 불생불멸한 이 진리에 근대와 전근대적 종교와 과학의 대립을 떠나, 자연적 경험적 객관적 초월적인 주장들을 철저하게 전래적인 인류 진화의 경험과학에 바탕을 두고, 실제적이고 현실적인 **영성(靈性)개발에 초월세계 참된 우주진리학을 현실화하도록 해야 한다.**

인간의 마음은 크게 두 가지로 구분할 수가 있다. 하나는 무명(無明), 갈애(渴愛), 집착(執著)하여 시비 분별하는 **괴로움을 생산하는 마음이 있다.** 그 반면에는 무명, 갈애, 집착, 시비 분별없이 의도적인 행위가 없는 의식작용이 물들지 않고 걸림이 없는 **행복하고 안락한 영원한 마음이 있다는 것이다.** 즉 말하자면 무명, 갈애, 집착, 시비 분별이 없는 진여자성(眞如自性)에서 무명, 갈애, 집착, 시비 분별이 일어나고 없어지고 하는 생멸의 연속 현상이 괴로운 마음이다.

온 우주가 하나로 돌아가는 이치이다. 삼라만상이 하나로 돌아가는, 그 하나도 아닌, 하나로 돌아가는 이치를 깨치면 자연과 인간, 정신과 물질의 의식세계가 열리게 되고 상속연기(相續緣起)를 알게 된다.

존재의 대 사슬의 위계 측면에서는 초월하는 지배계층으로 볼 수 있겠지만, 소수적인 위계가 선(善)·악(惡)으로 발생하는 그 부분이 개인과 가정 몇 계층을 병들게 함으로써 참다운 사회 질서가 파괴되고 있다. 개인적으로는 정신적, 육체적, 경제적 괴로움의 고통으로 절망과 사망에 이르게 된다.

인간은 사망과 동시에 유기체가 파괴되면서 발생한 업보의식이 '기[죽음의 영혼]'로 전환되어, 이 의식들의 연결체제가 인간들의 의식세계 속에 그물망 실타래처럼 엉키어 묶이면서, 개인적으로는 업보빙의장애(業報憑依障礙)인 귀신병(鬼神病), 신병(巫病), 영매(靈媒)현상, 유전질병, 인성 범죄 등으로 나타난다. 이 모두가 『빙의유전병(憑依遺傳病)』으로 발생하고, 개인 그리고 사회가 환란(患亂)을 겪게 된다.

우리 사회의 상층에 있는 사람들을 보자. 그 사람들은 권력과 명예 그리고 부귀영화를 마음껏 누리고 살아가지만, 부모조상에게 이 몸을 물려받은 댓가로 유전병에서는 속수무책으로 한 생이 무너져 부귀영화는커녕 도리어 환(患)을 안고 죽음을 맞이하게 된다. 그 사람들이 권력과 명예, 부귀영화로 해결하지 못하는 일이 없다 해도, 유전병 앞에서는 도리어 환(患)을 안고 가는 인생사를 볼 수 있다. 이것이 바로 피하려고 해도 피할 수 없는 인과응보(因果應報)인 대대손손 유전적(遺傳的) 조상법계 속에 망자들의 잠재의식이 실타래처럼 얽히고 설키어 무의식세계(無意識世界)가 연결된 결과이다.

사상 **아상(我相:**영원히 변하지 않는 자아가 있다는 관념)
　　인상(因相: 영원히 변하지 않는 개아가 있다는 관념)
　　중생상(衆生相: 영원히 변하지 않는 중생이 있다는 관념)
　　수자상(壽者相: 영원히 변하지 않는 영혼이 있다는 관념)

위 사상 관념이 끊이지 않고 지속되는 존재를 포용하고 있는 탐진치(貪瞋痴) 삼독심(三毒心) 잠재의식들이 무명(無明)·갈애(渴愛)·집착으로 괴로움(苦)을 만들어내고 있다. 누가 만들까? 여러 가지 의도적인 동기부여가 있겠지만, 조상의 업보덩어리인 무의식세계가 후손의 '씨'가 되어, 현 자아의 의식으로 나의 인생이 전개되는 것이다. 사회 혼란과 내 인생의 걸림돌인 대대손손 조상무의식세계 잠재의식의 '기(氣, Energy)', 사망한 영혼(靈魂)의 역할이 발생의 원인이 된다.

조상무의식세계 부모의 잠재의식의 『인간 '씨(氏)'』에 따라 내 인생이 좌우된다. 이 문제를 해결해야 한다. 이러한 역사 흐름에서 보듯이 한국의 샤머니즘, 정령신앙, 토템신앙, 조령신앙, 곡령신앙, 수호신앙, 칠성신앙, 천신신앙, 산신신앙, 삼산신앙, 호국신앙, 토속신앙 등이 있고, 도교신앙인 신선신앙 의례와 제신(諸神)이 우리 나라에 들어오면서 옥황상제(玉皇上帝), 칠성(七星), 북극성(北極星), 태을성(太乙星), 자미성(紫微星), 성황(城隍), 조왕(竈王) 등 다양한 신격 등, 인격화시킨 신앙, 무교(巫敎) 무속신앙이 대대 손손 국민의 정서(情緒)로 생활 전반에 안착되어서 **조상법계를 신(神)의 세계가 덮고 있다.**

현재까지도 민간에서는 마을마다 산신당, 서낭당, 성황당, 천왕 당, 당제, 동제 등 산신을 주신으로 하는 산신신앙이 계속 유지되고 있으나, 전통신앙의 모습은 점차 민간에서 사라져 그 명맥만이 유지되고 있는 실정이다.

그러나 마을신앙에 제향과 믿음이 사라졌다고 해도 조상법계에서는 한국 국민은 마을신앙에서 도시 시골 어느 곳 누구를 막론하고 생사관에서 벗어날 수가 없다. 어마어마한 인연 신법(神法)에 연결되어 국민의 정신세계에 덮어 씌워져있다.

이 문제들을 해결해야 한다. 고대 샤머니즘, 도교, 유교, 토속신앙, 천지신명, 주역, 음양오행, 사주팔자, 철학, 신앙, 종교, 정치, 문화, 인류학, 의학, 과학, 교육 등 모두가 다 생활에 전반에 그 나름대로 주장하고 있다. 인정 안 하려니 현실이니까 인정 안 할 수가 없고, 인정하려니 현대과학으로 해법을 찾아도 무엇인가 증명할 방법이 없다. 보이지도 않고 만져지지도 않고, 있을 것 같기도 하면서도 없을 것 같기도 하고, 알 것 같으면서도 모르는 그 무엇인가 밝혀지지는 못했지만, 그 무엇인가가 인간의 생노병사의 의식세계를 지배하고 있다는 것은 분명한 사실이다.

이 사실은 과학자들의 공통적인 견해라고 생각한다. 이러한 고통스럽고 불행한 잠재의식들을 치유해야 한다.

이 3~4차원에서부터 무한대에 이르는 시(時), 공간(空間), 물질환경에서 초월세계의 '기(氣, Energy)'를 밝히는 것이 인류의 마지막 과제이며, 불가사의한 무한한 영성개발 초월세계의 우주의 마지막 비밀이다. 모든 인간들의 무의식세계 잠재의식을 분리, 해체, 파괴, 소멸시킬 수도 있고, 인간의 무의식세계 잠재의식세계를 움직일 수 있는 '기(氣,'Energy)'가 세계평화를 이룩할 수가 있다. 세계 인류의 의식을 움직일 수 있는 법이 『대우주법계 대광명불 초월세계방편해탈법(大宇宙法界 大光明佛 超越世界方便解脫法)』이다.

우리들의 의식세계는 한없는 고통의 세계를 만들어가고 있다. 인간의 고통은 왜 발생하며, 고통의 세계를 종식하고 안락하고 행복한 세상을 만들 수는 없는가를 고민할 때가 온 것이다. 이 환란의 시대, 정치, 전쟁, 경제, 문화, 종교, 신앙 등 권력전쟁을 종식시킬 방법을 찾아야 한다. 행복하게 살아가는 것보다도 괴로움을 만들지 않으면 된다. 행복을 찾는다는 것이 괴로움을 만들고 있다 때로는 지역폄피현상 개인 이기주의 현실들이 있다.

　우주법계의 무량수 무량광명이 일체유심조(一切唯心造)라고 했는데, 경전수행기도로는 고통을 벗어나는 결과가 미비하다는 것이 작금에 와서 문제가 발생한 것이다. 석가모니 부처님이 설하신 경전이 정법시대를 지나 이론적 부파불교시대 경전도 지금의 말법시대에 와서는 방편설법이 맞지 않기 때문에 겉핥기에 불과하고 한국의 전통신앙 정서 문화에 의지하여 연명하고 있는 실정이라고 볼 수밖에 없다. 말법시대에는 말법시대에 맞는 새로운 부처님의 방편해탈법(方便解脫法)이 요구된다.

　대우주법계(大宇宙法界)의 참 진리는 무궁무진한데 밝혀서 사용을 하지 못하고 있다는 것이다. 어떤 학자들은 석가모니 부처님이 다 깨치지 못하였기 때문에 설하지 못했다고 주장하기도 한다. 그러나 그들의 주장은 우주 진리를 전혀 모르는 자의 허황한 논리일 뿐이다. 생각해 보자. 우주 진리의 무궁무진한 비밀을 한 생에서 방편(方便)으로 설법할 수가 없었다. 만약 설하셨다면 도리어 대혼란에 빠졌을 것이다.

　우주법계의 불가사의(不可思議)한 비밀은 언어, 학문 과학 이론적으로 해석되는 것이 아니기 때문이다. 그 부분의 경지에 도달한 자만이 그 부분의 불가사의(不可思議)한 방편해탈법(方便解脫法) 능력을 갖추게 된다. 우주법계의 불가사의(不可思議)한 비밀이 무궁무진하기 때문이다. 그래서 한 생에서는 다할 수가 없었다는 것이다.

사바세계를 건설하신 석가모니부처님은 다음세계인 미륵세계가 온다는 것을 예언했다. 석가모니 부처님이 왜 무슨 이유로 예언을 했을까를 분석해보면 해답이 있다. 석가모니 부처님이 설법하신 진리가 잘못된 것이 아니고 부족한 것이 있다는 것을 증명한 것이다.

비로자나불 부처님의 보배 옥 구설 같은 법은 무궁무진한 한량(限量)없는 법을 가지고 계시는 분이다. 석가모니불 부처님이 설법한 진리 이론, 반짝반짝 빛나는 보배 옥 구슬 같은 진리는 어느 성인의 진리에 비교할 수가 없는 최고 최상의 법이지만, 생사 무애해탈(無礙解脫)시킬 방편해탈법(方便解脫法)이 부족하다는 것이 증명된 것이다. 불설경전이 가리키는 최고의 자리 견성성불을 성취했다고 해도 사생육도에 고통받은 중생을 해탈시킬 방편해탈법이 없었다는 것을 증명한 것이다. 석존께서는 이미 알고 있었다. 만약 일체중생을 제도하는 법이 원만했다면, 『미륵세계』가 올 필요가 없다는 것이다.

대성불교에서 스님들이 왜 뼈를 깎는 심정으로 한평생 설산수행 정진하여 경전이 가리키는 경전불성최고자리에 가보아도 생사 방편해탈법(方便解脫法)이 없었다.

비유를 한다면 아무것도 걸림이 없는 텅 빈 허공과 같았고, 가져갈 것도 없고, 둘러보니 산(山)에는 산뿐이고, 계곡에는 물이 흐르고, 고통받은 중생들을 제도할 방편법이 없어서 그 자리에 머물 수도 없고, 다시 시작할려니 백발이요, 빈손으로 내려왔다는 엄청난 사실이 드러난 것이다.

말법시대에 와서는 각 종교, 신앙들이 이 몸을 준 조상 '영혼(靈魂)'들을 어쩔 수 없이 알게 모르게 품고 가고 있는 것이 현실이다. 이것이 사실이 아니라면, 왜 각 종교 교단에서 업보빙의병이 발생하고 있을까? 사회와 가정과 개인도 조상의 환란[신병, 귀신병, 인성, 사상, 정서, 문화, 정치, 권력, 범죄, 전쟁 종교 신앙 등] 업보빙의장애(業報憑依障礙)로부터 해방을 하지 못한 것을 부정할 수가 없다.

석존은 45년간 설법을 하셨지만, '나는 한 법도 설한 바가 없다'고 말씀하셨다. 왜 이런 말씀을 하셨을까? 석가모니 부처님이 깨친 정법진리를 제시한 것이고, 메시지는 경전 속의 진리의 법에 갇히지 말고, 밖의 사물[四生六度]의 우주법계를 두루 두루 살펴 고통받은 중생(衆生)들을 보고 우주법계의 불가사의한 진리를 응용하여 말법시대에 맞는 사생육도에 고통받는 중생들을 위해 제도할 방편 해탈법(方便解脫法)을 만들어서 제도하라는 무언의 메시지였다.

4. 인간의 영혼(靈魂)과
죽음의 영혼(靈魂)의 실체

내 '영혼'은 어디에서 왔을까? 라는 의문을 풀어 보자.

내 '영혼'은 아버지에게 조상의 『인간 씨』 생명을 받아 어머니의 배를 빌려 자궁에서 안착하여 10달 동안 육신을 받아 『새로운 인간생명』이 출생한다. 이 과정이 나의 『영혼(靈魂)이 출생하는 실체』이다.

이러한 신비스럽게 대대손손 내려오는 조상줄의 유전적 무의식 세계가 바로 후손에게 인연된 조상의 '영혼(靈魂)'들이 다니는 유일한 통로(通路)로 밝혀졌다.

다른 표현을 한다면 조상의 혈관(血管)을 타고 다닌다고 한다. 동족이라는 그물망 속에 조상업보가 무의식세계의 조상'영혼(靈魂)'들이 실타래처럼 서로 엉키어 묶여서 대대손손 연결되어 있는 데, 사망한 '영혼(靈魂)'이 윤회를 한다고 가정을 해도 죽음의 "영혼(靈魂)"은 서로 엉키어 묶여서 절대로 윤회를 할 수가 없다. 윤회설은 잘못된 이론일 뿐이다. 그리고 인간이 실체 경험한 전생을 주장하는 윤회설은 윤회한 증명이 될 수가 없다. 그것은 빙의장애로 보는 것이 옳다. 인간이 실체 경험한 전생을 주장하는 사람들을 업보정신세계를 정화시켜 보고 주장을 해야 한다.

인간 영혼의 의식작용은 내경계[육근(六根): 안(眼)·이(耳)·비

(鼻)·설(舌)·신(身)·의(意)]는 외경계[육식(六識):[안식(眼識). 이식(耳識).비식(鼻識).설식(舌識).신식(身識).의식(意識)]의 대상에서 비치는 의식이 생각 생각마다 생(生)·멸(滅)하는 물질현상의 식(識: 알음알이)이 일어나는 과정의 의식(意識)작용이다. 이 모든 의식과정이 육신에서 일어나고 있다는 것은 부정할 수가 없다.

의식작용이 일어나는 과정에서 무명(無明)- 갈애(渴愛)- 집착 (執著) 등의 의도적 행위가 괴로움을 발생하게 하며, 이 악업을 만든 장본인의 악업보(惡業報)가 귀신(鬼神)이 되는 것이다. 이 귀신(鬼神)이 바로 잠재의식이 되는 대대손손 유전적 영혼(靈魂)의 혼탁한 악업보(惡業報)라고 한다. 무의식세계는 대대손손조상들의 영혼(靈魂)과 내가 잠재의식을 만들어 냈기 때문에, 이 귀신 (鬼神)이 바로 유전적 **조상업보(祖上業報)이다.** 흔히들 말하는 **잠재의식의 영혼(靈魂)이 빙의된 조상귀신(祖上鬼神)이다. 그 귀신 잠재의식을 해체해 보면, '귀신(鬼神)'이라고 말하는 조상 영혼(靈魂)과 조상의 업보에 인연된 객귀(客鬼)들이다.**

여기서 조상을 귀신이라고 표현한 것은 조상의 악 업보에 따라 인연이 된 업보귀신이 조상 '영혼'보다 앞장서서 업보빙의장애(業報憑依障礙)를 발생시키기 때문에 조상이 귀신이라고 표현하고 있다.

세상을 살아가면서 인간은 자기도 모르는 사이에 여러 가지의 유혹에 빠져들면서 항상 선(善)과 악(惡)의 갈애, 시비, 분별, 집착함으로써 그 갈림길에서 정도를 모르기에 번뇌망상(煩惱妄想)이 일어난다. 대부분의 경우 사물과 물질에 대한 탐·진·치(貪瞋癡)로 악(惡)의 경계에 들어서서 자기도 모르는 사이에 어리석음(無明)의 길로 들어가게 된다.

이는 물질과 사물에 대해 집착하게 되면서 삼독심[貪瞋癡]의 번뇌와 망상으로 장애가 쌓여 몸과 마음(心身)이 고통스럽고 자유롭지 못하게 되고, 하고자 하는 일에 대해서 올바른 판단을 하기가 어렵게 된다. 그 근본은 바로 어리석은 욕심 집착에 끌려가는 혼돈(混沌)이며, 번뇌망상(煩惱妄想)이라고 한다.

존재의 죽음을 사(死)의 고통이라고 하는데, 심리현상들에서 일어나는 번뇌(煩惱)를 '생(生)'이라고 하고, 일어난 번뇌망념(煩惱妄念)이 없어진 것을 '멸(滅)'이라고 한다. 생멸의 인연법(因緣法)으로 형성된 일체의 모든 존재는 고통스럽고 불행한 의식들을 치유해야 한다.

영혼(靈魂)의 선악(善惡) 잠재의식이 대대손손 상속유전(相續遺傳) 될 때, 시대 시절인연으로 정신(마음)-물질(육신의 六根, 六入, 六識)이 서로 상호 의지하고 의식작용하여 의도적 행위로 자아(自我)를 만들어 간다. 다음 세대에 계속 연대(年代)하여 조상 무의식세계 잠재의식으로 공유하며 상속유전 되어 내려가면서, 이미 한 세대마다 인간의 의식이 진화한다.

인류의 법계 무의식세계에 대대손손 잠재의식을 만든 일체조상 '영혼(靈魂)'들이 인(因)이 되고, 후대에 연(緣)이 되어 잠재의식이 상속유전 되면서 후대에 와서 현 자아를 만들어나갈 때마다, 이미 시대 세대별로 잠재의식을 만든 주인공인 조상영혼(祖上靈魂)들이 연결되어 있다는 것이다. 그 '조상영혼(靈魂)'들은 시절인연에 따라 의식을 만들어 갈 때마다 많은 '조상영혼(靈魂)'들이 대대손손 잠재의식 속에 융합되어 있다. 그래서 잠재의식상속(유전) 동족(同族)이라는 그물망 속에 자기가 만든 잠재의식의 '영혼(靈魂)'들이 실타래처럼 엉키어 묶여서 대대손손 연결되어 동족(同族)의 혼탁(混濁)한 지혜본성(智慧本性)이 유전되고 있다. **"이것을 죽음의 영혼(靈魂)의 실체"**라고 한다.

나는 누구인가?
내 "영혼(靈魂)"은 어디에서 왔을까?
내 "영혼"은 윤회하여 사람으로 태어났을까?

"내 삶은 왜"라는 생각을 어느 누구라도 한 번쯤은 의문을 가지게 된다.
내 '영혼'은 어디에서 왔을까? 라는 의문을 풀어 본다.
내 '영혼'은 아버지에게 조상의 '인간 씨' 생명을 받아 어머니의 배를 빌려 자궁에서 안착하여 몸을 받아 새로운 인간생명이 출생하는 것이다. 이 과정이 나의 "영혼(靈魂)"의 출생의 실체이다.

인류의 진화 과정에서 신비스럽게 대대손손 내려오는 조상의 무의식세계가 바로 후손에게 인연된 '영혼(靈魂)'들이 다니는 유일한 통로(通路)이며, 혈관을 타고 다닌다.

동족이라는 그물망 속에 조상업보 무의식세계의 조상'영혼(靈魂)'들이 실타래처럼 서로 엉키어 묶여서 대대손손 연결되어 있는데, 죽음의 '영혼(靈魂)'이 윤회를 할 수도 없고, 인간 "영혼(靈魂)"은 조상법계에 서로 엉키어 묶여서 절대로 윤회를 할 수가 없다.

일부 학자들이 윤회설을 강조하는데. 인간영혼(靈魂)은 아버지에게 받은 **"새로운 인간 씨"** 생명이다. 후손이 태어나는 것을 어느 조상의 영혼(靈魂)이 윤회한다고 주장들 하지만, 앞에서도 밝혔지만 그렇지 않다. 새로운 인간 씨 생명이 탄생할 때는 조상의 영혼(靈魂)들이 이미 조상 줄로 연결되어 있다는 것이다.

아버지에게 받은 새로운 『인간 씨』로 후손이 처음 이 세상에 출생한다. 이 사실은 부정할 수가 없다. 그래서 인간의 영혼(靈魂)은 한번 태어나면 사망해도 그 영혼(靈魂)은 소멸되지 않는다. **불생불멸(不生不滅)의 영혼(靈魂)이 윤회했다면, 여러 종류의 업보빙의장애가 왜 발생할까?** 죽음의 영혼(靈魂)들이 갈 곳이 없어서 후손들과 뒤죽박죽 엉키어서 여러 가지 일체업보빙의장애가 발생한다. 그래서 영혼(靈魂)의 씨 고향으로 극(極)이 다른 안락한 세상에 왕생극락시킨다. **그러므로 조상세계에 영혼(靈魂)**

들은 절대로 윤회할 수가 없다.

우리가 느낄 수 있는 빙의장애 대표적인 조상 영혼(靈魂)이 주인공 핵이 된다.

조상의 무의식세계에서 후손들의 잠재의식에서 고통스럽고 불행한 의식에서 벗어나 해탈을 해야 한다.

그래서 생명체는 우주법계의 주인공이다. 모두가 한 몸이라는 무의식세계의 큰 그물망 속에 묶여서 개인마다 우주법계의 주인공으로 자기의 영혼(靈魂)이 그 나름대로 무질서하게 살아가고 있다.

진아(眞我)의 본바탕에서 정신-육신이 상호의지해서 의식작용이 의도적으로 일어날 때, 무명(無明)- 갈애(渴愛)- 집착(執著)에 융합되어 선(善)·악(惡)이 분별없이 쌓여 번뇌 망상이 일어나, 괴로움의 세상에서 살아간다.

나는 똑똑하다고 주장하고 살아가지만, 무명(無明), 갈애(渴愛), 집착(執著)에 융합된 의식을 가짜 나(我)라 한다. 가아(假我)를 두고 진아(眞我)라고 주장하고 살아가는 것은 착각일 뿐이다. 진아(眞我) 앞에 가아(假我)가 갈팡질팡 허우적대고 판을 치고 다닌다. 말하자면 내가 남보다 모르는 것이 많기 때문에 불행하게 살아가는 것이 사실이다. 바로 내가 사회 생활하는 지식정보, 제법(諸法)에 밝은 지혜가 부족하기 때문에 **원하는 것을 만족하게 얻지 못하는 것을 고통이라 한다.** 이 고통을 만든 것이 가짜 '자아(自我)'이고, 내가 바로 고통의 덩어리이다. 고통이 사라지면 가아(假

我)의 불행한 의식이 소멸된다.

이 의식이 진아(眞我)를 두고 가아(假我)로 살아가면서 매 순간마다 새로운 가짜를 생산한다. 이 과정에서 먼 과거로부터 융합된 조상들의 혼탁한 무의식세계, 현생의 잠재의식의 기운이 선(善)-악(惡) 중 어느 쪽으로 업보가 기울어져 의식이 생성되어 진화하느냐에 따라서 **금생의 존재를 조건으로 생사의 삶이 결정되는 의식, 『인과응보(因果應報)』가 결정된다.**

이 인과응보(因果應報)의 고통이 계속 진아(眞我)를 바탕에 두고 잠재의식에서 현 자아가 외경(안식.이식.비식.설식.신식.의식)의 대상에서 비쳐지는 의도적 행위 의식작용으로 업력(業力)이 더 강하게 의식이 융합되어 살아가는 것을 부끄럽게 생각해야 한다.

이 융합된 의식들이 내가 똑똑하다고 주장하는 것이, 바로 가짜 나(假我)인 것이다. 가아(假我)가 가로막아 현실을 제대로 보지 못하면, 올바른 지혜가 없어 현재를 불행하게 살아간다. 불행의 고통이 나를 귀신으로 만들어가는 것이고, 사망 후 나의 선택과 무관하게 업보빙의장애(業報憑依障礙)를 일으키는 마귀(魔鬼)로 돌변한다. 이 업보를 비켜보려고 여러 가지 수련을 하지만 원만한 해결방법은 아니라고 말할 수 있다. 왜냐하면 원만한 '해탈법(解脫法)'이 아니기 때문이다.

그러면 조상 무의식세계에서 영혼(靈魂)이 왜 동반하여 상속빙의 될까? 의문을 가질 수밖에 없다. 이미 앞에서 설명을 했지만 의도적인 의식을 만들어 갈 때마다, 정신-육신을 상호 의지하여 의식작용과정에서 무의식세계가 근원이 되어서 새로운 의식이 만들어졌기 때문에, 조상법계 무의식세계는 정신-육신이 상호 의지하여 의식작용으로 만든 시절인연의 **장본인 영혼(靈魂)과 연결되어 있다.**

인간의 영혼(靈魂)의 정신은 육신인 몸과 같이 상호 의지하여 의식을 만들 때, 연결된 상속업력(相續業力)인 무의식세계 속에 죽음의 영혼(靈魂)의 존재는 자아의식에 연결된 죽음의 영혼(靈魂)의 '기(氣,)'가 흐르고 있어서 벗어날 수가 없다. 그래서 부모 없는 자식은 없다는 것이다.

잠재의식 자체가 혼탁한 선악(善惡)의 업력(業力)이고, 잠재의식 자체가 생명체의 근원인 무의식세계 조상줄이라 한다. 선악의 혼탁한 업과를 생산한 것은 인류 진화 과정에서 '영혼(靈魂)들'이 주인공이다. 그러므로 이미 조상줄로 연결되어서 새로운 생명이 출생한다. 인간의 "영혼(靈魂)"은 정신과 육신에 의지해서 의식작용을 할 때마다 대대손손 조상무의식세계가 이미 연결되어서 간섭을 한다는 것이다.

이 연결된 대대손손 "무의식세계"를 만든 조상님들과 후손들의 "잠재의식" 혼탁한 업보를 분리, 해체, 파괴, 소멸시키면, 현자아의 의식작용으로 좋은 영롱한 옥(玉) 구슬 같은 무의식세계의 '기 (氣)', 잠재의식의 '기', 현자아의 '기'로 내 삶에 제법(諸法)에 밝은 지혜로 모아쓰면 쓸수록 한량없는 '기(氣)'가 내 삶에 지혜 문이 열리게 한다.

이 위대한 지혜가 『대우주법계 대광명불 초월세계방편해탈법 (大宇宙法界 大光明佛 超越世界方便解脫法)』이다.

그리고 나쁜 신행(身行), 구행(口行), 의행(意行)의 삼행 업력이 많이 쌓여 정신적 육체적 고통의 의식을 가지고 죽으면 인과응보 (因果應報)가 귀신이 된다. 고로 가아(假我)가 마귀가 된다는 것이 다.

인간의 영혼(靈魂)은 죽은 영혼(靈魂)이 되면 업보에 엉키어서 자력으로 헤어나올 수도 없고, 영혼(靈魂)이 없어지지도 않으며 윤회하지도 못하는 불생불멸(不生不滅)의 영혼(靈魂)이 된다. 부모의 영혼(靈魂) 또는 죽음의 영혼(靈魂)이 의식작용에 물질인 육신과 연결되었기 때문에 부모의 나쁜 잠재의식이 상속 유전되므 로 진아(眞我)를 바탕으로 물질인 몸을 받은 인연으로 상속 유전되 는 『조상 영혼의 실체』라 한다.

이 부모조상의 영혼(靈魂)이 업보 빙의병(憑依病)을 발생시키 는 부모, 형제, 조상 '영혼(靈魂)' 또는 업보에 인연된 객귀(客鬼)이다. 물질에 연계(連繫)하여 부모조상의 혼탁한 무의식세계도 융합(融合)된다.

죽음의 "영혼(靈魂)"은 자신의 의식을 만든 정신–육신을 분리, 해체 업장을 파괴, 소멸, 정화(淨化)시켜 해탈세계(解脫世界)로 떠날 수 있는 자력(自力)이 없다. 왜냐하면 자기가 만들었지만, 벗어날 의식작용을 할 육신이 없고, 조상잠재의식과 자신 생전에 만든 기록(잠재의식)을 분리, 해체할 방편이 없기 때문이다.

죽음의 "영혼(靈魂)"은 절대로 육신인 사람의 몸을 빌리지 않고는 살아생전의 원한(怨恨)된 의식을 표현할 자력(自力)이 없다. 그래서 죽음으로 정지된 자아의식이 허물어진 육신 장소 환경에 분리하지 못하여 혼탁한 업보 '기'에 둘러싸여 꽁꽁 묶인 형국이라서 자력의 힘이 상실되어 있다.

그래서 조상무의식세계가 상속 유전되어 현 자아(自我)의 의도적인 의식작용에 연결되어 조상영혼(靈魂)들이 생각 생각마다 왕래하면서 잠시 잠깐 머물기도 하고 오랫동안 머물다가 나가기도 하고 또는 잠재되어 **업보로 빙의병(possession disdrder.憑依病)**을 발생시키기도 한다.

죽음의 영혼(靈魂)이 가지고 있는 병은 바이러스가 아니고 신병(神病), 영매(靈媒)현상, 유전질병(病) 등 『유전적 의식세계 병』이라 한다. 이것이 업보빙의장애, 신병, 유전병, 인성변화 등 을 발생시키는 『조상 영혼(靈魂)의 실체』이고 혼탁한 조상업보의 여러 종류의 객귀(客鬼)들이 있다. 그리고 인간이 가지고 있는 유전체의 정보도 정보일 뿐이다. 죽음의 영혼(靈魂)은 인간의 모든 유전적 의식정보를 다 가지고 있다. 일체 유전병을 발생시키는 의식동력을 가지고 있다.

선조들이 만들어 놓은 업력에 후대가 빠져서, 인간이 인간답게 사는 것이 아니다. 비유를 하면, 아귀(餓鬼), 축생(畜生), 지옥(地獄)세계에 산다는 것이다. 예를 들어서 자식들 잘되라고 빌고, 객지에 출타한 사람은 무사하게 돌아오라고 빌고, 병자에게 완쾌되길 빌고, 가정에서도 안과태평 만복을 빌고 하던 모든 기복타력신앙들은 조상들이 살아생전에 그렇게 살았기 때문에 사후에도 부모 자식 형제들과 연결 고리하여 얽히고설키고 이승과 저승과 의식사상이 융합되어 돌고 돌아 타력기복신앙(祈福信仰)이 상속되어 마귀(魔鬼) 빙의(possession)세상이 되는 것이다

토속적이고 전래적(傳來的)인 의식사상은 원시시대 상고시대 마고→궁희→청궁→유인씨→한인→환웅→단군(檀君) 이래 현재까지 국민은 천신 샤머니즘 토속신앙, 국사신앙, 칠성신앙, 도교, 유교사상, 조상숭배 등 여러 신앙(信仰), 불교, 천주교, 개신교, 증산교, 기독교, 이슬람교 등 여러 종교에서 생존 결합된 토속 신명세계가 융합되어 있다.

※ 수행 기도 중에 마고성을 알게 되었는데, 마고의 둘째딸 궁희의 아들→ 첫째아들 청궁, 둘째아들 황궁, 두 아들 중에 황궁은 돌아다니는 것을 좋아해서 떠돌이 생활을 하다 객사를 했다. 원칙은 유인씨는 청궁의 첫째아들이다. 대한민국의 상고시대 역사를 제대로 알아야 한다.

무속신앙의 제자들이 신통 문이 열렸다고 점을 보고 굿을 하는 무속기복신앙(巫俗祈福信仰)은 음식을 차려 놓고 빌 때, 그곳에 고대부터 축생 등 사람이 죽으면 그곳에 형태가 허물어진 시체(屍體)가 가라앉으면서 여러 종류의 죽음의 영혼(靈魂)도 정신-육신이 상호 의지하여 만든 잠재의식이 '기(氣)'가 시체(屍體)에 연결되어 머물게 된다. 어느 곳이든 간에 인류 역사 속에서 여러 종류의 죽은 시체가 겹겹이 많이 있다는 것을 인식하지 못하고 있다. 소원을 빌고 바라면 허물어진 시체(屍體)와 주위 환경에 가라앉아 있는 여러 종류의 영혼(靈魂)들이 사람 몸으로 옮겨붙으므로 빙의병(possession disdrder 憑依病)이 되는 것을 모른다. 소원을 빌면 이루어진다는 신앙이 전래하여 생활권에 토착이 되어 믿음의 세속법이 도리어 재앙(災殃)을 받게 되는 것도 모르고, 인간이 만들어 놓고 인간이 당하고 있으니 실로 어리석고 불쌍하고 무지(無知)하다는 것을 알 수가 있다.

그래서 정화되지 못한 잠재의식-의식 자체가 귀신이고, 마귀(魔鬼)의 대혼란을 만들어냈다는 것이다. **타력기복신앙이 발생시킨**

빙의귀신(憑依鬼神)이고, "빙의영혼(憑依靈魂)"들의 실체(實體)"이다.

5. 신병(神病:巫病) 빙의유전(대물림)병은 불가사의한 불치병이 아니다

천지신명(天地神明) 제자를 보면 천지신명이 따로 있는 것이 아니고, 천지신명으로 공로 받은 조상이다. 조상줄로 천지신명이 오시는 과정을 보면 항상 천지신명 앞에는 업력으로 나타나는 귀신이 먼저 오기 때문에 육신의 고통도 받고 앞을 가리는 귀신들을 비켜 세우고 몸 주 신령으로 받으려고 신굿(神싻)을 하게 되는 과정이다. 신령이 몸 주신으로 들어와도 조상님들이 엉키어 있기도 하고 여러 종류의 귀신들이 내 몸에 남아 있기도 한다. 혹, 떨어져 나갔다고 해도 기회만 있으면 침입하려고 몸 주위에 항상 맴돌거나 동반하고 있다.

지금까지 신병(神病) 또는 무병(巫病)은 인류의 불가사의한 불치병, 대대손손 대물림유전병이기 때문에 영매현상과 질병도 동반한다. 병사(病死)한 영혼(靈魂)이 살아생전에 신병(神病)으로 온 신명병마(神明病魔) '영혼(靈魂)'이 융합되어 있으면 강한

'병'으로도 발전한다. 빙의(憑依)가 되었을 때는 여러 가지 더 강한 육신의 고통, 정신적인 고통이 발생한다. 신령병마 '영혼(靈魂)'들이 체내에 돌아다니는 '영혼(靈魂)'의 병(病)과 동일한 바이러스와 공존 교섭 인력 추동으로 결합됨으로써 어느 기관 부분에 정착하면 유전병이라는 질병이 처음 업보빙의유전병(業報憑依遺傳病)인 빙의질병으로 발생하게 된다.

또는 면역성이 떨어졌을 때도 다른 외부 환경 생활 습관에 따라, 병인(病因) '기(氣)'가 통합하여 더욱더 강한 질병의 '기(氣)'가 발생할 수도 있다. 이러한 현상들이 병인연기(病因緣起)이며, 대대손손 가문의 대물림이라고 하는 **신명유전병이다.** 그래서 신명(神明)이 오실 때는 영매(靈媒)현상과 때로는 질병을 동반한다. **왜냐하면 공로를 받아 신명으로 오시는 조상님이 사망한 원인이 고통이기 때문이다.**

그런고로 신명의 업력은 조상줄로 지각감각을 통하여 각 기관 부분에 연결 고리하여 발생한다. '신명 빙의장애로 인한 영매현상으로 보면 신통 령통 화답천문 신통도술도 열리고, 조상신명의 업보에 따라 질병 또는 영매현상 없는 유전병'이 발생할 때도 있다.

천지신명줄을 받은 업보 덩어리인, 해탈하지 못한 조상신명이 남의 가정을 밝힌다는 것은 한계가 있다. 일 개 조상의 '영혼(靈魂)'일 뿐이다. 떠도는 귀신들도 사람들과 한 그물망 속에서 잠재의식이 과거과 현재, 미래 상호의존 연결되어 있어 점(占)을 볼 수 있다.

신령조상이 아닌 업보 인연에 연결된 귀신들이 함께 오게 되어 있다. 그런고로 신령으로 오신 분들의 무의식 잠재의식을 해탈시키면 조상법계에 걸림이 없기 때문에 천지에 모든 것을 점술할 수가 있다.

그래서 신명(神明)제자로 선택한 분은 '신굿(神굿)'을 하여 분리시키는 과정이라고 보면 된다. 악(惡) 업보의 조상과 귀신들을 조상신명과 분리시키고 천신줄을 제대로 잡으면 신령 무속인 제자 본인은 장애를 적게 받는다고 해서 영원히 업보가 소멸되지 않으며, 잠시 피신한 상태라고 판단하면 된다. 업보의 인연줄은 용수철처럼 연결되어 있다. 신명과 본인의 업보(業報)가 아주 가까운 부모, 자식, 형제자매, 촌수로 밀려갈 때, 여러 가지 업보 빙의장애와 질병으로 개인과 가정에 막을 수 없는 정신적 경제적 육신의 고통 환란이 발생하게 된다. 그래서 이 현상들을 신명업보 상속내림의 동일성 창출이 '신명 제자를 만들어내고' 또는 가정에' 신(神)의 환란(患亂)을 일어키는 신병(무병), 『신명빙의유전병(神明憑依遺傳病)』이라고 할 수가 있다.

현재, 신명(神明)이 오신 분 중에 신명제자 길로 가지 않는 분이나, 신병(神病)을 앓고 있는 분이나, 무속인으로 가시는 분들도 "신명빙의유전병" 환자로 인정해야 한다. 많은 제자 분들이 황당하다고 이해를 못할지는 모르나, 이제는 대체의학 치료법이 개발되었기 때문에 신병, 무병은 불가사의한 불치병이 아니다.

천지신명 조상신명이 해탈했다고 인정할 수가 있을까? 해탈하지 못했기 때문에 업보빙의장애는 여기서 발생하는 것이다.

왜냐하면 지금까지는 신병(무병)을 불가사의한 불치병으로 완치시킬 수 없는 신병(神病)이라고 해서 고통을 벗어날 방법이 신내림을 받는 외길을 선택하는 방법밖에는 없었기 때문이다. 아니면 정신적 육체적 경제적 고통을 받으면서 살아가야 하기 때문이다.

그러나 『대우주법계 대광명불 초월세계방편해탈법(大宇宙法界 大光明佛 超越世界方便解脫法)』은 신병(神病)·무병(巫病)' 불가사의(不可思議)한 불치병을 완치시키고, 가정에 환란과 후손에게도 대물림 없이 분리, 해체, 파괴, 소멸, 해탈시켜 재발이 없는, 대체의학 치료법이다.

동족 인류가 진화하는 과정에서 대대손손 조상잠재의식이 대물림[상속유전]되면서 동족 다차원적 잠재의식 그물망 안에서 서로 상호의존 연결되어 돌고 돌아 쌓여서 한 덩어리로 돌아가는 것을 동족 업보 무의식세계 또는 조상법계라고 한다. 대물림되는 혼탁한 악업보(惡業報)를 귀신이라고 한다. 귀신이 따로 있는 것이 아니고, 신명, 나쁜 관습, 질병, 정서 등 그 자체, 마음 자체가 귀신이 된다. 나쁜 의식 자체가 상속유전[대물림]된, 업보 빙의병(憑依病)이고, 빙의가 된 귀신이 신명이고, 조상 '영혼(靈魂)'과 여러 종류의 객귀(客鬼)를 동반한다.

업보빙의병(業報憑依病) 또는 귀신병(鬼神病)은 특정한 사람만 발생한다는 사회적 편견을 가지고 있다. 그렇지 않다. 모두가 노출되어 있다. 나는 빙의가 안 되고, 너는 빙의가 되고 하는 것이 아니다. 모두가 조상법계 동족 그물망 안에 실타래처럼 엉키어서 한 덩어리로 연결고리 통로가 되어 드나들고 있다. 그중에 업보빙의병(業報憑依病)이 발생하는 강약(强弱)이 있을 뿐이지, 모두가 조상법계 무의식세계와 자아가 생산한 잠재의식이 연결되어 있어서 고통스럽고 불행한 빙의장애현상이 일체중생들에게 발생한다.

신명제자가 더 중요한 것은 남의 조상 또는 신명 세계까지도 연결되는 『접신빙의장애』 귀신이 발생하기 때문이다. 이렇게 연결고리로 되어 있어서 빙의현상은 신명줄이 대물림되는 천지신명, 조상신명이 『접신유전빙의병』의 원인이 된다.

불교, 기독교, 천주교, 개신교, 증산교 등, **여러 종교**가 정착 생존하기 위해 원시시대를 지나서 고대국가로 인정한 단군에서 현재까지 국사정치신앙, 토속신앙, 천신신앙, 칠성신앙, 산신신앙, 도교, 주역의 하도낙서 28숙, 음양오행 64괘, 철학적 운명학, 성명학, 관상학, 운명론, 우연론, 사주팔자, 풍수지리, 도교, 칠성천신신앙, 유교 조상숭배사상, 조상기제사, 명절제사, 묘사 등의 유교사상 등 **여러 가지 토속신앙과 습합하여 또 다른 종교타력기복신앙이 발전하게 되었다.**

여러 신앙들이 결합하여 무속신앙으로 내려오면서 점(占)을 보고 굿(仸)을 하고 신명과 조상들에게 빌고 믿고 따르는 전통 타력기복의식사상들이 대대손손 신명(神明)과 조상 영혼(靈魂) 들의 빙의장애유전병(遺傳病)이며 **종교타력기복신앙들이 상속 유전되어 이 시대가 개인과 가정 사회가 종교신(宗敎神)의 환란(患 亂)이 더욱 더 강하게 오고 있다.**

신병 또는 무병(巫病)이라고 하는 불가사의한 유전병은 개인과 가정의 경제를 파탄시키고, 사회적으로 고립된 생활을 하게 되며, 불치병으로 사망의 원인이 되기도 한다.

한국 반만년의 역사가 내려오면서 단 몇 차례라도 국민의 의식들 을 정화시켰더라면 이렇게까지 신(神)의 환란(患亂), 인간의 혼란 (混亂) 시대가 오지 않았다고 본다. 그리고 현재는 업보빙의장애가 범죄의 주범이 되기도 한다.

범죄 심리학자들은 여러 가지 해석과 진단을 내리고 있지만, 깊이 파고 들어가 보면 잠재의식의 업보빙의장애가 현실로 발생하 는 것을 볼 수 있다.

현실적으로 우리가 경험하고 있는 업보빙의장애는 가까운 부모, 형제, 친가, 외가 제일 가까운 씨족조상으로부터 강하게 발생하지 만, 한국은 씨족조상인 윗대에서 단군으로부터 진화하는 과정에서 잠재의식이 상속 대물림되어 신령과 조상귀신 유전병(대물림), 조상줄로 업보빙의장애 현상들이 발생한다.

그리고 **인간의 인연 관계는 여러 가지 선·악의 업보가 왕래할**

수 있는 통로가 연결되어 있다. 인연을 끊어도 서로 악업과보(惡業果報)로 인한 인과응보로 나쁜 조상귀신들이 왕래한다.

흔한 예를 들면, 이혼을 했다고 해서 모든 인연이 끊어진 것이 아니다. 조상업보로 인하여 조상귀신이 서로 왕래하게 되어 있다. 그리고 성행위로 인한 인연법으로 양가 조상귀신들의 통로가 생겨 서로 왕래하며 빙의장애가 알게 모르게 발생하게 된다. 성행위는 "인간 씨" 생명을 생산하는 성스러운 행위이기 때문에 남녀의 잠재의식의 조상 "기"가 내통하는 곳으로 양가 조상줄이 통로가 생겨서 나도 모르게 상대조상의 귀신이 업보빙의(業報憑依)가 된다는 사실이다. 인간의 올바른 마음은 멀어지고 마음의 정도는 속임수로 변화하고 마음이 안정되지 못하여 과격해지고 남자는 여자를, 여자는 남자를 찾아 헤매는 양가업보 원앙귀신 빙의장애 성문화가 발달하고 있다.

이 모든 성행위는 불행한 인과응보(因果應報)를 그대로 받게 됨으로 결혼생활이 파탄이 일어나고 남녀 관계가 올바르지 못하며 사생활이 엉망이 된다. 나도 모르게 내 마음대로 되지 않는다. 내 마음인양 오착하고 살아가고 있다. 그 결과는 성행위한 남녀 각각 조상이 내 몸에 왕래하며 인연된 원앙귀신이 빙의상태로 살아가고 있는 성문화 업보빙의병(業報憑依病)인 빙의장애 발생의 원천이다. 이러한 귀신을 몸에 감고 정상적인 사회생활 결혼생활을 할 수 있을까? 인간 존엄에 상처를 주는 성문화가 발전하고 있다.

그래서 이 몸을 가지고 있는 한, 어떠한 조건에서 성행위를 했다면 서로 상대의 조상의 나쁜 귀신들이 왕래하는 업보원앙빙의장애가 발생한다는 것을 꼭 명심해야 한다. **남녀가 서로 좋아서 성행위하고 헤어져도 나도 모르게 상대의 아주 나쁜 원앙귀신들이 빙의장애가 되어 서로 왕래한다. 때로는 자궁에 상대원앙귀신이 자리 잡아 내 집이라고 주장하면서 다른 인간씨(정충)가 안착할 수 없게 하는 불임 발생원인도 많다.** 여러 가지 원인들이 나도 모르게 발생하여 결혼생활을 제대로 할 수가 없고, 이혼, 재혼을 하고 다른 남녀를 만나 결혼을 하여 출생한 자식에게도 과거 성행위한 조상귀신이 왕래하여 업보빙의현상이 알게 모르게 표출된다. **다른 상대를 만나 생산한 사랑하는 자식에게까지 과거의 성행위로 인한 업보빙의병 (業報憑依病)이 발생된다는 엄청난 사실들이 소름이 끼친다.** 이 후손들이 성장한 사회 환경은 불 보듯 뻔하다.

그리고 부모가 부부가 아닌 사람과 성행위를 한다면 금이야 옥이야 키운 자식 후손에게까지도 업보빙의병 장애가 발생하게 된다. 이러한 현상들이 발생하고 있는데, 현대사회에서 대책 없는 성문화 개방은 사회적 업보 빙의병(憑依病) 발생을 만들고 있는 원천이 되고 있다.

그리고 부모는 부부가 아닌 다른 사람과 성행위를 하면 양가 조상업보가 본인들은 당연하겠지만, 자식과 후손들에게까지 인과 응보가 발생하는데, 그것도 모르고 날뛰는 성문화가 옥이야 금이야 키운 자식이 성인이 되어 결혼을 한 자식에게까지 업보빙의장애가 연결되어 발생한다는 이치를 알고 행동을 하고 있는지 의문스럽다.

『대우주법계 대광명불 초월세계방편해탈법(大宇宙法界 大光明佛 超越世界方便解脫法)』은 성행위로 인한 인과응보, 이혼으로 인한 인과응보를 파괴, 소멸, 해탈시킬 수 있는 대체의학 치료법이다.

그런고로, 어느 종교이든 인간 인연법에 동족부모조상 줄에서는 자유로울 수가 없다는 것이 증명된다. 토속신앙과 종교는 조상보다는 후자라는 것이다. 토속신앙단체나 종교단체는 진리를 앞세워 비정상적인 진리로 포장하지 말고, 현실적 실질적으로 조상줄에서 **업보빙의장애**(業報憑依障礙)가 안 된다고 주장을 하려면 확실한 증명을 내놓아야 한다.

그리고 자연발생 빙의장애라고 하면 그에 상응하는 인정할 수 있는 빙의장애치료법을 제시해야 한다. 그렇지 않고서는 이치에도 맞지 않은 종교의 진리와 퇴마의식을 가지고 이 몸을 생산한 조상님들을 묵살하거나 아무렇게나 방치해서는 안 된다.

토속신앙과 종교단체가 생존하기 위해서 비정상적인 방편으로 진리를 포장하여 전통적 의례적 의도적 의식행사로 금품을 받는

것은, 참된 진리에 먹칠하는 용서받지 못할 인과응보 축귀방편(逐鬼方便)이다. 종교단체들이 살아남기 위한 생존경쟁 방법으로 볼 수밖에 없다. 가랑비에 옷이 젖듯이 사소한 것이 이 사회를 병들게 한다. 대혼란의 사회를 정화(淨化)시키기 위해서라도 근절되기 바라는 마음이다. 이제는 그렇게 굴러갈 수도 없다. "이제부터는 현실에서 토속신앙과 종교단체의 인과응보(因果應報)"가 너나 할 것 없이 여러 가지 현상으로 발생하게 된다.

신(神)의 환란(患亂)이 일어난 신명(神明)의 세계를 면밀히 분석하여 선(善)·악(惡)의 나쁜 잠재의식들을 분리, 해체, 파괴, 소멸시켜 신명들을 해탈(解脫)시킬 수 있는 방법은 『대우주법계 대광명불 초월세계방편해탈법(大宇宙法界 大光明佛 超越世界方便解脫法)』의 대체의학 치료법뿐이다.

이 의식사상들이 융합되어 진화 과정에서 동족조상의 무의식세계 유전자가 대물림 상속되면서 인간에게 '복덕(福德)'보다는 '해(害)'를 주는 많은 신명(神明)들 귀신들을 만들어냈다. 이것은 어느 누구도 부정할 수가 없는 이치이다.

신앙 의식사상이 인류에게 환란을 줌으로써 상속의식 자체를 해체(解體)해서 무명(無明), 갈애(渴愛), 집착(執著)에 시비되는 연결고리를 면밀히 분석하고 가려내고, 신명, 조상영혼(靈魂),

귀신, 질병 등 서로 엉키어 돌아가는 조상의 무의식세계 후손의 잠재의식들이 인간에게 '해(害)'를 주는 업보의 마귀(魔鬼), 나쁜 무의식세계 잠재의식들을 분리, 해체, 파괴, 소멸, 정화시켜야 한다. 갈 곳이 없어 구천에서 헤매는 죽음의 '영혼(靈魂)'들의 잠재의식을 분리, 해체, 파괴, 소멸, 해탈시킴으로써 '영혼(靈魂)'들이 만복을 누리며 안락하게 쉴 수 있는 곳을 마련해 주어, 돌아오지 못하는 극(極)이 다른 안락(安樂)한 극락세계(彌勒極樂世界)로 극락왕생(極樂往生)시키는 것이 『대우주법계 대광명불 초월세계방편해탈법(大宇宙法界 大光明佛 超越世界方便解脫法)』이다.

그러므로 대상이 되는 신명과 조상영혼(靈魂), 귀신, 유전병, 빙의병 등을 분리, 해체, 파괴, 소멸, 정화하면 인연(因緣)이 파괴 소멸되어 끊어져 돌아올 수 없는 극(極)이 다른 세계로 극락왕생했기 때문에, 신병(巫病), 영매현상도 소멸되어 완치(完治)가 되고, 신명유전병도 예방과 완치가 된다. 당연히 신명빙의병은 소멸된다.

현재 신명(神明)의 장애로 인하여 불치병으로 고생하시는 분도 병원과 통합치료를 받게 되면 놀라운 효과를 볼 수가 있다. 예방 차원에서 어느 누구 할 것 없이 전체 국민이 초월세계방편해탈법 대체의학 예방과 치료를 받아야 유전빙의장애인 업보빙의병(業報憑依病)에서 벗어날 수가 있다.

『대우주법계 대광명불 초월세계방편해탈법(大宇宙法界 大光明佛 超越世界方便解脫法)』으로 예방치료법을 법제화하는 데,

하루 속히 사회적인 공감대가 이루어졌으면 하는 바람이다. 그래야만 천지신명 부모조상의 혼탁한 업보줄로 인한 모든 빙의장애, 신병(무병), 유전병, 병의병, 불가사의하게 발생하는 불치병에서 벗어날 수가 있다. 그래야만 개인, 가정, 사회가 정화가 된다.

6. 국사신앙, 도교 유교 조상숭배 사상 (제사, 장례문화) 으로 빙의유전병 발생

공자는 '무릇 모든 효는 덕의 근본이며 모든 가르침이 여기서 시작되는 것'이라고 하였다. 공자가 말한 이 효의 근본정신은 극진한 사랑과 은혜를 베풀어 준 부모와 선조에 감사하는 마음이다. 즉, '제사를 모심에 정성을 다해서 모시면 제사를 지내는 대상이 있는 뜻이 느껴지는 것이고, 제사를 모심에 정성이 없으면 제사를 지내는 대상이 없는 것이다'라고 전하였다.

우리는 원시시대 상고시대에서 단군시대에서 조선시대에 이르기까지 중앙 정치수단으로 세력을 모으기 위해서 천신하강 신화를 만들었다. 성스러운 명산(名山)에 하강하여 산왕(山王)으로서의 역할을 맡아 백성을 다스리는 천신신앙, 산신신앙, 골골 마을마다 당산서낭, 당산천왕을 모시는 신앙이 마을 수호신으로 신명을 탄생시켰다. 민중의 고난을 위로하는 차원에서 조상숭배, 매장, 제사문화를 서민들에게 활성화시켰다.

이러한 정치적 목적 사상이 아직까지도 정치적 수단 도구인 피상물로 파생된 구시대의 정치문화가 민간신앙으로 변천하여 고통을 받게 하고 선한 백성들을 이용하여 중앙 정치의 목적을 달성하기 위해 신(神)들로 묶어서 볼모로 잡아 정치 세력을 확장하여 왕권을 이어 왔다. 이제 와서 보면 국사신앙이 백성을 위한 정치인지 지배세력을 위한 정치인지 의문이 갈 수밖에 없는 상황이다. 정치 수단으로 설화로 탄생시킨 신들의 역사가 백성들의 삶에 파고 들어와 환란을 일으키는 신유전병(神遺傳病), 나쁜 인성(人性)들을 만들어 업보빙의장애(業報憑依障礙)인 신빙의병(神憑依病)를 발생시키고 있는 현실이다.

오직 왕권을 지키기 위한 정치로 **백성을 볼모로 잡아** 저지른 일들이 작금에 와서 조상신들이 대대손손 조상줄로, **동족 신유전병(神傳染病)으로 번지고 있다.** 개인과 가정 사회에 환란을 일으키는 주범이 된 것이다. 국민들의 의식은 알게 모르게 병들어가고 개인과 가정, 사회가 파괴되어 가고 있다.

지금의 국가 지도자들은 모두가 똑똑하다고 외치고 있지만, 현실의 정치 지도자들은 과거와 현재 정치병으로 국민이 망가지고 있는 이유를 알고 있는지? 지금의 정치 수단도 의문이 아니 갈 수 없다. 세계의 일등 국민성(國民性)에 존엄에 상처를 주지 말고 행복하고 평화로운 사회를 건설해야 한다. 내가 한 짓이 아니라고 외면하고 있다면 국민을 위한 정치지도자라고 자부할 수 있겠는가? 어질고 순수한 국민들이 고통을 받는 것이 안타까운 현실이다. 더 이상 그냥 두고 볼 수가 없다. **정치인들도 현실에서 인과응보가 발생하게 되며,** 국사천지신명들과 조상신명들을 분리, 해체, 파괴, 소멸시키고 인과응보로 정치문화를 정화시키는 법, 『**대우주법계 대광명불 초월세계방편해탈법(大宇宙法界 大光明佛 超越世界方 便解脫法)**』이 정치, 경제, 사회, 문화, 신앙 등을 불문하고 정치지도자, '입법, 사법, 행정'의 공무원, 사업가, 종교지도자, 무속인 단체 등은 국민을 위한 평화(平和)를 위한 일체수단이 아니면, 현실(現實)에서 "인과응보(因果應報)"가 어떠한 형태(정신적 육체적 경제적)로든 업보를 받게 되는 시대가 열렸다.

조선시대에 정치 세력을 모으기 위해서 민중의 고난을 위로하는 차원에서 조상숭배, 매장, 제사문화를 서민들에게 활성화시켜 민심을 결집시킨 것은 정치적 목적에 불과했다. 이러한 정치적 목적으로 진화한 국사신앙이 민간신앙으로 자리 잡아 신명의 대물림과 조상숭배로 인한 조상빙의장애가 발생하는 것이 작금에 안타까운 현실이라 아니할 수가 없다.

국사신앙에 신명이 작용하는 잠재의식의 '기(氣, Energy)'를 분리, 해체, 파괴, 소멸, 정화시켜 인간세상과 극(極)이 다른 돌아올 수 없는 극락세계로 왕생극락시키면, 죽음의 영혼과 육신이 분리되어 물질인 육신은 사대[지(地)·수(水)·화(火)·풍(風)]로 분해되어 자연으로 되돌아가게 된다. 죽은 조상의 시신(屍身)의 의미는 후손과 무관(無關)하다. 잠재의식의 '기(氣, Energy)'가 소멸되게 하는 것이 『대우주법계 대광명불 초월세계방편해탈법(大宇宙法界 大光明佛 超越世界方便解脫法)』이다. 죽은 영혼(靈魂)의 의식이 소멸된 시신(屍身)을 모셔 놓고 살아생전의 인연에 얽매여 놓지를 못하는 것이 이차적 조상제사업보로 빙의장애병(憑依障礙病))을 초래하는 원천이 된다.

조상제사는 조선왕조가 숭유배불 정책에 따라 유교를 국시로 삼고 국민들에게 조상숭배사상과 매장문화, 제사문화를 보급하면서 본격적으로 시행되었다고 본다. 그러나 우리나라에서 유교식 조상제사가 형성된 것은 그보다 훨씬 더 전의 일이다. 유교적 조상제사에 관한 기록은 삼국시대 때부터 나타난다. 백제 황화왕(黃禾王) 287년에 온조왕(溫祚王)의 묘에 유교식 제사를 지냈다. 신라 진평왕(眞平王) 586년에는 예부를 설치했다. **고려 말에는 중국에서 성리학이 도입되었고, 사대부들이 「주자가례(朱子家禮)」에 따라 조상제사를 지냈다.**

고대 삼국에서는 시조 탄간지와 시조 능을 신성시하여 신궁과 시조 묘를 설치하였다. 그리고 새로운 왕이 등극할 때마다 시조 묘나 신궁에서 즉위의례를 거행하였다. 시조왕의 신성성은 이후 즉위하는 왕들의 권위의 원천이었던 까닭에, 이 즉위의례는 왕권의 정통성과 신성함을 증명하는 중요한 절차였다. 당시 고대인들은 현실적인 삶이 지속되고 편안하기를 희구하는 마음, 그리고 영원히 재생되는 삶에 대한 바람으로 이러한 의례를 거행하였다. **이러한 의례를 통해 건국시조는 왕실의 조상이자 국가구성원 전체의 조상으로 강조되었고, 이것이 우리나라 조상숭배사상의 기원이 되었다고 볼 수가 있다.**

조선시대의 통치자들은 유교 통치이념을 확립하기 위해 두 가지 노력을 했다.

첫째는 유교적 질서를 법제화하는 일이었다. 그들은 「**주자가례(朱子家禮)**」를 원본으로 유교식 조상제사에 관한 많은 예서를 만들고, 유교의 정치적 지위를 법제화시켰다.

둘째는, 조선시대의 통치자들은 유교입국이라는 국시(國是)에 따라 숭유배불(崇儒排佛)을 정책기조로 삼았으며, 정치적으로는 유학자들이 실권을 장악하게 되었다. 경제적으로는 불교에 대한 재정적 지원이 대폭 감소했다.

조선은 개국과 더불어 유교적 정치이념을 추구하는 한편, 다양한 정치세력을 확보하여 국가 기반을 단단하게 구축하기 위해 양반 관료제도를 정비하고 신분제도를 재편성하였다. 그리고 조선시대의 새로운 사회 규범으로서 유교 윤리를 내세웠다. **조선왕조는 숭유배불 정책을 통해서 양반층부터 서민에 이르기까지 유교식 조상제사를 보급했다, 이것이 바로 현대에까지 이어지는 조상제사**

와 장례(葬禮)문화가 빙의장애 현상인 조상업보 빙의병(憑依病)의 원천이 된 것이다.

조선왕조가 조상숭배사상을 고취하고, 매장문화와 제사문화를 서민들에게 적극적으로 보급한 것은 백성들의 고난과 생활상의 어려움을 어루만져 주고 베풀어주는 듯한 정책으로 성난 민심을 위로하고 결집시키기 위한 정치적 목적이 깔려 있었다. 다시 말하면, 조선시대 지배세력의 정치적 목적을 달성하기 위한 도구이자 수단에 불과했던 조상숭배사상은 민간신앙으로 발전하여 지금에 이르게 된 것이다.『대우주법계 대광명불 초월세계방편해탈법(大宇宙法界 大光明佛 超越世界方便解脫法)』은 유교 조상숭배사상 장례문화, 제사문화 장애를 분리, 해체, 파괴, 소멸시킬 수 있다.

조상숭배사상과 함께 널리 보급된 것이 풍수지리이다. 풍수지리(風水地理)란 음양론과 오행설을 기반으로 한 주역의 체제를 주요한 논리구조로 삼는 한국과 중국의 전통적인 지리과학으로, 길(吉)함을 따르고 흉(凶)함을 피하는 것을 목적으로 하는 현대 **상지기술과학이라 한다.** 풍수지리에 따르면, 하늘과 땅 사이에는 정기(精氣)가 충만하여 지하로 흐르거나 바람과 물을 따라 유동한다. 지형과 지세에 따라 이 정기(精氣)의 강약과 성질이 다르기 때문에 좋은 정기가 강하게 뭉쳐진 곳을 찾아 도읍을 정하거나 개인의 주거를 선택하면 그곳에 사는 사람들이 복을 받는다는 것이다. 또한, 조상의 유골을 매장할 때도 명당자리에 묘 터를 쓰면 후손들이 길(吉)하고 복을 받는다고 한다. 이처럼 풍수지리는 지형과 지세를 살펴 거주자나 후손의 길(吉)함과 흉(凶)함을 암시하는 진혈(眞穴)을 찾는 것을 목표로 하고 있다.

풍수지리(風水地理)를 보면, [용(龍). 혈(穴). 사(砂). 주산(主山). 청룡(靑龍)과 백호(白虎). 주작(朱雀). 수(水)의 중요성. 수구(水口). 향(向). 비보풍수]로 구성 요건을 갖추고 있지만, 모두가 음양오행(陰陽五行) 원리라는 것이다. **음양오행(陰陽五行)을 이용하여 신(神)이 주제된 신명(神明)이 역할을 한다. 그러면 신명(神明)의 역할에 따라 길(吉)-흉(凶) 현상이 일어난다는 것이다.** 그래서 조상이 복(福)을 주는 것이라고 하지만, 후자인 것이다. 신명(神明)에서 부정(不淨)이 들면(앞에서 밝혔지만, 신령 앞에는 귀신의 장애가 너무나 많다.) 묘(墓)에 탈(묘 동토라고도 한다)이 나면 가정에 우환, 질병, 재난, 급살 사고 등 여러 가지 흉(凶)한 일이 발생하기 때문에 **득(得)보다는 실(失)이 더 많다는 것이다.** 그렇다고 해서 망자들의 묘(墓), 납골당 등을 함부로 훼손한다든가 시체를 방치해서 오는 피해도 치명적이니 견고망덕(譴告亡德)한 행위는 삼가하는 것이 좋다. 이러한 현상들이 현실에서 나타나고 있는데도 모르고 남들이 하니까 나도 해야 한다는 욕심으로 과학적 현실적으로 해석이 안 되는 불상사(不祥事)가 내 가정에서 알게 모르게 일어나게 된다.

풍수지리도 인간이 만들어서 고통을 받은 것이다. 풍수지리에서

작용하는 모든 현상을 볼 때, 득(得)보다는 실(失)이 더 많은 신령(神靈)의 조화라는 것을 알 수가 있다. 일체 주역 풍수지리법을 『대우주법계 대광명불 초월세계방편해탈법(大宇宙法界 大光明佛 超越世界方便解脫法)』으로 분리, 해체, 파괴, 소멸시키므로 주역 풍수지리 업보 빙의장애에서 벗어날 수가 있다

이러한 세속신앙, 조상숭배사상과 풍습들, 정치적 유교적 여러 의식사상은 상고시대에서 단군 이래 현재까지 토속신앙, 천신신앙, 도교, 주역의 음양오행 십간십이지 육십갑자, 사주팔자 64괘, 철학적 운명학, 성명학, 관상학, 사주팔자, 풍수지리, 도교천신칠성사상, 유교, 조상숭배사상 등 여러 신앙(信仰), 불교, 천주교, 개신교, 증산교, 이슬람교 등 여러 종교(宗敎)가 정착하여 생존하기 위해 토속신앙과 습합하여 교단의 진리를 펴고 있다. 신의 세계 무속신앙을 보면 점을 보고 굿을 하는 축귀법(逐鬼法)을 사용하였다. 조상천도, 종교의식, 국사신앙 자체가 조상들의 신(神)의 환란이라는 것이 증명이 된다.

그리고 곳곳마다 여러 축생과 사람이 죽으면 그곳의 환경물질과 시체(屍體)가 허물어진 곳에 살아생전의 잠재의식에 육신(肉身)의 의식작용이 정지된 '영혼(靈魂)'이 가라앉으면서 머물게 된다. 그곳에 있는 마귀들과 혼탁한 조상 '영혼'의 일부가 가라앉게 된다.

지금의 장례문화를 보면 매장, 납골당, 자연장, 수목장, 평장, 부도장, 수장(水葬), 허공장, 도교, 유교, 불교, 천주교, 개신교,

토속, 무속신앙 등 정치신앙, 종교신앙이 만들어 낸 범국민적 장례문화로서, 인간에게 고통을 주는 2차 조상업보로 빙의장애 원천이 되고 있다.

세상 어디에나 여러 종류의 죽은 시체(屍體)가 겹겹이 쌓여있다는 것을 인식하여야 한다. 매장, 납골당, 수목장, 자연장, 수장(水葬), 부도장 등 인위적인 귀신 집합장소는 종합적인 혼탁한 귀신(鬼神)이 모인 곳이다. 조상을 숭배하고 애도하고 소원을 빌면 이루어진다는 유교 조상숭배사상이 전래하여 생활권에 타력기복신앙이 토착화되었다. 사망한 조상들은 살아생전에 업보로 인하여 혼탁(混濁)한 조상의 영혼(靈魂)들이 복을 준다는 믿음의 세속법이 도리어 재앙을 받게 되는 것을 모르고, **후자적인 빙의장애(憑依障礙)를 인간 스스로 만들어 놓고 인간이 당하고 있으니 이 얼마나 어리석고 불쌍하고 무지한 의식들인가.**

그래서 정치적 수단의 도구인 피상물로 파생된, 정화되지 못한 유교 조상숭배사상, 제사, 장례문화 의식 자체가 귀신(鬼神) 행사이고, 후자로 빙의장애인 유전귀신 질병을 만들고 있다.

참된 장례문화를 정착시키기 위해서는 시신(屍身)을 화장해서 자연으로 돌려보내야 한다. 대표 상주가 화장한 유골을 흉하지 않게 깨끗한 창호지에 담아 산이나 평야의 깨끗한 곳에 가서 짐승들이 훼손하지 않도록 흙 속에 보이지 않게 표식(表式) 없이 정리하는 것이 망자가 생전에 쓰고 남은 몸을 『대우주법계 대광명불 초월세계방편해탈법(大宇宙法界 大光明佛 超越世界方便解脫法)』으로 육신의 물질을 자연으로 돌려보내는 자연장례 절차이다. 조상님의 은혜에 보답하는 허구세계(虛構世界) 조상천도 49재가 아닌, 3재 조상천도로 극락세계 극락왕생 마감 절차로 해야 한다.

　그래서 3재 조상천도재는 허물어진 망자의 시신(屍身)의 경계, 시공간(時空間)을 초월한 '양면해탈(兩面解脫)'은 『대우주법계 대광명불 초월세계방편해탈법(大宇宙法界 大光明佛 超越世界方便解脫法)』으로 생(生)·사(死) 중생들의 집착된 선악(善惡)의 혼탁한 업식(業識)은 분리, 해체, 파괴, 소멸된다. 즉, 말하자면 대대손손 내려온 조상법계의 무의식세계 정신+육신이 상호 의지, 의식작용하여 만든 잠재의식과 망자의 일체의식을 분리, 해체, 파괴, 소멸시킨다. 그래서 허물어진 시신(屍身)은 망자의 영혼(靈魂)에서 떨어져 나가 자연으로 돌아간다. 그리고 맑고 깨끗하고 걸림이 없는 이고득락(離苦得樂)한 영혼(靈魂)은 영탁(暎卓)스님이 건설한 이고득락(離苦得樂) 조상해탈궁으로 극락왕생할 수가 있다. 이것이 정신해탈, 육신해탈의 양면해탈법(兩面解脫法)이다.

　자연장례와 3재천도재를 지내고 나면 죽음의 '영혼(靈魂)'은 이고득락(離苦得樂) 안락한 극락세계로 떠나고 없다. 시신은 조상 '영혼(靈魂)'이 살아생전에 쓰고 버린 물질일 뿐이다. 그리고 죽음의 '영혼(靈魂)'도 없어져, 망자의 무덤을 찾을 이유가 없어진다. 그래서 조상 영혼(靈魂)이 극락왕생하고 안 계시는데, 조상제사가 의미가 상실되는 것이다.

　현재까지 일반에 통용되는 장례절차로는 여러 종교 교단에서 49재, 각 교단 의례 등, 여러 가지 조상천도재가 있지만, 망자가 왕생극락하지 못하고 있는 현실이다. 조상 영혼(靈魂)들이 후손들에게 여러 가지 고통의 빙의장애를 많이 주는 것은 바로 조상숭배사상 때문이다. 유교의 '효(孝)'사상이 골수에 박힌 우리 국민들은 후손들에게 만복을 주시고 장애를 주지 말고 좋은 곳에서 잘 지내시라고 은혜 보답하는 마음으로 조상제사를 지내왔다. 그러나 장례 제사문화가 갈수록 고급화되고 비정상적으로 발달하면서 환경오염과 과소비를 부추기는 등 여러 가지 사회문제를 야기하고 있다. **장례, 제사문화가 도리어 이차적인 조상빙의장애와 귀신 마귀들을 만들고 있다.** 제사문제가 이혼사유로 가정을 파괴시키고 있는 조상제사 후유증도 나타나고 있는 현실이다.

　고조선 건국신화의 단군왕검이 무왕 국사신명(神明)으로 신격화 되고, 외래신앙인 도교 천신칠성신앙, 유교신앙들도 앞장서서 한국의 국사신앙, 조상숭배 고대 샤머니즘이 무속신앙으로 자리잡았다. 그로 인해 파생된 신명(神明)은 본인의 의지와 달리 조상줄로 신명의 제자가 탄생하게 되는 불가사의한 **신병(神病) 무병(巫病)이 되어 현대과학에서 치료될 수 없는 불가사의한 불치병으로 단정하고 있다.**

　하지만 그렇지 않다. 신명(神明)의식 일체 업장을 분리, 해체,

파괴, 소멸, 정화시켜 신명과 조상님들을 극락세계(極樂世界)에 극락왕생시키므로 신병(神病)은 자동으로 분리, 해체, 파괴, 소멸된다. 신명제자줄도 분리, 해체, 파괴, 소멸, 정화(淨化)시키는 『대우주법계 대광명불 초월세계방편해탈법(大宇宙法界 大光明佛 超越世界方便解脫法)』이 신병(무병)이 완치되는 대체의학 치료법이다. 그리고 조상 '영혼(靈魂)'은 돌아올 수 있는 인연이 모두 파괴, 소멸되었기 때문에 종교의 천도의식이나 후손들이 제사를 지내기 위해서 조상 '영혼(靈魂)'을 청래를 한다 해도 왕래할 수 없다. 만약, 청래를 한다면 조상이라고 하면서 다른 귀신들이 온다는 사실을 분명히 알아야 한다. 청래한 귀신에 의해 이차빙의장애가 될 수도 있다. 극(極)이 다른 돌아올 수가 없는 안락한 극락세계로 극락왕생하였기 때문에 조상제사는 의미가 상실된 것이다. 조상의 '효(孝)'사상은 극락세계로 극락왕생시키므로 후손이 해야 할 효(孝)의 도리를 다했다고 할 수 있다.

빙의장애를 근본적으로 치료하기 위해 조상줄을 분리, 해체, 파괴, 소멸시키면 조상 영혼(靈魂)이 왕래하지 못하게 된다. 그래야 조상신명(祖上神明)의 환란 업보빙의병(業報憑依病)으로 인한 영매현상, 신병(神病), 무병, 귀신병, 유전병, 빙의병이 일어나지 않는다.

그러므로 장례문화는 아주 간소하게 시신을 화장하여 자연으로 사대(지(地)·수(水)·화(火)·풍(風))로 돌려보내는 가족 자연장으로 간단하게 하는 것이 좋다. 혼탁한 조상은 "3재 조상천도재"로 혜탈시켜 돌아올 수 없는 극(極)이 다른 안락한 극락세계, 즉 이고득락(離苦得樂) 영탁스님이 건설한 조상해탈궁으로 왕생극락시킨다. 그러면 극락왕생(極樂往生)한 조상 영혼(靈魂)이 오시지 못하므로, 자연스럽게 설, 추석, 명절제사, 음력 9월 9일 중양절 제사, 기일제사, 묘사, 조상 산소, 낙골당 참배, 기복타력신앙의 의미도 사라진다.

선조의 일체조상님도 천도재를 지낼 전후에 선조의 묘는 화장을 하여 정리를 하면 된다. 아주 깊은 산속에 있는 조상의 묘는 자연으로 두어도 된다.

만약 『대우주법계 대광명불 초월세계방편해탈법(大宇宙法界 大光明佛 超越世界方便解脫法)』으로 조상님들을 극락왕생 조상천도 3재를 발원했는데, 조상제사를 지내면 다른 귀신이 빙의가 될 수가 있다. 어떠한 경우라도 어떤 이유로 조상줄을 만들면 빙의장애 발생 원천이 되기 때문에 조상숭배 제사 행위를 해서는 안된다.

7. 천지신명과 유전(내림)병은
조상줄로 업보빙의장애 발생

창조적, 정치적 신화적, 마법적, 실존적, 동족적으로 치밀하게 조직된 사회생활의 인연으로 신명(神明) 업보가 조상줄을 타고 대대손손 본인에게까지 대물림(유전)되어 본인의 의도와 달리 신명제자(神明弟子)가 된다.

근대 토속무속신앙은 바로 조상줄로 연결되어 삶의 길흉화복을 예언하고 본인과 가족 그리고 타인의 소원들이 성취되도록 빌고, 액난액살 흉악스러운 것들을 소멸시킬 목적으로 신(神)들이 주재하는 곳을 선택하여 행사(굿)를 한다. 실제로 많은 수의 **업보빙의병(業報憑依病)** 환자들이 굿과 같은 전통적인 **무속인제자의 영적인 치료를 받아왔다.** 귀신을 내쫓거나 막기 위해 무당이나 민간인들이 주로 사용했던 **신명축귀법(神明逐鬼法)**은 **가무법(歌舞法), 근심법(謹審法), 구타법(毆打法), 위협법(威脅法), 화공법(火攻法), 자상법(仔詳法), 봉박법(封駁法), 곡물법(貢物法), 부적법(符籍法), 차력법(借力法), 음식법(飮食法), 교묘법(高妙法), 순종법(順從法), 오감법(五感法), 접촉법(接觸法)** 등으로 액난액살소멸 퇴마의식, 조상천도 의식이 있다. 개중에는 인간에게 다소 도움을 주는 것도 있었지만, 대체로 이론 근거가 희박한 것이 사실이다. 이로 인한 믿음으로 업보빙의장애가 발생하게 된다.

대부분의 토속무속신앙(土俗巫俗信仰)은 개인의 욕망 성취라는 집착에 얽매여 있다. 반면에 '신명(神明))'을 받은 자는 '신(神)'에 종속되어 '신명(神明)'이 바라는 대로 행(行)하지 않으면 엄청난 정신적, 육체적, 경제적 고통을 초래한다. 신명(神明)에 종속되어 자유를 제압당하고, 본인 생활의 전부를 지배당하게 된다.

그래서 **신명축귀법(神明逐鬼法)은 가무법, 근심법, 구타법, 위협법, 화공법, 자상법, 봉박법, 공물법, 부적법, 차력법, 음식법, 고묘법, 순종법, 오감법, 접촉법 등으로 액난액살소멸 퇴마의식, 소원을 성취하기 위한 조상천도 등 무속 여러 의식들을 『대우주법계 대광명불 초월세계방편해탈법(大宇宙法界 大光明佛 超越世界 方便解脱法)』으로 분리, 해체, 파괴, 소멸시키면 무속신앙 그리고 풍습에 깔려있는 국민의 정서 신명축귀법이 소멸된다.**

흔히 신명을 '자연신', '조상신' 등으로 분류하지만, 따지고 보면 각 나라별 통틀어서 동족의 '조상신(祖上神)' 외에는 없다. **자연계에는 본래 신(神)이 존재하지 않았다.** 동족의 망자(亡者)가 자연계 천지신명으로, 창조신으로 신격화되어 백성을 다스리는 종족의 천지신명(天地神明)은 자연계 현상에서 일어나는 사건들을 동족의 신명(神明)이 해결하는 역할을 하고 있다고 믿었다.

자연계 현상에 비하면, 인간계는 아주 극소수 변화에 불과하다. 동족의 조상줄로 내려올 때는 대대손손 내려오는 업장(業障)을 소멸시켜, 혼란스러운 사회를 건전하고 행복한 사회를 이룩해보자는 이승과 저승 간의 의식 정화를 위한 의식적 통치였다고 볼 수도 있다. 천지신명을 신선적, 절대적, 창조적 숭배 신명(神明)으로 받들어 재난을 막고 수명장수 복덕을 비는 것이다.

국사신앙은 왕권과 전쟁과 천재지변의 재난을 막아 국가안녕과 정치적 결합을 추구하는 정치적 도구로서의 민간신앙으로 전락하게 된 것이다.

우리나라 정착한 여러 종교가 토착화하기까지가 태고(太古) 원시시대에서 고대국가를 거쳐 현재에 이르기까지 대대손손 조상줄이 후손에게 연결되어 동족이 진화해 내려오는 『무의식세계』를 만든 과정에서, 한국의 샤머니즘 원시신앙과 단군신화의 칠성신앙, 천신신앙, 국사정치신앙, 산신신앙, 중국 도교칠성신앙, 조상신, 토속신앙이 여러 종교와 결합하여 토속무속신앙으로 형성되어 왔다. 이 토속무속신앙은 중국의 옥황상제(玉皇上帝), 태상노군(太上老君), 보화천존(普化天尊), 칠성(七星), 북극성(北極星) 등 성황(星隍), 당산, 조왕(竈王) 외에도 태을성(太乙星), 자미성(紫微星) 등 다양한 신(神)을 신봉하는 도교신앙 등의 여러 종교와 결합하고, 산신신앙, 칠성신앙, 유교의 조상숭배신앙, 토속신앙 등 여러 신앙들이 결합하는 과정에서 전래적 토속신앙의 속성들이 스며들면서 지금까지 종교가 유지되어 왔다.

이러한 과정에서 불교, 천주교, 개신교, 기독교 등 여러 종교가 한국에 정착하기 위해 부분별로 토속신앙이 알게 모르게 습합되어 전승되는 과정에서 토속신앙사상들이 서로 조건 지어 통합하여 타력기복종교 신앙으로 발전하게 되었다. 그래서 정화되지 못한 천지신명, 조상신명, 각 종교단체가 현재 타력기복신앙으로 가는 자체가 귀신(鬼神), 마귀(魔鬼)를 만들어서 여러 가지 종교적 빙의 장애, 신병, 업보빙의병을 만들어 내는 원천이 된다.

종교의 진리 그물망 속에는 수많은 각 진리를 토대로 신들의 세계가 알게 모르게 지능적으로 습화(濕化)되어 연계(聯啓)하여 상속적으로 업력의 성질에 따라 융합하며, 펼쳐지고 있다. 파생된 산물이 빙의되는 근본 의식의 대상이 조상(祖上)이다. 잠재의식 흐름의 근본 빙의 영혼(靈魂)이 조상줄에서 발생한다는 사실을 부정할 수가 없다. 그래서 인간이 종교(宗敎)와 신앙(信仰)으로부터 태어난 것이 아니므로, 종교와 신앙이 조상보다 후자(後者)라는 것은 분명하다. 그러나 조상법계에 인간들이 종교와 각종 신앙들을 덮어 씌웠다. 그래서 조상님들을 해탈시키기 위해서는 종교와 각종 신앙들을 먼저 분리, 해체시켜야 한다.

현실적으로 현대 과학자들이 증명할 수 없는, 상상을 초월하는 많은 일들이 다발적으로 발생하고 있다. 인간에게 나타나는 현상을 몇 가지 살펴보면, 타고난 성격, 빙의현상에 의한 신들림, 빙의장애 인 여러 가지 점술 영매현상들, 빙의유전병 등이 발생하고 있다. 모두가 동족조상의 진화 과정의 경험한 잠재의식이 상속 유전되는 과정에서 발생하는 신병(神病) 또는 유전적 빙의장애를 발생시키는 업보『빙의병(possession disdrder.憑依病)』이다.

한국인에게는 단군의 피가 흐르고 있다. 칼로 단군의 피를 벤다고 해서 끊어지는 것이 아니다. 외국으로 도주한다고 해서 해결책이 되는 것도 아니고, 나에게도 부모 동족의 피가 흐르고 있다. 이 동족의 피가 신명의식과 융합하여 대물림하는 것을 동족 대물림 또는 조상유전적업보라고 한다.

우리나라는 원시시대 상고시대를 지나 단군에서 오천 년의 역사 조상줄에서 유전되는 무의식세계 잠재의식 속에는 좋은 정서와 천지신명, 영매현상과 질병, 인성 등 혼탁한 잠재의식들이 흐르고 있다. 그래서 업보빙의병(業報憑依病), 신병(神病), 영매현상과 질병은 동족 조상줄에서 빙의장애 유전병(대물림병)이 발생한다. 이러한 오천 년의 역사 속에 대대손손 대물림(유전)되는 혼탁한 잠재의식들을 『대우주법계 대광명불 초월세계방편해탈법(大宇宙法界 大光明佛 超越世界方便解脱法)』으로 분리, 해체, 파괴 소멸시키면 개인과 사회가 정화된다.

마음은 대상 없이는 일어나지 않으며, 대상에 연결되지 않고는 일어나지 않는다. [정신은 물질], [물질은 정신], 그리고 온 우주까지 상호의지 작용으로 개념적 표상의 세계로 연결되어 있다.

의식작용은 원초적인 생명체의 근원이며, 우주만물을 연결하고 있는 무궁무진한 의식의 '기(氣)'를 가지고 있다. 그렇기 때문에 의식작용은 현대과학의 토대라고 할 수 있다.

그래서 마음의 특징은 마음은 마음뿐만 아니라 온 우주까지도 생멸을 거듭하는 흐름으로 유연성적 의식작용 인연력으로 형성되어 있다. 조상무의식세계가 자아 잠재의식의 업력(業力)이 강한 쪽으로 기우는, 인력(引力) 작인(作因), 공존적(共存的) 교섭(交涉), 초월(超越)하는 추동력(推動力)을 공유하여 융합작용이 일어난다.

인류역사의 무의식세계 잠재의식은 우주만물과 끊을 수 없는 상대성 연관성으로 연결되어져 있다. 현상학적 장에서는 전 자아(前 自我)가 현재 경험하고 있는 온 우주와 여러 의식 범주에 의해 의식작용이 연결되어 현 자아(現自我)로 살아가는 것이다. 그래서 인간의 '영혼(靈魂)'은 우주만물과 교섭적(交涉的) 상호의지가 작용하는 본능을 지니고 있다.

예컨대, 죽은 영혼(靈魂)이 차가운 물로 인한 사망원인이라면 추운 영매현상이 나타나고, 질병으로 인한 사망했다면 질병의 영매현상이 발생하며, 사망원인에 따라 업보빙의장애로, 신병, 영매현상, 유전병 등 제각기 **다른 현상의 업보빙의장애(業報憑依障礙)가 발생한다.**

그러므로 인간의 '영혼(靈魂)'은 자연의 형상, 대상의 물질들과 인연에 따라 주된 성질, 모양, 역할들이 정신과 결합되어 있다.

잠재의식 자체가 상속유전자이므로 병사(病死)의 원인이 되는 병을 가진 '영혼(靈魂)'은 유전병을 발생시키는 조상 영혼(靈魂)이 주범(主犯)이다.

우리나라의 역사 속에는 천신칠성토속신앙이 있다. 지석묘(支石墓)에서 발견된 칠성석판 일곱 구멍의 칠성사상은 메소포타미아 문명보다 1800년 앞서서 천신칠성신앙이 발달했다고 학자들이 밝히고 있다. 그러나 중국 주역 천신칠성신앙이 사주팔자, 풍수지리를 만들어서 한국인의 정신(의식)세계를 지배하고 있다. 개인과 가정 그리고 신병(神病) 유전병과 사회 환란(患亂)을 일으키는 주범(主犯)이다. 신앙의식사상이 동족부모 조상줄로 유전되면서 신명귀신과 조상님들이 이미 연결되었다는 것이다. 우리가 현재 '사주팔자'가 없다고 생각해 보자. 어떤 세상이 연출될까? 사주팔자라는 의미는 신의세계 신들에게 지배를 받는다는 것이 분명하다. 그래서 하루속히 생사관의 사주팔자에서 벗어나야 한다. 이 사주팔자가 빙의장애를 발생시키는 『병의병 원천』이 된다. 사주팔자 이론자체가 빙의장애의 원천이 되고 있는 것이 확실하다. 그래서 참된 인성에 혼란을 초래하고 있다. 정신세계, 사주팔자에서 벗어나야만 대자유인이 되는 것이다.

원시시대 상고시대에서 단군 대대손손 조상무의식세계에서 현

잠재의식, 자아의식으로 내려오면서 세대별 시절인연에 따라 정신
－육신이 상호 의지하여 의식작용으로 의식이 만들어질 때마다
신명 조상 또는 선악업보의 귀신, 사주팔자 등 현 자아의식에 연결되
어 여러 종류의 질병도 유전된다. 그러므로 업보빙의장애는 피할
수 없는 필연조건(必然條件)이다. 그래서 신병(神病) 영매현상
질병, 나쁜 상속된 인성, 사주팔자 등을 통틀어서 **정신적, 육체적
유전병(대물림병)이 되는 것이다.** 그래서 본인들이 살아가는데,
자신의 잠재의식 속에서 생활에 도움이 되는 지혜가 나오지 않아,
좋은 인연법이 없어서 고생을 하게 된다.『**대우주법계 대광명불
초월세계방편해탈법(大宇宙法界 大光明佛 超越世界方便解脱
法)**』으로 국민의 정신세계를 지배하고 있는 "**토속신명, 외국신명,
외국칠성사상, 주역 생년월일 사주팔자, 풍수지리**" 조상숭배 타력
신앙 등, 나쁜 잠재의식들을 분리, 해체, 파괴, 소멸시키면, "**사주팔
자**"에서 벗어나서 독립된 밝은 자아(自我)가 될 수 있다.

영매(靈媒)현상, 그리고 여러 가지 현상들을 밝히겠지만, 유전병
은 신체의 어느 기관이나 부분에 병에 약한 유전인자도 작용하지만,
병사한 '영혼(靈魂)'이 침입하여 빙의장애를 일으킬 때는 신체의
정신(신경계)과 육신을 압박 지배함으로써, 침입한 병사한 영혼
(靈魂)의 강한 의식체가 돌출 추동력으로 지배한 신경계와 육체를
리드(Lead)한다. 살아생전에 병사(病死)한 '영혼(靈魂)'이 살아
생전의 실제적 고통의 잠재의식으로 전환하여 신체 어느 기관

또는 어느 부분에 접촉하여 신경계통을 컨트롤할 때는, 몸속에 돌아다니는 병사한 '영혼(靈魂)'의 병(病)과 동일한 바이러스와 공존적 교섭 인력작용으로 결합하여 세포가 파괴되거나 돌연변이로 인해 유전병이 발생한다. 인간의 유전체는 유전 정보일 뿐이다. 병에 약한 유전자를 가지고 태어나서 면역력이 악화되면 환경오염 물질로 인한 병이 발생할 수도 있다. 그러나 동족 조상부모로부터 내려오는 신병(神病), 영매(靈媒)현상, 질병(疾病) 등 조상의 대물림으로 내려오는 『유전병은 업보빙의병(業報憑依病)으로 인해 발생한다』는 새로운 사실이 밝혀졌다.

그래서 대대손손 조상줄에서 영혼(靈魂)이 왕래할 수 있는 유일한 혈관이 통로이며, 후손의 육신을 이용해서 살아생전의 원한(怨恨)의 고통을 호소하는 것을 업보빙의장애(業報憑依障礙)로 인한 유전병, 즉 통틀어서 『빙의유전병(憑依遺傳病)』으로 정의한다.

조상의 '영혼(靈魂)'은 대대손손의 인연업보(의식작용)로 여러 가지 동일한 성품 성질을 가진 영혼(靈魂)들과 융합하여 자기 초월하는 **업력**으로 서로 잡아당기는 인력(引力)작용, 작인(作因), 공존적(共存的) 교섭(交涉), 초월(超越)하는 추동력(推動力)으로 물질기능에 병사(病死)한 영혼(靈魂)들이 왕래하다가 어느 부위에 정착하여 영매(靈媒)현상과 유전병을 발생시키는데, 힘을 가하여 앞으로 나아가게 하거나 흔들거나 떨림과도 같은 추동력(推

動力)을 발휘한다. 이 조상영혼의 잠재의식을 '영혼(靈魂)'의 '기(氣, Energy)'라고 한다. 그래서 영매현상은 곧 잠재의식 에너지의 추동력(推動力) '기(氣, Energy)' 파동이라고 보면 된다.

통념적인 기(氣), 생체기(生體氣)뿐만 아니라, 모든 생명에너지 현상으로 의식에너지와 정신에너지를 내포하고 있으므로 생명 근원의 '기'로 다루는 것이 당연하다. 우주만물과 생명체는 끊임없이 연동적(聯動的)으로 상호 유동하는 연속장이다. '기의 장' 즉 에너지의 업력 연쇄파동을 '기(氣, Energy)'라고 칭할 수 있다

유기체의 유전자인 업식(業識)은 자기초월을 거듭하여 집착(執著)이 아주 강한 잠재의식[氣, Energy]으로 융합되어 있는 생명이다. 육신을 의지하여 무형무색의 '기(氣, Energy)'로 존재하며 업력(業力, 상속유전)으로 서로 공존적(共存的) 교섭(交涉), 인력(引力), 작인(作因)하여 추동력(推動力)으로 융합하려는 기운을 가지고 있는 것이 '기(氣)'이며, 조상으로 기준한 『영혼(靈魂)』이고, 자아로 기준 하는 나의 영혼(靈魂』이라 한다.

대대손손 혼탁한 조상줄로 뭉쳐진 핵심 동족 부모 조상과 천지신명의 잠재의식 병사한 빙의 영혼(靈魂)'들을 『대우주법계 대광명불 초월세계방편해탈법(大宇宙法界 大光明佛 超越世界方便解脫法)』으로 분리, 해체. 파괴, 소멸. 정화시킴으로써 조상줄로 내려온 일체유전(내림)병을 발생시키는 업보빙의병(業報憑依病)을 예방하고 완치하는 대체의학치료가 『대우주법계 대광명불 초월세계

방편해탈법(大宇宙法界 大光明佛 超越世界方便解脫法)』이다.

그래서 "조상님들을 제대로 왕생극락시키고, 건강관리만 잘하면 유전병은 후손들에게 대물림될 수가 없다".

8. 영혼(靈魂)은 조상줄로 연결 통로가 되어 업보빙의장애 일체유전병 발생

죽음의 영혼(靈魂)은 어떠한 과정으로 자유자재로 육신에 침입하고 여러 가지 육체적, 정신적 경제적 혼란을 일으키는 인과응보가 영매(靈媒)현상 유전병을 발생시키는 것일까? 자신도 모르게 인성을 뒤흔들어 고생하게 만들고 인간의 존엄에 상처를 주고, 스스로 통제가 안 되는 타력에 의한 일들이 왜 일어나는 것일까? 어떠한 이치로 분리시켜야 대체의학치료를 할 수 있을까? 이 문제를 우리는 심도 있게 분석하고 해결해야 한다.

죽음의 영혼(靈魂)이 육신에 자유자재로 침입하고 여러 가지 정신적 육체적 신병(神病), 영매현상, 일체유전병을 발생시키는 내력을 찾아볼 때 앞에서도 정리했지만, 사람이 출생할 때는 아버지에게 "인간 씨" 생명을 받아 어머니에게 몸을 받고 "인간 씨" 줄은 오직 아버지 영혼(靈魂)에서 연결된다. 아버지는 할아버지 영혼(靈魂)이 연결되어 윗대조상으로부터 하행식으로 연결되므로 각

조상육신도 각각 어머니줄로 대대손손 유전되어서 이와 같이 부모
가 합하여 조상줄로 연결된 나의 영혼(靈魂)이다. 그래서 대대손손
각 조상의 영혼(靈魂)이 만든 잠재의식과 잠재의식을 만든 각
조상 영혼(靈魂)들이 함께 융합된 조상법계인 무의식세계가 후대
로 유전이 되고, 육신도 함께 후대에 유전된다. 대대손손 무의식세
계와 나의 잠재의식에 연결된 현 자아의 육신(肉身)이 있기 때문에
의식작용을 할 수가 있다.

그래서 대대손손 조상줄로 조상영혼(祖上靈魂)이 왕래할 수
있는 혈관이 유일한 통로이며, 후손의 육신을 이용해서 살아생전의
고통과 원한(怨恨)을 호소하는 것을 업보빙의장애(業報憑依障
礙)를 일으키는 『빙의병(possession disdrder.憑依病)』이라 한
다. 세계보건기구의 국제질병분류는 이 상태를 『황홀경과 빙의
(trance and possession disorden)』라고 한다.

우리는 원시시대 상고시대에서 단군으로부터 조상법계(조상무
의식세계) 속에는 한국의 샤머니즘, 토속신앙인 천신신앙, 산신신
앙과 중국 토속 산악신앙, 도교의 천신칠성신앙, 옥황상제(玉皇上
帝), 칠성(七星), 북극성(北極星), 태을성(太乙星), 자미성(紫微
星), 성황(城隍), 당산천왕, 당산서낭 조왕(竈王), 주역 음양오행
(陰陽五行) 십간십이지(十干十二支) 육십갑자(六十甲子) 사주
팔자. 육십사괘, 풍수지리, 유교 조상숭배 등, **여러 신앙(信仰),
여러 종교(宗敎) 진리는 조상줄로 연결된다. 그래서 여러 신앙의**

세계가 조상법계를 덮고 있다. 왜냐하면 『인간이 만든 일체신앙들이 숭배(崇拜) 대상』이기 때문이다.

업보빙의장애(業報憑依障礙)를 일으키는 잠재의식은 단군 이래 현재까지 정치 수단이었던 국사신앙이 민간신앙으로 변천하는 과정이라고 볼 수 있다.

사회적 정서, 문화, 사상, 환경, 여러 종교(宗敎), 무속신앙이 서로 연결 결합하여 타력기복신앙(他力祈福信仰)으로 발전하였다. 조상줄로 가난과 전쟁 등 한이 되고 원이 된 사회적 사건들, 질병에 의한 고통, 가족 간의 갈등, 굶주림, 이웃 간의 갈등, 절망적인 사건, 사망의 원인이 되는 질병, 전쟁 환경 등 대대손손 내려오는 잠재의식들에 희비애환(喜悲哀歡)이 집착된 사건들이다. 그리고 사랑하는 자와의 이별의 고통, 원망스럽고 미운 것을 만나야 하는 고통, 구해도 얻지 못하는 고통, 모든 존재의 갈애 집착의 고통 등이 대대손손 부모조상의 혼탁한 선악업보 무의식세계가 조상법계이다. 조상대사슬의 유전적 요소는 핵은 '조상영혼(靈魂)' 또는 '기(氣)'라고 표현할 수 있다. 이것이 생명의 근원인 의식작용의 '기(氣)'의 신비한 실상들이다.

사주팔자, 관혼상제, 풍수지리, 이사방위, 조상숭배 등 토속 무속신앙의 신(神)들을 숭배하여 점(占)을 보고 굿(굿)을 하고 음식을 차려 놓고 빌고 하던 전래적 풍습신앙, 믿음의 의식사상인 신(神)의 기복타력신앙을 인간의 정신세계를 지배하고 있는 대물림의 유전업보(遺傳業報)라 한다. 후손들에게 애착(愛着)되고 집착된 한과 괴로움이 상속되어 내려온 다차원적 잠재의식을 분리, 해체, 파괴, 소멸, 정화시켜 인연을 끊어서 극락왕생시켜 달라고 오신 조상 '영혼(靈魂)'들이다.

조상 '영혼(靈魂)'은 혼자만 오시는 것은 아니다. 한 분의 '영혼(靈魂)'에는 그 시절인연에 따라 변화된 대대손손 잠재의식 업보덩어리와 인연 지어진 많은 혼탁한 악업보(惡業報)의 귀신들이 연결되어 있다.

인류가 진화해 오면서 업력(業力)으로 융합된 수많은 조상, 다른 가정의 조상 또는 유주무주고혼, 축생귀신, 사물귀신(事物鬼神), 외국귀신 등이 중생과 '영혼(靈魂)'들로 묶어진 **대물림업보(잠재의식)의 덩어리이며, 대사슬의 주인공이고, 대대손손 내려오는 조상업보줄**이라 한다. 조상법계는 죽음의 영혼(靈魂)'들이 거미줄처럼 복합적으로 엉키어 묶어진 업보(잠재의식)의 덩어리며, "대사슬 조상줄"이 조상과 귀신들이 주인의 허락도 없이 인과응보의 인연법으로 왕래할 수 있는 유일한 통로이며, 혈관을 타고 다닌다. 업보의 인연에 따라 들어와서 돌아 나가기도 하고, 장시간 머물다 나가기도 하고, 아주 안착하여 업보빙의장애(業報憑依障礙)인 인성 신병(무병), 귀신병, 영매현상 일체유전병 등 업보『빙의병(possession disorder)』을 발생시킨다.

그래서 한 주인공 영혼(靈魂)마다 유기체와 우주만물과 천 갈래

만 갈래 그물망 속에 서로 엉키어 상호 의지하고 연관되어 새로운 의식을 생산하고, 삶에 유용하게 진화하면서 모든 의식정보는 무의식세계에 연결되어 잠재의식으로 저장되어 죽음을 맞이하게 된다. 사후의 잠재의식은 업력(業力)으로 다음 조건을 찾아 의지 조건이 맞는 후손들 아니면 조건이 맞는 다른 사람에게 업력(業力), 교섭(交涉), 추동(推動)현상으로 조상줄 또는 업력으로 침입하여 부분 또는 전체를 점령하여 공생 또는 정신계통을 리드 컨트롤 하게 된다.

또 다시 분명히 밝히지만, "인간 윤회설은 이치에 맞지 않다." 아주 극소수도 조상법계인 조상줄이라는 그물망 속에 혼탁한 업보가 혼합되어 있는 조상무의식세계 연결되어 잠재의식에 엉키어 있는데. 자력으로 분리, 해체하여 혼탁한 업보를 끊어서 나올 수 있는 능력이 없기 때문에 윤회는 할 수가 없다. 만약 윤회할 수 있는 능력을 가지고 있다면 해탈할 수가 있다는 것이다. 그렇다면 왜 신병(神病) 귀신병(업보빙의병)이 발생할까?

여기서는 조상 '영혼(靈魂)'의 잠재의식이 블랙홀이다. 불랙홀 핵이 '빙의영혼(憑依靈魂)'이 되는 주인공이고 여러 인연업보의 귀신들이 태풍처럼 휘몰아친다. 그래서 **업보빙의장애(業報憑依障礙)**에는 영매현상이 발생한다. 정신적, 경제적, 육체적 고통, 통제되지 않는 행동 등, 그 자체가 죽음의 '영혼(靈魂)'인 『빙의유전병』 이라는 것이다. 그리고 영매현상 없이 대물림 유전병이 발생하는 것도 업보빙의장애(業報憑依障礙)로 인한 『빙의유전병(憑依遺傳病)』이라고 확신한다.

몸과 마음을 치료하는 힐링시대(healing era), 행복하고 건강하게 늙는 무병장수, 웰 에이징(Well aging) 시대가 온 것도 중요하지만, 그 이전에 상속된 잠재의식의 '기(氣, Energy)'를 분리, 해체 파괴, 소멸, 정화시켜 유전병(대물림)을 일으키는 빙의되는 조상객귀 '영혼(靈魂)'을 차단하는 것이 더 중요한 것이다. 그래야만 유전병인 신병(神病), 영매현상 그리고 모든 유전질병이 발생하지 않기 때문이다.

조상줄에 대대손손 유전적 무의식세계에서 온 병사(病死)한 영혼(靈魂)의 힘이 가해짐으로써 유전병이 발생하는 것이다.

게놈검사 BRCA 유전자 분석을 통해 유전병 발생을 예측하여 신체 부분을 절제하는 것은 현대의학의 횡포라고 본다. 신체 부분을 제거해서 유전병이 발생될 인체 부분이 없다고 해도 유전병(遺傳病)발생 원인이 소멸되는 것은 아니다.

왜냐하면 조상줄 대대손손 업보잠재의식에서 병사한 '영혼(靈魂)'의 기(氣) 잠재의식에는 사망하기 전까지 고통을 받은 정보기록이 건재(健在)하다는 것이다. 또 다른 부위에 성질이 같거나 비슷한 질병이 발생할 수도 있다.

『대우주법계 대광명불 초월세계방편해탈법(大宇宙法界 大光明佛 超越世界方便解脫法)』은 "유전병"으로 사망한 조상 영혼(靈

魂)의 "건재(健在)한 정보기록"을 분리, 해체, 파괴, 소멸시키는 법이다.

게놈검사를 통해 유전병이 발생하는 정보기록들을 분석한다고 한다. 내가 가진 인체정보에 의해 DNA 돌연변이가 생겨 유전병이 발생한다는 것이다.

유전병은 질병으로 사망한 조상 '영혼(靈魂)'이 후손들에게 침입하여 정신—육신을 상호 의지한 의식작용을 지배하여 병사(病死)한 영혼(靈魂)의 유전병 성질이 일치하는 몸에 돌아다니는 병균 바이러스와 인력(引力), 작인(作因), 교섭(交涉) ,추동(推動)으로 융합(融合)하여 모든 『빙의유전병(憑依遺傳病)』이 발생하게 된다.

아주 가까운 후손에게 침입한 병사(病死)한 '영혼(靈魂)'의 유전정보(잠재의식) '기(氣, Energy)'로 리드(Lead)할 수도 있다. 즉 육체에 유전병 정보기록이 없다고 해도 발생할 수 있다. 동족 시공간(時空間) 안에서 동족 초월 에너지로 지배를 당하면 본인의 능력이 전체 또는 부분별로 인체의 리드 컨트롤이 상실되기 때문이다. 그래서 세포가 파괴 또는 변이로 인한 유전병이 발생하게 된다.

질병으로 사망한 '영혼(靈魂)'은 사람의 기본 조직체에 침입하여, 뇌신경, 중추신경 그리고 어느 부분적 기관을 점령지배하여 살아생전 고통의 질병으로 의식작용을 한다. 살아생전의 병사(病死)한 고통의 실제적 잠재의식으로 서서히 또는 급전환하여 정신적 고통, 인성 신병, 영매현상, 육체적 고통, 유전병, 경제적 고통, 급사(急死), 범죄, 자살 등 『업보빙의유전병(業報憑依遺傳病)』이 발생하는 현상이라고 정의할 수 있다.

환자의 면역력이 떨어져 물질 환경오염으로 인한 질환이 발생하는 경우도 있다.

유전병을 발생시키는 조상 '영혼(靈魂)'은 조상 아닌 동일한 유전병의 인연이 있는 귀신들과 상호 연관성[주체와 개체, 개체와 개체들]을 가지고 조상 영혼(靈魂)이 핵의 중심이 된다. 이것이 바로 인연 '영혼(靈魂)'들이 겹겹이 둘러싼 태풍과 같은 회오리 형태의 아주 강한 [블랙홀]처럼 뭉쳐서 조상줄로 침입하는 빙의본체 업력(잠재의식)의 '기(氣, Energy)'이다. 이 '기(氣, Energy)'를 인성 신병(神病)· 영매(靈媒)현상· 유전병(遺傳病)을 유발하는 조상업보잠재의식 즉, 질병 또는 악행으로 죽은 '영혼(靈魂)'이라 한다. 악행을 저지른 영혼(靈魂)이 빙의될 경우에 따라서는 살(殺)이 끼어 악행을 저지르는 강력범죄가 발생하기도 하고, 막을 수 없는 비명횡사 사건들로 인해 즉사(卽死)하는 일들이 일어나기도 한다.

예) 암 유전병이라고 진단을 받아서, 암 수술치료를 받아 완쾌되는 분은 축복이지만, 암 성이 재발하여 전이가 된다고 하면 환자와 가족까지도 불행한 일이다.

　가족력에 조사된 암 병 사망자를 기준으로 하여 조상천도재로 해탈시켜 극락왕생시키면 재발확률이 아주 낮으며 완쾌확률도 아주 높다. 가족력으로 암으로 병사한 조상을 해탈시키지 못하면 90%가 암이 발생한 곳이나 다른 곳으로 전이가 된다.

　일체 조상유전병 가족력이 있는 분들은 3재 조상천도를 지내고 건강관리만 잘 하시면 유전병에서는 해방될 수가 있다. 즉 환자는 유전병을 발생시킬 장본인이 해탈하여 극락왕생하고 없으니 병원 치료를 잘 받고 건강관리만 잘하면 된다. 병으로 사망한 '영혼(靈魂)'이 내 몸에 침입했다는 그 자체가 『빙의유전병(憑依遺傳病)』이다.

　이 부분의 가족력 병으로 사망한 '영혼(靈魂)'의 대대손손 조상업보 무의식세계, 환자의 잠재의식을 『대우주법계 대광명불 초월세계방편해탈법(大宇宙法界 大光明佛 超越世界方便解脱法)』으로 분리, 해체, 파괴, 소멸, 정화(淨化)시켜 병사(病死)한 유전병 '영혼(靈魂)'들을 미리 극(極)이 다른 안락한 극락세계로 극락왕생시켜, 조상부모의 유전병을 소멸시킬 수 있는 대체의학치료가 『대우주법계 대광명불 초월세계방편해탈법(大宇宙法界 大光明佛 超越世界方便解脱法)』이다.

모든 의도적인 행위는 업보(業報)가 된다. 무명(無明), 갈애(渴愛), 집착(執著) 등 업의 근원이 되는 것이 남김없이 없어졌기 때문에 업은 발생하지 않지만, 청정한 불성(佛性)을 담고 있는 물질인 몸(六根·六境·六識)의 물질해탈을 해야 한다.

정신(마음)과 물질(육신)이 만나 상호 의지하여 생명체를 구성하고 잠재의식을 생산하였기 때문에 정신-육신의 양면해탈(兩面解脫)을 해야 걸림 없는 무애해탈(無礙解脫)이라 할 수가 있다. 우리가 이 부분을 이해하지 못하면 해법을 찾을 길이 전혀 없으니 명심해야 한다.

이 부분에서 분명히 밝혀야 할 것이 있다. 인간은 정신-육신이 상호 의지하여 의식작용이 전개된다. 정신이나 육신은 단독으로는 동력이 없어서 의식작용을 전개할 수가 없다. 견성성불(見性成佛) 심해탈(心解脫)을 했다고 해서, 육신이 동반 해탈하는 것은 아니라는 것이다.

'영혼(靈魂)'의 '기(氣, Energy)'는 육안으로는 분별이 안 되는 무형무색의 '영혼(靈魂)'이며, 대대손손의 대물림 업보덩어리이다. 이 업보는 서로 당기는 업력 파동의 인력으로, 망자의 아주 가까운 동족, 가족의 아주 가까운 촌수를 찾아서 빙의(憑依)가 되기도 한다. 때에 따라서는 환경 물질 조건의 인연으로도 빙의(憑依)가 될 수도 있다. 본인과 '영혼(靈魂)'이 부모 조상줄로 진화되어 흐르는 가운데 단군 후손으로서 조상들과 후손들의 동족법계의 유전자가 일치하기 때문에 대대손손 조상업보잠재의식인 조상줄인 후손혈관으로 연결 통로가 되어 있다. 이 통로가 조상들이 왕래하면서 조상업보에 따라 여러 종류의 귀신이 동반하여 후손들에게 혼탁한 선악업보(善惡業報)줄이 내려오고 있다.

즉, 죽음의 '영혼(靈魂)'의 '기(氣)'는 살아생전에 동족의 육신을 가졌기 때문에 나의 필요에 따라 상고시대에서 한국 국조이신 단군(檀君)부터 원척, 근척, 친인척, 친가, 외가 부모, 형제, 후손들에 이르기까지 동족의 부모조상 줄로 후손의 육신으로 이동할 수가 있다. 조상무의식세계와 자아의 잠재의식이 연결되어 있고, 자타 그리고 우주만물과 서로 공존 교섭하고 있다. '영혼(靈魂)'들의 업보의 '기(氣)'가 연결되었기 때문이다.

『조상줄』로 조상 '영혼(靈魂)'들의 업보 업력이 육신(肉身)을 상호의지 작용하는 가운데, 원시시대 상고시대부터 단군의 피가 흐르고 있는 동족상속유전자가 동일하고 대대손손 각 조상님들의 잠재의식이 융합되어 있는 무의식세계의 통로가 열려 있기 때문에 혈관으로 왕래할 수가 있다.

'인간 씨'는 원시시대 상고시대를 이어서 국조이신 단군으로부터 시작되는 대한민국 반만년 역사 흐름에서 단군의 후손인 양가부모의 도시조 → 시조 → 중시조 → 고조 → 증조 → 조부모 → 양가부모

조상(상하좌우 계열로 조건이 형성된다.)로 동족상속유전자가 이어지는 동족 진화 과정을 밝혀 보면 본인의 탄생 과정을 알 수가 있다. 조상님들의 고유한 동족 유전인자가 진화 발전하여 역사를 이어오면서 본인에게도 조상의 피가 흐르게 된 것이다. 단군 조상의 피는 칼로 자른다고 해서 끊어지지 않는다. 이 이론은 새로운 사실이 아니고, 누구나 인정하지 않을 수 없는 이치이다. 이 이치에 근거하여, 죽음의 '영혼(靈魂)'이 드나들 수가 있다. 같은 동족 상속 조상법 계인 무의식세계 피가 흐르고 있기 때문이다.

앞부분에서도 밝혔지만, 빙애장애 '영혼(靈魂)'은 다른 조상 또는 유주무주고혼(孤魂) 귀신들, '영혼(靈魂)' 존재의 대사슬의 주인공이다. 조상 아닌 귀신들과 상호 연관적[개체와 개체, 주체와 개체들], 통합적으로 빙의조상 '영혼(靈魂)'이 핵이 되고, 인연 '영혼(靈魂)'들의 업력으로 겹겹이 둘러싼 태풍과 같은 블랙홀 형태의 아주 강력하고 혼탁(混濁)한 죽은 '영혼(靈魂)'들이 뭉쳐서 조상줄로 침입하는 것이 업보빙의 '영혼(靈魂)'의 실체이다.

조상 '영혼(靈魂)'들과 뭉치고 또 다른 '영혼(靈魂)'들이 연쇄적 중심적으로 관련되어 있다. 초월하는 '영혼(靈魂)'이 자신의 한을 풀기 위해서 아주 가까운 후손을 찾아가는 수도 있으며, 환경 조건 인연에 따라 내 조상이 아닌 귀신이 침입하기도 한다. 이들은 조상줄 [동족유전자]로 서로 당기는 인력과 업력 파장에너지로 매 순간 암 덩어리처럼 몸속을 돌아다니기도 하고, 잠시 머물다가 나가는 것도 있고, 장기간 머무는 것도 있다. 그로 인해 업보빙의장애(業報憑依障礙)로 육체적 경제적 정신적 신병, 영매현상, 유전병이 발생하여 인성이 바뀌기도 하고, 사망에 이르기도 한다. 때에 따라서는 즉사(卽死)하는 경우도 있다.

한국인은 원시시대~ 상고시대~ 단군~ 부모→ 본인 그리고 후손들로 연결되는 역사를 이어 왔다. 동족인류로 진화 상속된 업보의 유전자가 동일하다. 친척, 원척, 부계친가혈족, 외가혈족, 모계 친정혈족, 외가혈족, 각 형제간은 물론 온 국민이 한 덩어리이며 조상무의식세계(조상법계) 유전업보가 매우 일치하다. 자신이 태어날 때에 이미 부모와 대대손손 부모 양가 조상의 무의식세계줄 부모의 잠재의식줄을 가지고 태어났기 때문에 '기'가 융합 연결되어 있으며, 그 자체로 죽음의 '영혼(靈魂)'들이 혈관을 타고 자유자재로 드나들 수 있는 통로가 된다.

이러한 조건들이 성립될 경우는 업력 추동파장으로 지각감각이 연결되어 성립되는 것이다. 빙의된 '영혼(靈魂)'의 '기'는 환자의 뇌 회로에 촉매가 되어, 아주 강력하고 초월적인 질병 '영혼(靈魂)'들이 인간이 조상에서 받은 잠재의식체와 융합된다. 아주 강력한 빙의 업보'영혼(靈魂)'이 초월적으로 지각감각기관인 뇌신경을 컨트롤하여, 업보(業報)의 추동 돌발현상으로 충격을 주었을 때, 현재 진행되고 있는 의식현상이 충격을 받아 움츠러들면서 점령당하여 침입한 빙의 '영혼(靈魂)'이 육신을 점령하여 살아생전의 의식체로 전환되어 나타난다. 그 충격으로 영매(靈媒)귀신이 여러 가지 행동과 의사를 전달하는 매개 작용현상, 또는 어느 부분에 안착되어 유전질병이 발생하게 되는 것이다. 그리고 내외적 의식의 조건작용에 따라, 순간순간마다 잠시, 또는 긴 잠복 기간을 지나서 몸 밖으로 나가든지, 아니면 사고(事故) 때로는 직사(直死)의 죽음도 있다. 이러한 돌발현상들을 살이 끼어 즉사(卽死) 당했다고 표현하기도 하는 것이 급사한 '영혼(靈魂)'의 빙의장애로 강력한 돌발추동현상이다.

즉, 선(善) 악(惡)의 인과응보(因果應報)인 업보(業報) 마음의 기록이 저장된 잠재의식 그 자체를 '영혼(靈魂)'이라고 한다. 이 의식들이 어떠한 조건을 만나면 또 다른 진화(進化)된 의식으로 저장된다. 잠재의식은 이렇듯 변화무쌍한 진화를 거듭하여 현재까지 내려오는데, 이를 물질적, 의학적 용어로 수치적인 DNA라고도 이름하고 있다.

여기서 말하는 DNA는 의학적, 물질적, 수치적인 DNA이가 아니고 대대손손대물림의 내림내림 DNA라 말한다. 그리고 각 세포와 기관에 필요한 의학적 DNA 정보를 전달하고 영양을 운반(運搬)하는 RNA도 있다고 한다. 이 의식물질이 신체의 정상적인 시스템으로 작동이 되지 않을 때는 정상 세포가 파괴 또는 변이로 인한 질병이 발생한다는 것이다. 이 시스템을 운영(運營)하는 신경계 에너지 '기(氣)'라 한다.

질병 '영혼(靈魂)'이 대상의 의식작용을 점령하여 실질적으로 리드(lead)하는 빙의된 '영혼(靈魂)'의 의식체제가 현실적으로 작용 연결될 시에는 정신적, 육체적, 경제적 여러 가지 업보빙의장애(業報憑依障礙), 신병(神病), 영매현상, 유전병, 인성의 변화 등 인간이 상상할 수 없이 많은 불가사의한 일들이 알게 모르게 발생하게 된다. 심지어 급사(急死)도 발생한다.

우리 민족은 공통적으로 삶의 지혜를 공유하고 있을 뿐 아니라, 동족 무의식세계 고유의 유전자도 공유하고 있다. 단군 후손들에게 대물림되는 대대손손잠재의식을 공유하고 있기 때문에 **대대손손 잠재의식을 생산한 장본인 조상 '영혼(靈魂)'들이 조상줄로 왕래할 수 있다.**

『대우주법계 대광명불 초월세계방편해탈법(大宇宙法界 大光明佛 超越世界方便解脫法)』은 침입한 '영혼(靈魂)'과 환자의 병(病)의 원인된 병마귀(病魔鬼), 그리고 환자의 잠재의식을 분리, 해체, 파괴, 소멸, 정화(淨化)시켜 완치시키는 대체의학 치료법이다.

9. 업보빙의병 신병(神病) 완치, 유전병
인성 등 예방과 대체의학 치료법

우리가 살아가는 이 시대는 대대손손 상속 유전된 '업보빙의장애'로 인해 극심한 정신적, 육체적, 경제적, 병리적, 실제적, 현실적, 사회적으로 광범위하게 혼란을 겪고 있다. 업보빙의장애 유전병 예방치료의 목적은 **바로 이러한 개인과 가정, 정치, 경제, 사회 등 의식계층구조의 의식 자체를 분리, 해체, 파괴, 소멸시켜 정화시켜 세계 평화를 이루는 데 목적이 있다.**

한국의 샤머니즘, 토속신앙, 국사신앙, 천신신앙, 산신신앙, 도교의 칠성신앙, 주역의 음양오행, 사주팔자, 풍수지리, 점술, 역술, 관혼상제, 무속신앙, 유교, 조상숭배사상, 장례문화, 제사 등의 여러 신앙(信仰)은 세속적 대물림으로 전래된다. 반만년의 인류 역사에서 단군으로부터 후손에 이르기까지 생활 전반에 걸쳐 전래된 의식사상들은 **업보빙의장애(業報憑依障礙)**로 인한 유전병(病)을 발생시키는 원천이 되고 있다. 이 시비의 근원이 되는 신앙의 의식사상으로 유전되고 있는 질병을 분리, 해체, 파괴, 소멸, 정화(淨化)시켜, **평등하고 독립된 개인의 인성이 개발되고 사회 정화가 되어야 한다.**

자연적인 사회 계층 간의 구조로 인한 편견을 없애고, 시비가 없는 독립되고 평등한 대자유 평화가 그 자리에 새롭게 발달하여 갈등이 없는 평등하고 행복한 세계 지구촌의 평화가 정착하는 데 기여하고자 한다.

업보빙의장애(業報憑依障礙)인 신병(神病), 영매(靈媒)현상, 유전질병 인성을 치료하고, 초월세계 인성개발을 하기 위한 법이 『대우주법계 대광명불 초월세계방편해탈법(大宇宙法界 大光明佛 超越世界方便解脫法)』이다.

신앙(信仰)의 세계가 조상법계의 무의식세계를 덮고 있다. 잠재의식 자체가 업보빙의장애의 주범이다. 현재 영매(靈媒)현상이 나타나지 않는 유전질병을 경험하고 있는 환자도 병마(病魔)를 동반하고 있으므로, 초월세계(超越世界) 방편해탈법(方便解脫法)으로 빙의장애를 발생시키는 병마(病魔)를 소멸시킨 다음 병원치료를 병행하여 받으면 놀라운 효과를 볼 수 있다.

그리고 '유전병도 예방치료'가 된다.『대우주법계 대광명불 초월세계방편해탈법(大宇宙法界 大光明佛 超越世界方便解脫法)』으로 그 나쁜 잠재의식들을 분리, 해체, 파괴, 소멸, 정화(淨化)시키면 업보빙의장애(業報憑依障礙)로 인한 신병(神病), 영매현상, 일체 유전병이 예방, '완치'될 수가 있다. 이처럼 유전병도 예방과 치료를 할 수 있으므로 범정부적인 예방치료법을 적극 개발할 필요가 있다. 지금도 임상사례가 많지만 다음 기회에 임상사례와 통계를 공개하겠다.

업보빙의장애(業報憑依障礙)를 일으키는 잠재의식은 단군 이래 현재까지 정치 수단이었던 국사신앙이 민간신앙으로 변천하는 과정이라고 볼 수 있다. 토속신앙, 천신신앙, 산신신앙, 칠성신앙, 유교 조상숭배사상 등 여러 신앙(信仰)과 불교, 천주교, 기독교, 개신교, 증산교 등 여러 종교(宗敎) 신앙이 습합되면서 **새로운 신의 세계가 형성되어 조상법계를 덮어씌워서 업보빙의장애(業報憑依障礙)의 원천인 타력기복신앙으로 새로운 종교 신의세계가 형성되어 있다.**

장례문화, 제사문화도 후손들에게 현실적으로 고통을 더해 주고 **있다. 위 모든 신앙과 문화가 업보빙의장애(業報憑依障礙)의 원천 이며 원인을 제공을 하고 있다.**

그러나 모든 사람들은 간절한 믿음으로 신들에게 소망을 빌고, 장례를 지내면서 불효한 마음을 반성하고 맺힌 한을 풀고, 조상제사에 모인 가족들이 덕담으로 돈독한 우애와 화목을 도모하기도 한다.

점을 보고, 굿을 하는 파생된 축귀법 등 세속 타력기복신앙(他力祈福信仰)은 인간이 발자취마다 만들어 놓은 것이다. 후대가 그 늪에 빠져 대대손손 당하고 있으니 너무나 어리석고 불쌍하고 무지(無知)한 게 현실이다. 지금 많은 사람이 마귀(魔鬼) 지옥세계에 살아가고 있다.

본래 초자연에 있었던 것이 아니고, 인간이 만든 의식사상에 있다. 이 사상들이 형성되어 진화해 오면서 인간들에게 이익보다는 해(害)가 많은 귀신들을 만들어 냈다는 것이 문제가 된다. **나쁜** 잠재의식들이 마음과 마음, 물질세계까지 시비 분별 연결된 각계각 층의 무의식세계, 잠재의식이 엉키어 한 덩어리로 돌아가며 인간들에게 환란을 주고 있는 것을 부정할 수가 없다. 의식사상 자체를 잘 관찰하고 분별 시비하는 삿된 의식들을 분리, 해체, 파괴, 소멸, 정화(淨化)시키면 생활 조건에 의식작용이 전개되어도 각자가 독립체로 무명(無明), 갈애(渴愛), 집착(執著) 시비가 끊어진, 대 자유의 독립된 성품으로 돌아갈 수 있다.

『대우주법계 대광명불 초월세계방편해탈법(大宇宙法界 大光明佛 超越世界方便解脱法)』으로 심해탈(心解脱)=정신(마음), 물질해탈(物質解脱)=육신(육근), 양면해탈(兩面解脱)을 시킬 수 있다.

현 자아의 의식세계는 과거세계로부터 잠재의식이 진화, 발전되어 오면서 개인마다 깔때기 구멍에 흐르는 것처럼 하행식으로 동족 양가부모 조상들로부터 원척, 친척, 부모형제, 친지 그리고 나에 이르기까지 무의식세계 동족부모조상유전자가 내려오고 있는 것이 사실이다.

최초 인간 씨로부터 원시시대 상고시대, 고대국가 단군에서 도시조, 시조, 조상으로부터 양가부모, 형제, 친지들로 내려오는 혼탁한 조상업보인 조상법계인 무의식세계에 얽매여 사망한 영혼(靈魂)들이 본인의 선택과 무관하게 자유롭게 떠나지 못하는 이치이다.

의식작용에 업력(業力)이 강한 의식사상, 물질의식 쪽으로 기울어지는 인력(引力)으로 작인(作因) 공존(共存) 결합하는 의식조건이기 때문에 인간계를 떠나지 못하는 업보빙의현상은 정신-육신이 상호 의지하여 의식작용하는 상호의존적 조건이 된다. 필연적 의존조건에서 파생된 실질적 현실적 의식빙의장애가 다양하게 발생한다. 이 모든 빙의장애의 근본원인인 "무의식세계 잠재의식"을 정화하여 장애를 받지 않고, 앞이 보이는 생활 지혜 문이 열리게 하는 것이 『대우주법계 대광명불 초월세계방편해탈법(大宇宙法界 大光明佛 超越世界方便解脱法)』이다.

정리를 해보면, 나의 "영혼(靈魂)"은 정신-육신이 상호 의지하여 의식작용으로 만들어진다. 그래서 **부모에게 인간 씨를 받은 조상잠재의식(조상유전자) 속에는 대대손손마다 정신-육신 상호 의지하여 의식작용한 주인공인 '조상영혼(祖上靈魂)'들이 연결되어 있다.** 현 자아의식에서는 상속유전인 조상잠재의식과 연결하여 현 의식작용으로 새로운 의식정보가 발생한다. 전 자아 [잠재의식]이 형성되는 과정에서 이미 [정신-육신]의 상호의지로 작용한 의식마다 의식을 만든 생명이라는 영혼(靈魂)이 융합되어 있어서 혼탁한 업보가 조상줄로 연결되어 있어 왕래하고 있다. 그래서 현 자아는 현 자아대로 본인의 생명인 나의 영혼(靈魂)이 존재한다. 현 자아의 영혼(靈魂)과 동족 부모 조상 각 조상잠재의식이 모여서 무의식세계가 형성되어서 조상줄인 혈관으로 통로가 연결되어 있기 때문에 조상이 드나들 수가 있다. 그래서 **조상줄의 연결고리 통로를 분리, 해체 파괴, 소멸시킬 수 있는 법이**『**대우주법계 대광명 불 초월세계방편해탈법**(大宇宙法界 大光明佛 超越世界方便解脫 法)』**으로**. 일체조상 '영혼(靈魂)'들이 오시는 통로가 끊어져 모든 업보빙의장애(業報憑依障礙)가 소멸됨으로 현 자아의식이 정화 가 된다.

그리고 인류 진화 과정에서 샤머니즘(토속신앙), 외래신앙 등 여러 신앙, 불교, 천주교, 개신교, 기독교, 증산교 등 여러 종교 신앙이 시절인연에 따라 정착하여 살아남기 위해 토속신앙과 습합 하고 사회문화, 정치사상과 융합(融合)되어 잠재의식의 생명체인 영혼(靈魂)들의 '기'가 함께 빙의장애(憑依障礙)로 발생한다. 원 인은 현 자아의 신앙 활동이 강한 쪽으로 귀신들이 합세하여 추동력 이 돌출되어 일체 신앙마귀들의 환란인 빙의영매현상(憑依靈媒現 像)이 발생하게 된다.

본래 사람은 아버지에게 인간 씨로 생명을 받아 어머니 자궁에서 몸을 받아 현생에 출생하게 된다. 부모를 만나 잉태(孕胎)하면서 부모에게 물질인 육신을 받아서 현 의식작용이 일어나는 것이다. 그러므로, 인연되는 부모를 만나 잉태되고 육신이 형성되는 과정에 서 부모의 잠재의식인 정신－육신 유전자가 융합되어 모든 환경과 조건에 따라 새로운 의식이 발생하게 된다. 시절인연에 따라 대대손 손의 의식에 인연 지어진 영혼(靈魂)들의 '기'가 아주 가까운 부모

조상줄로 이어졌기 때문에 조상 영혼(靈魂)이 빙의가 되는 것은 당연하다.

정신적, 경제적, 육체적 영매현상, '신병(神病) 또는 무병(巫病), 유전질병, 인성, 지혜 등 모든 빙의장애의 현상이 빙의장애 유전(내림)으로 업보빙의장애(業報憑依障礙)가 발생한다.

나의 정신과 육신의 양면업식(兩面業識)은 자연의 조건에서 전개되고 있다. 무명, 갈애, 시비, 분별, 업식(業識)으로 결정하여 자아실현이 되는 것이다. 그 의식의 활동 중에 인간관계에서 시비가 되는 무명(無明), 갈애(渴愛), 집착(執著) 요소들이 괴로움이다. 그 괴로운 마음이 귀신을 만들어 내고 있다. 그 괴로움이 발생하는 마음(정신) 해탈. 물질(육신) 해탈 즉 양면해탈을 함으로써 시비 분별 갈등이 소멸되어 개인과 가족이 건강하고 행복하고 평화로운 사회가 건설된다.

그런데, 자연의 순리를 무시하고 인위적 사상으로 파생된 토속신앙, 중국천신칠성신앙, 주역의 음양오행, 사주팔자, 길흉화복, 철학 조상숭배, 풍수지리, 장례문화, 조상제사 등 타력기복신앙을 믿고 따르는 전래된 의식, 삿된 신앙 등을 인간이 만들어 놓고 도리어 인간이 해(害)를 당하고 있다. 본래는 없는 것인데, 진실인 양 호도되어 생활 패러다임(paradigm) 속에 파고들어 활용되고 있다.

전래적(傳來的) 의식 속에는 많은 신령(神靈)과 귀신(鬼神)들이 잠재의식과 현 의식에 많이 왕래하게 된다. 이들을 분리, 해체,

파괴, 소멸 정화(淨化)시키면 개인과 가정은 안락(安樂)하고 행복한 생활을 하게 되고, 사회는 정화(淨化)되어 세계 평화가 열린다.

그리고 죽음의 영혼(靈魂)과 인간의 인연(因緣)을 파괴, 소멸시켜 인간세상이 아닌 극이 다른 돌아올 수 없는 안락한 극락세계(極樂世界)로 보내는 것이 『대우주법계 대광명불 초월세계방편해탈법(大宇宙法界 大光明佛 超越世界方便解脫法)』이다.

망자의 인과응보(因果應報)란 조상부모가 지은 선악업보(善惡業報)에 따라 후손이 현재의 행복과 불행이 있게 되고, 현세에서의 만든 선악의 결과에 따라 저승 가서 행복과 불행이 있는 것을 말한다. 바로 이것을 분리, 해체, 파괴, 소멸시켜 줌으로써 괴로운 고통의 시비가 끊어진 극락세계 이고득락(離苦得樂) 조상해탈궁으로 망자를 인도하여 극락왕생하게 하는 것이다. 그래야만 후손들이 조상의 유전적 잠재의식 조상업보 빙의장애에서 벗어날 수가 있다. 이렇게 빙의유전병인 신병(무병)은 불가사의한 병(病)이 아니며, 후손들에게 대물림 없이 완치가 된다.

조상유전의식의 시비는 생활조건에서 유전의식사상이 파생된 업보(業報)의 산물이며, 이것을 빙의장애라 한다. 이 시비된 의식들의 싸움을 말릴 수 있는(해체, 소멸시킬 수 있는) 방편이 『대우주법계 대광명불 초월세계방편해탈법(大宇宙法界 大光明佛 超越世界方便解脫法)』이다.

대우주법계 극락세계의 "영혼(靈魂)"의 존재는 불생불멸의 영혼(靈魂)이다.

그냥 안락(安樂)할 뿐이다라고 비유할 수도 있다.

인간의 영혼(靈魂)은 죽음의 조건에 따라 허물어진 시신에도 가라앉아 있고, 죽음의 장소 환경 물질에도 묶여 있다. 그리고 죽음의 장소의 귀신들도 인연 업과(業果)로 인간과 연결되어 연동(連動)현상이 일어날 수도 있다. 시공간(時空間)을 초월한 초월세계 '양면해탈(兩面解脫)'은 『대우주법계 대광명불 초월세계방편해탈법(大宇宙法界 大光明佛 超越世界方便解脫法)』으로 생(生)·사(死) 중생들의 집착된 혼탁한 선악(善惡)의 업식(業識)을 분리, 해체 파괴, 소멸시킬 수 있다. 즉, 정신+육신이 의식작용하여 만든 조상법계 무의식세계 잠재의식의 일체 혼탁한 의식 정보가 분리, 해체, 파괴, 소멸된다. 그래서 허물어진 시신(屍身)은 망자의 영혼(靈魂)에서 떨어져 나가 오직 물질로 자연으로 돌아간다.

대우주법계 어느 곳을 두루두루 살펴보아도 조상님들을 모실 극락세계가 없었다. 그러나 맑고 깨끗하고 걸림이 없는 영혼(靈魂)을 필자 영탁(暎卓)스님이 건설한 극락세계 조상해탈궁으로 극락왕생할 수가 있다. 생사의 모든 걸림을 끊고, 일체조상 부모자식 부부 천륜인륜 인연줄 남녀 인연줄 일체 인연줄이 각각 분리, 해체,

파괴, 소멸되어 『인간 씨 본래 내 고향』으로 돌아간다.

　『서방정토 극락세계』라는 것은 아미타불 부처님이 48대본원력법을 가지고 계시던 곳을 말한다. 서방정토가 중생들이 해탈해서 가는 왕생극락세계가 아니다.

　서방정토 극락세계가 있다면 왜 조상천도제 발원을 해도 가지 못하고 조상들이 구천에 헤매고 있을까?

　아미타불 부처님의 48대본원력에 왕생극락시킬 수 있는 해탈방편법(解脫方便法)을 만들어서 극락세계를 건설해야 하는 것이다. 부처님의 제자가 해결해야 할 스님들의 덕목인 말법시대의 "수행과제"인 것이다.

　업보의 인연을 따라온 수많은 영혼(靈魂)들도 조상의 영혼(靈魂)과 자신의 업보인연을 분리, 해체 파괴, 소멸, 정화시켜 줌으로써 망자의 업보에 연결된 수많은 영혼(靈魂)들도 이전 인연으로 돌아가게 된다.

　업보빙의장애(業報憑依障礙)로 된 조상 영혼(靈魂)들은 해탈하여 안락한 극락세계에 극락왕생하게 되어 인간 세상에 돌아오지 못하므로, 장례문화, 제사문제도 해결되고, 빙의장애, 신병, 영매현상은 완치(完治)되고, 유전병은 소멸하게 된다. 유전병을 경험하고 있는 분은 『대우주법계 대광명불 초월세계방편해탈법(大宇宙法

界 大光明佛 超越世界方便解脫法)』 대체의학치료를 받은 후에 병원 치료를 받으면 놀라운 치료 효과를 볼 수 있다.

여기서 주목해야 할 부분이 있다. 바로, '유전병'은 면역성이 떨어져 자연적, 사회적, 물질적 환경오염으로 인해 발생하기도 한다. 그러나 『대부분의 유전병은 조상빙의장애로 발생한다는 새로운 사실이 밝혀졌다.』

사바세계의 본 성품을 깨친 자리 즉, 불교에서 비유하는 맑고, 밝고, 걸림이 없는 깨끗한 보배 구슬처럼 영롱한 '진여자성(眞如自性, Being and self)'을 깨친 본래 본 성품이 항상 현현한 진리, 그리고 12연기법, 사성제 팔정도 이론은 2560년 전에 고타마 싯다르타(Gotama Siddhārtha) 석가모니 부처님이 이미 공포하신 이론이다.

"대우주법계 대체의학 치료법"은 『대우주법계 대광명불 초월세계방편해탈법(大宇宙法界 大光明佛 超越世界方便解脫法)』으로 동족이 진화 상속된 조상의 혼탁한 업보사상(業報思想)을 분리, 해체 파괴, 소멸, 정화(淨化)시키며, 빙의장애 '영혼(靈魂)'이 침입하는 모든 유전(내림)병을 소멸시키는 법이다.

업보빙의장애(業報憑依障礙)의 유전질병이 발생한 사람은 초월세계대체의학치료를 받은 후 상처 부위를 현대의학으로 약물치료와 수술치료를 병행하면 놀라운 효과를 볼 수가 있다.

업보빙의장애(業報憑依障礙) 인연에 연결된 겹겹이 둘러싸여 있는 귀신들의 업보 인연을 분리, 해체, 파괴, 소멸, 정화(淨化)시키면 귀신들의 인연업보는 영원히 소멸되고, 본인의 업보(業報)도 많이 소멸된다. 인간은 누구나 매일 크고 작은 선-악 업보를 만들며 살아가기 때문에 초월세계 방편해탈법으로 심신행(心身行)을 닦는 생활수행을 해야 만이 험난한 대우주법계에서 살아남게 된다.

그래서 『대우주법계 대광명불 초월세계방편해탈법(大宇宙法界 大光明佛 超越世界方便解脫法)』의 초월세계 진리 치료가 아닌, 단순한 빙의장애치료인 약물치료 및 기, 명상, 구병시식, 요가, 종교의식, 최면술, 신(神)의 영적치료 퇴마의식, 종교퇴마의식 등의 영적치료로는 재발이 될 수밖에 없다는 것이다. 현재까지 개발된 퇴마의식은 어느 정도 한계가 있는 대체치료법이라고 보고되고 있다.

원인된 영혼(靈魂)을 실제적 현실적 초월세계 방편해탈법으로 빙의된 업보 영혼(靈魂)과 환자의 인연을 분리, 해체, 파괴, 소멸하여 정화(淨化)시키는 것이 완치하는 법이다.

빙의유전의식의 시비는 생활의식조건에서 파생된 혼탁한 업보의 산물이며, 이것을 빙의장애라 한다. 이 시비된 잠재의식들의 싸움을 말릴 수 있는[해체할 수 있는] 원력(原力) 방편법이 필요하다. 그 대원력이 『대우주법계 대광명불 초월세계방편해탈법(大宇宙法界 大光明佛 超越世界方便解脫法)』이다.

여러 가지 선악의 시비 분별의식은 끊임없이 일어난다. 이 시비 분별을 끊을 수 있는 것이 초월세계 방편해탈법이다. 그래서 시비 분별이 있는 곳에 가면, 선악, 시비, 싸움을 분리, 해체, 파괴, 소멸 정화시킨다는 것이다. **이 이론이 시(時)공(空) 법계를 초월한 『대 우주법계 대광명불 초월세계방편해탈법』이다.**

후손에게 집착된 조상은 정신과 육신으로 형성된 상속 무의식세 계로 이미 후손에게 연결되어 있기 때문에 업보빙의장애(業報憑依 障礙)가 발생한다. 이 귀신(鬼神)이 바로 유전적 혼탁한 조상업보 귀신이다. 그 귀신의 잠재의식을 해체해 보면 귀신이라고 말하는 조상 영혼(靈魂)이 드러난다.

무명(無明)으로 탐(貪), 진(瞋), 치(癡), 갈애(渴愛)와 사견(私 見)이라는 두 가지에 대한 집착(執著)과 취착(就捉), 천착(穿鑿, 억지로 이치에 닿지 아니한 말)에 묶여 있는 것을 분리, 해체해야 한다. 인연을 끊어서 파괴 소멸시켜 줌으로써 조상이 진화해 온 유전적 혼탁한 조상업보를 벗고, '조상'이라는 대명사를 떠나 '참 자성'이 밝아져 왕생극락한다.

10.『대우주법계 대광명불 초월세계방편해탈법(大宇宙法界 大光明佛 超越世界方便解脫法)』

과학 문명이 고도로 발달하였다고 해도, 우리가 죽음을 맞이할 때, 이 육신을 어떻게 정리해야 할지에 대한 고민은 반드시 해야 한다. **해답은 정신-육신의 양면 해탈하여 "인간 씨"를 받은 내 고향으로 돌아가야 한다.**

우리는 우주에 살고 있으면서도 우주진리(宇宙眞理)를 너무 모르고 살아가고 있다. 빛과 소리는 공간에 파장, 자기장으로 존재한다고 한다. 그러나 시공을 초월할 수 있는 것은 우리의 마음뿐이다. 시간(時間)과 공간(空間), 환경 물질 등 마음장애를 초월하는 초월세계(超越世界)의 우주법계(宇宙法界) 초월세계 진리(眞理)를 알아야 한다.

『대우주법계 대광명불 초월세계방편해탈법(大宇宙法界 大光明佛 超越世界方便解脫法)』의 '기(氣, Energy)' 파장은 어떠한 장애도 받지 않는다. 왜냐하면 **우주 본바탕의 기(氣, Energy), 대광명(빛)으로 생사를 창조하신 부처님이기 때문이다.** 그리고 진여자성(眞如自性) 본(本) 성품으로 중생제도하면 장애를 극복할 수가 없다. 중생제도 방편해탈본원력(方便解脫本願力)이 없기 때문이다.

그래서 불성최고경전(佛性最高經典)자리의 진여자성을 깨친 부처님도 있다. 부처는 진여자성(眞如自性)의 깨친 성품을 본(本) 바탕에 두고 중생제도 초월세계방편본원력(方便本願力)을 갖춘 부처자리도 있다. 진여자성(眞如自性)을 깨친 자리, 견성성불(見性成佛) 했다고 원만한 부처자리라고 한다면 성품을 담고 있는 업보 덩어리 물질의 몸, 육근의 감각기능에서도 해탈했다고 주장한다는 것인데, 해답을 내놓아야 한다.

『대우주법계 대광명불 초월세계방편해탈법(大宇宙法界 大光明佛 超越世界方便解脫法)』은 불교의식인 조상천도재인 관음시식(觀音施食)에 연결하여 영가들을 왕생극락시킬 수 있다.

『대우주법계 대광명불 초월세계방편해탈법(大宇宙法界 大光明佛 超越世界方便解脫法)』은 불가사의한 대우주법계(宇宙法界) 초월세계(超越世界) 참 진리이기 때문에 어떠한 창조론 그리고 종교와 신앙, 철학, 정치, 사상, 문화 진리 이론을 초월(超越)한 것이다. 시(時), 공(空)을 초월(超越)한 우주진리(宇宙眞理)로, 삼계(三界)에 고통받고 있는 만 중생들의 무의식세계 잠재의식(潛在意識)을 분리(分離), 해체(解體)하고 혼탁한 업장을 파괴, 소멸하여 정화(淨化)시키는 법이다.

'업보빙의장애(業報憑依障礙)'는 대물림되는 유전병이다. 신병(神病), 빙의장애, 영매(靈媒)현상은 완치(完治)가 된다. 유전질병도 예방과 치료가 되고 유전병이 발생한 환자도 병원과 통합치료를 받으면 놀라운 효과를 볼 수 있다. 그리고 인성(人性)도 정화가 된다.

그리고 유전업보(遺傳業報)를 분리, 해체하여 악업을 파괴, 소멸하게 되면, 잠재의식－현 자아의식이 정화가 된다. 내 인생이 전 자아의 나쁜 잠재의식에 연결된 '기'에 방해를 받지 않기 때문에 지혜문이 열어서 내가 바라는 삶의 목적이 보이게 된다.

모든 사람이 스스로 주변에 고통받는 중생들을 보살펴주는 자비 봉사를 생활화하면 복덕이 원만한 인생을 살 수 있고 안락(安樂)한 사회가 건설된다. 고통받은 중생들이 행복해하는 모습들은 나의 마음에 환희와 보람을 주고, 매일 매일 힘이 샘솟아 마음속에 즐거운 메아리의 운율이 가득한 행복한 삶을 살아갈 수 있다.

시비분별이 없는 자비 봉사하는 삶의 해탈세계를 『대우주법계 대광명불 초월세계방편해탈법(大宇宙法界 大光明佛 超越世界方便解脫法)』으로 열 수 있다.

그렇게 정화된 삶은 굿, 축귀법(逐鬼法), 사주팔자 점술, 풍수지리, 철학 등의 신앙 종교에서 해법을 찾을 이유가 없게 된다. 과거의 정화되지 못한 상속된 무의식세계 잠재의식에서는 굿, 점이나 풍수지리, 철학, 종교 등으로 사주팔자를 보면 인연법이 다소 내다보인다. 왜냐하면 지금까지 토속신앙 주역의 여러 해법으로 개인과 사회에 만연한 음양오행(陰陽五行) 십간십이지 육십갑자 등의 신앙의 믿음이 **주역해법으로 인간에 접목시켜 사주팔자를 만들어**

국민에게 덮어 씌웠기 때문이다. 인간세계에 인간의 삶에 비유 적용하여 정신세계를 묶었다는 사실을 모르고 사주팔자를 믿고 따르다보니 이 잠재의식에 융합된 '기'가 사주팔자라는 해법으로 생사(生死)의 흐름이 이어졌기 때문이다. 평등하지 못한 차별적인 요소로 사주팔자라는 잠재의식에 융합되어서 비켜갈 수가 없었다. 이 또한 사도외도 법을 분리, 해체, 파괴, 소멸시켜야 **사주팔자**라는 정신세계에서 벗어날 수가 있다. 유교, 도교, 주역칠성신앙에 지배 를 받았다는 것이 억울하지 않은가? 자각할 때가 온 것이다.

사도(私道)의 방편(方便)인 굿이나 축귀법(逐鬼法)을 쓰면 다 소 사주가 우회하는 경우도 있었다. 그러나 업보를 분리, 해체, 파괴, 소멸시켜, 조상법계 무의식세계 잠재의식을 정화할 수는 없었다. 그러니까 항상 업보가 돌고 돈다는 것이다. 여기서는 노력 해도 안 되니까 답답한 심정에서 해법을 찾아볼 필요가 있었다고 본다. 그렇지만 지금껏 모두가 만족하지 못했다는 것이 공통적인 문제이다.

특히, 주역의 이론에는 '기(氣, Energy)'가 작용을 하는데, '기' 자체가 신령(神靈)이다. 천(天)·지(地)·인(人) 신령 자체가 사주팔 자업보(業報)이다. 주역, 점술, 풍수, 철학, 굿 등 지금까지 종교 토속신앙들이 고통받는 중생들을 건져낸다는 명분으로 사용해 온 축귀법(逐鬼法)이나 여러 가지 방편(方便) 이론은 신빙성이 없다.

정치적, 신앙적, 인류 관습적 정서, 나쁜 문화에서 하루 빨리 벗어나야 한다. 바른 지혜, 바른 행동이 나를 행복하게 만든다.

유전병은 유전병으로 사망한 부모 친가, 외가, 조상님들의 질병을 조사하여, 본인의 DNA 게놈검사를 하면 명확한 진단을 받을 수가 있다. 병사(病死)한 조상님과 환자의 잠재의식(潛在意識)을 면밀히 분석하여 병사한 영혼(靈魂)의 유전잠재의식(遺傳潛在意識)을 분리(分離), 해체(解體), 파괴, 소멸, 정화시키면 인연이 끊어져 병사한 영혼(靈魂)이 왕래할 길이 없어진다. 그래서 '유전병은 예방 및 치료'가 된다.

그리고 병원에서 약을 먹고 치료를 받아도 효과가 없고 재발되는 사소한 질환도 유전병으로도 볼 수가 있다. 영매현상이 없는 업보빙의장애(業報憑依障礙)로 인한 유전병으로 보면 된다.

신병(神), 영매현상과 유전병 예방과 치료는 유전병으로 사망한 부모 친가, 외가, 조상님을 가족력을 조사하면 명확하게 진단할 수 있다.

더 정확한 진단은 학술적으로 본인의 DNA, 게놈검사를 하면 정확하게 알 수가 있다. 이 진단 결과만 가지고도 『대우주법계 대광명불 초월세계방편해탈법(大宇宙法界 大光明佛 超越世界方便解脫法)』으로 예방과 치료가 된다.

업보빙의장애(業報憑依障礙)인 신병(神病), 영매현상 그리고 유전병은 진단과 예방치료에서 병명을 『빙의유전병』으로 명명

할 수가 있다. 동족부모조상과 본인의 유전의식사상을 분리, 해체, 파괴, 소멸, 정화(淨化)시킴으로써 업보빙의장애(業報憑依障礙)인 신병(神病)·영매(靈媒)현상은 소멸, 완치(完治)가 되고, 유전병도 예방 및 치료(治癒)가 된다. 그리고 환자는 건강하고 자성이 밝은 인성으로 변하게 된다.

게놈검사로는 병(病)이 발생하는 기록을 분석할 수 있다고 한다. 그러나 병사(病死)한 '영혼(靈魂)'이 빙의된 것은 분석할 수 없다.

미국에서 BRCA 게놈검사를 받은 환자가 유방암 등 유전병이 발생할 수 있다고 하여 유방을 절개하여 들어내는 수술을 한 사실이 보도가 되었다. 또 다른 부위에 질병이 발생했지만, 그럴 필요가 없다. 유전병으로 빙의될 '영혼(靈魂)'을 분리, 해체, 파괴, 소멸, 정화(淨化)시키면 유전병은 예방과 치료가 된다.

유전병은 환자의 신경계 의식이 이미 귀신에게 제압당하여 방어할 수 있는 능력을 상실한 상태이다. "침입한 '영혼(靈魂)'의 잠재의식을 의식작용을 할 수 있는 환자의 몸을 의지하여 죽음 직전에 병으로 고통받던 잠재의식이 돌아간다." 그때 후손의 몸이 병사(病死)한 업보 '영혼(靈魂)'의 몸이기 때문에 살아생전의 고통이 그대로 나타나는 현상이 바로 업보빙의장애(業報憑依障礙)인『빙의유전병』을 발생하게 한다. 그래서 유전병은 병사(病死)한 '영혼(靈魂)'의 생전의 의식정보(잠재의식)에 의해 유전변이로 질병이 발

생하게 되는 것이다. 여기서『대우주법계 대광명불 초월세계방편
해탈법(大宇宙法界 大光明佛 超越世界方便解脫法)』으로 대체의
학치료를 하여 환자의 면역력(기, 힘, 에너지)을 정상적으로 복원
시키면 이전보다 더 건강하고 깨끗한 밝은 면역력이 강한 자기의
독립된 본인의 '영혼'으로 살아가게 된다.

   게놈검사를 통해 밝혀진 유전병 정보기록을 보호막을 치거나
해당 부분을 제거한다 해도 그와 똑같은 정보를 가지고 있는『병사
(病死)한 '영혼(靈魂)'들의 생전에 병으로 고통을 받던 잠재의식의
정보가 건재(健在)하다는 것이 사실이다.』그래서 조상 '영혼(靈
魂)'들의 병 잠재의식 작용을 막지 못하면 그 다른 부분에도 비슷한
병이 발생하게 된다.

   후손들의 유전정보기록이 일부 제거되었다 해도 침입한 조상
'영혼(靈魂)'들의 죽음으로 정지된 잠재의식이 작용하게 되므로
후손들의 정보기록 없이도 유전병이 발생할 수도 있다.

   그래서 부모조상이라는 뿌리를 가지고 있는 한, 그 어느 누구도
유전병에서 벗어 날 수가 없다는 것이다. 정확한 진단이 꼭 필요하지
는 않다. 조상줄은 근본적으로 해당되는 진단 사항이기 때문에,
종교, 신앙, 철학, 정치사상, 문화, 의학 등 이론을 초월해서 한번은
『대우주법계 대광명불 초월세계방편해탈법(大宇宙法界 大光明
佛 超越世界方便解脫法)』으로 범국민적인 차원에서 기본적으로

대체의학 예방과 치료를 받아야 한다.

그리고 유전병은 조상 '영혼(靈魂)'들이 무조건 빙의되어 있으니, 오래 두면 신병, 영매현상 등 여러 가지 정신적 육체적 질병들이 나타나게 된다. 영매(靈媒)현상 없는 일반 유전병 환자도『대우주법계 대광명불 초월세계방편해탈법(大宇宙法界 大光明佛 超越世界方便解脱法)』으로 대체의학치료를 받은 후 병원치료를 병행해서 받으면 아주 놀라운 치료효과를 볼 수가 있다.

마지막으로 당부하고자 한다.『대우주법계 대광명불 초월세계방편해탈법(大宇宙法界 大光明佛 超越世界方便解脱法)』의 이론은 모방하고 흉내 낸다고 해결되는 대체치료법이 아니다. 전수되는 진리치료법도 아니다. 이 법을 훼손하거나 비방하거나 모방 치료를 했을 때는 도리어 인과응보가 즉시 발생하여 해결할 수 없는 고통의 업보빙의장애(業報憑依障礙)를 받게 된다.

이 불가사의한 법은 이 경지에 있는 자만이『대우주법계 대광명불 초월세계방편해탈법(大宇宙法界 大光明佛 超越世界方便解脱法)』으로 대체의학치료를 할 수가 있다. 이 세상에 하나뿐인 이 법은 누군가 가지고 싶다고 해서 가져지는 모방법이 아니다.『대우주법계 대광명불 초월세계방편해탈법(大宇宙法界 大光明佛 超越世界方便解脱法)』은『대우주법계 대광명불』부처님의 불가사의한 법이기 때문이다. 이 점을 꼭 명심하시고 후회스러운 일을 일체 금(禁)하여 주시기 바란다.

위 단원에서 서술하였듯이, 역사적으로 고대국가 건국 과정에서부터 정치적 수단과 도구로 신화를 만들고 신명들이 신격화되었다. 외래신명도 결합하여 도리어 외래신앙인 중국칠성신앙, 유교신앙이 앞장서서 신(神)의 세계를 건설하여 "사주팔자(四柱八字)"라는 명목으로 자리 잡았다.

세계의 불가사의한 병(病)인 신병(神病), 무병(巫病)은 치료될 수 없는 불가사의한 불치병으로 알려져 있다. 신병(神病), 무병(巫病)의 **업보빙의장애(業報憑依障礙)**는 병원이나 어느 종교단체에서도 해결하지 못하는 것이 작금의 현실이다.

그러나 길이 없는 것은 아니다. 신명(神明)의 의식 일체업장을 분리, 해체, 파괴, 소멸, 정화시키면 신명과 조상님들을 분리, 해체하여 극락세계로 극락왕생시켰기 때문에 조상줄이 끊어져서 신병(神病)은 자동으로 분리, 해체, 파괴, 소멸, 정화(淨化)되어서 신명제자(신병.무병)는 완치(完治)가 되므로 불가사의한 불치병이 아니다. 조상줄이 소멸되어 끊어졌기 때문에 후손들에게 전혀 대물림되지 않는다.

대한민국은 하나님, 신의 나라도 아니고, 그분들이 대한민국 땅 덩어리를 창조하신 분도 아니다. 우주를 창조하신 어느 분도 아니다. 누구도 한국의 백성을 탄생 생산한 적이 없으며, 지배할 권한도 없다. 누가 뭐라 해도 원시시대 상고시대 고조선 국가 역사를 기준하여 대한민국의 국민은 국조(國祖)이신 단군(檀君)의 후손이라는 것은 부정할 수 없는 명백한 사실이다. 종교와 신앙, 사상을 떠나서 생각해 보자. 나는 어디에서 태어났을까? 부모에서 태어났다는 이치는 부정할 수가 없다. 그리고 단군을 신앙으로 숭배해서도 안 된다.

한민족 인류 역사에 전통적인 샤머니즘 정령신앙, 조령신앙, 토템신앙, 곡령신앙, 단군천신신앙, 국사천신신앙, 산신신앙, 당산천왕, 당산서낭신앙, 칠성신앙, 칠성용왕신앙, 도교신앙, 유교신앙 등 타력기복무속신앙을 숨기고 진리로 포장한 기복종교, 제왕적 종교 단체, 일체 신앙들은 중생제도 방편 능력 자체가 비현실적이며 결과도 미비하다. 환상적이며 추상적인 말로 진리를 호도하고 종교 이론을 이상적 기대 수치로 믿어야 하는 방편제도법은 소멸된다.

과학문명이 고도로 발달한 현대사회는 지식정보 결과론 시대이다. 종교와 각종 신앙의 가르침과 믿음도 본인에게 현실적이고 실질적이며 직접적인 결과가 있어야 한다. 그렇지 않으면 종교로 인정받을 수 없는 종교변천시대(宗敎變遷時代)가 바로 지식정보 현대사회이다. 제왕적 종교단체들이 보여주는 것처럼 권력과 돈, 명예만 탐하는 단체로 전락돼서는 안 된다. 그렇지 않으면 정치권력, 경제력, 명예, 문화, 종교, 신앙이 이념 갈등, 전쟁 등의 사회적 혼란으로 이어지고, 무고한 사람들에게 도리어 고통과 피해를 주게 되기 때문이다.

한민족의 칠성신앙, 도교인 주역의 음양오행설(사주팔자) 풍수지리, 유교 조상숭배사상, 무속신앙, 사도외도 등 일체 신앙들의 기운이 소멸되어서 어떠한 진리에도 결합하여 생존할 길이 없어졌기 때문에,『대우주법계 대광명불 초월세계방편해탈법(大宇宙法界 大光明佛 超越世界方便解脫法)』은 삼계에 고통받는 일체 중생들을 구제한다.

왜냐하면『대우주법계 대광명불 초월세계방편해탈법(大宇宙法界 大光明佛 超越世界方便解脫法)』은 신앙과 종교, 철학, 정치사상, 과학의 이론을 떠나 시(時), 공(空)간 물질 환경을 초월한 "초월세계대우주진리법"이기 때문이다

인과응보(因果應報)가 현생과 내생(來生)에 나타나는 것은 당연한 이치이다. 하지만 개인주의와 민주화로 상징되는 현시대는 도덕과 윤리, 법과 진리로 인간들을 다스리는 통제능력을 상실한 시대이다. 막말이나 잔꾀를 쓴다고 해서 앞서갈 수도 없고, 현생에서 지은 죄와 업고는 즉시 현실(現實)에서 육체적, 정신적, 경제적 여러 가지 형태로 죗값을 치르는 인과응보 시대가『대우주법계 대광명불 초월세계방편해탈법(大宇宙法界 大光明佛 超越世界方便解脫法)』이다. 이 시대가 오지 않으면 오탁악세 말법시대에 인간의 환란(患亂)을 막을 방편(方便)이 없기 때문이다. 인과응보로 본인들이 직접 고통을 느끼고 정신적, 육체적, 경제적 모든

고통을 받아보아야 남들에게 괴로움을 주지 않을 것이고, 서로 보살펴 주는 참된 사회가 건설될 수 있다.

현대 과학문명이 고도로 발달하면서 인성이 고갈되고 의식의 속도가 빠른 지식정보의 시대에 너 나 할 것 없이 남이야 어떻게 되든 말든 간에 나의 이익에만 목적을 두고 상대를 무시하고 경멸하고 짓밟으며 남에게 피해를 주며 살아간다. 부끄러움 한 점도 없이 내가 최고 잘났다고 주장하고 막말이나 하고 소리치는 패륜적인 돌출행위 의식이 성행하는 대혼란의 말법시대이다.

단체와 개인의 이익을 위해서라면 정치, 경제, 사회, 신앙, 문화 등 모든 면에서 인간 방패를 사용하는 일들이 정당화, 보편화하여 크고 작은 사회악으로 변질되었다. 내 부모 형제와 이웃 그리고 사회와 세계인들을 포용하고 이끌어 갈 수 있는 한국인의 위대한 국민성, 세계인들이 우러러보는 일등 국민성을 뒤흔드는 행위가 개인과 사회공동체의 혼란을 만들고 있다.

『대우주법계 대광명불 초월세계방편해탈법(大宇宙法界 大光明佛 超越世界方便解脫法)』으로 사람들이 직접 느낄 수 있는 『인과응보(因果應報)』가 현실적으로 나타나게 된다. 그래야만 정치방패, 막말방패, 인간방패로 이익을 추구하는 세상이 사라지게 되고, 개인과 계층 간에 편견 없이 자비 봉사하는 참된 사회, 이익과 행복도 평등한 평화로운 안락한 세상이 건설된다.

『대우주법계 대광명불 초월세계방편해탈법(大宇宙法界 大光

明佛 超越世界方便解脫法)』은 나와 사회의 의식이 정화가 되고, 자유 평등한 사회, 영원한 행복, 안락한 마음의 평화, 개인과 세계의 평화를 이룰 수 있다. 그리고 갈 곳이 없어 구천을 떠도는 죽은 '영혼(靈魂)'들이 괴로움을 벗어나 다시 태어남이 없는 사후극락세계인 이고득락(離苦得樂) 극락왕생 조상해탈궁에 안식처를 마련해 주는 것이다.

이 법(法)은 세상에서 처음으로 천하미륵사(天下彌勒寺) 영탁(暎卓)스님이 삼계(사바세계 미륵세계 대우주법계) 일체 중생(衆生)들을 해탈시키는 대원력(大願力) 서원(誓願)을 성취(成就)한 『대우주법계 대광명불 해탈법(大宇宙法界 大光明佛) 解脫法)』『대우주법계 대광명불 초월세계방편해탈법(大宇宙法界 大光明佛 超越世界方便解脫法)』이다.

『대우주법계 대광명불 초월세계방편해탈법(大宇宙法界 大光明佛 超越世界方便解脫法)』이 모든 중생들의 잠재의식을 움직일 수 있는 "인과응보(因果應報)" "기(氣)"가 작용함으로 세계 지구촌에 평화를 이룩하게 된다.

그러므로 선행(善行)을 닦아서 남을 해치지 않고, 사고팔고(四苦八苦)에 고통받는 중생들에게 즐거움을 주고 마음은 언제나 집착이 없는 평온한 삶, 자비희사(慈悲喜捨)를 생활화해야 한다.

우리의 생활 속에서는 자나 깨나 괴로운 일들이 많이들 일어난다. 인간의 마음은 '소우주'라고 하기도 하고 '소우주 발전소'라고 하기도 한다. 인류의 다차원 의식 그물망 안에서 상호의존 연결되어 블랙홀 현상과 같이 의식결합체로 '빙의영혼(귀신)'이 발생하고 있다. 허공(空)의 본바탕, 즉 걸림이 없는 진아(眞我)의 불성 본바탕에서 우주만물은 인연법(因緣法)으로 생멸을 거듭하고 있다. 생각을 바르게 쓰면 좋은 것으로 쌓이고, 의식세포가 정화되어 건강하고 행복하게 무병장수할 수가 있다. 반면에 생각을 바르게 쓰지 않으면 생활이 어렵고 병들고 단명으로 불행하게 인생을 마감하게 된다.

사성제(四聖諦) 연기법(緣起法) 팔정도(八正道)는 석가모니 부처님께서 깨달음을 얻은 지 얼마 후에 행한 최초의 설법 내용이다.

마음을 잘 다스리는 심신행(心身行)은 불교의 가르침에 열 가지 십선공덕(十善功德)을 수행하는 것이다.

팔정도(八正道)는 현실의 괴로움을 종식시킬 붓다의 실천적 가르침이다. 이 여덟 가지 올바른 길(八正道)로 인도하는 심신행(心身行)으로 정화하여 성취하고, 중도의 올바른 길로 인도하는 수행 방법이다.

✪ 십악(十惡)

신(身): 몸으로 지은 죄

첫째. 산 목숨을 죽이는 것, 살생[殺生].

둘째. 남의 물건을 도적질하는 것. 투도[偸盜].

셋째. 삿된 음행을 하는 것으로 아내나 남편 이외의 타인과
음행을 하는 것. 사음[邪婬].

구(口): 입으로 지은 죄

넷째. 망녕 되고 이치에 맞지 않는 거짓말을 하는 것, 망어 [妄語].

다섯째. 실속 없고 쓸데없이 달콤한 말을 하는 것, 기어[綺語].

여섯째. 이간하는 말을 하는 것, 양설[兩舌].

일곱째. 험악한 말을 하는 것, 악구[惡口].

의(意): 마음으로 지은 죄

여덟째. 마음속으로 남의 물건을 탐욕하거나 음탕한 마음.
탐욕[貪慾].

아홉째. 어리석어 화를 내는 것, 진·치[瞋·恚].

열째. 삿된 소견을 지니는 것, 사견[邪見].

우리는 인과응보(因果應報)의 법칙을 믿어야 한다. 부끄러워할

줄 모르는 어리석은 생각으로 온갖 악업이 생겨난다. 어리석은 생각으로 십악(十惡)을 범하지 말고, "그에 따라 부끄러움을 알게 되면 바른 소견이 생기고, 바른 소견이 생기게 되면 바른 뜻, 바른 말, 바른 행위, 바른 생활, 바른 방편, 바른 생각으로 열 가지 선행을 실천하게 된다."

실천할 내용을 보면

✪ 팔정도

1. 정견(正見): 올바로 보는 것.
2. 정사(正思·正思惟): 올바로 생각하는 것.
3. 정어(正語): 올바로 말하는 것.
4. 정업(正業): 올바로 행동하는 것.
5. 정명(正命): 올바로 목숨을 유지하는 것.
6. 정근(正勤, 正精進): 올바로 부지런히 노력하는 것.
7. 정념(正念): 올바로 기억하고 생각하는 것.
8. 정정(正定): 올바로 마음을 안정하는 것이다.

오온(五蘊; 色·受·想·行·識)의 **심리현상들인 신행(身行), 구행(口行), 의행(意行)의 삼행(三行)을 청정하게 해야 한다.** 깨달음을 방해하는 오염된 마음 즉 탐욕(貪欲), 진(瞋), 우치(愚癡)의 삼독심(三毒心)을 극복하고 마음을 집중하여 초월했다 하더라도, 이미 과거의 업으로부터 유래된 불건전한 사유가 남아 있기 마련이다. 그래서 현생에서 알게 모르게도 악업을 짓게 된다. 이러한 것을 극복하기 위해서 반드시 수행정진이 필요하다. 그리고 성장하면서 잘못된 인성을 개선(改善)하는 수행정진을 '버림에 의한 생활수행 정진'이라 한다.

팔정도(八正道)는 하나하나 실천하는 것이 아니다. 한꺼번에 뭉쳐서 수행해야만 무명, 갈애, 집착, 편견을 버리게 되므로 의식이 정화된다. 너와 내가 한마음 한 몸이 되는 자비 봉사하는 초월적 발상이 생겨난다. 인과응보(因果應報)를 깨닫고 괴로움을 벗어나 모두가 평등하고 이익이 되며, 행복하고 안락한 삶의 본성이 청정하여 세계평화를 이루게 되는 것이 '천하통일 대광명(天下統一 大光明)'이다.

『대우주법계 대광명불 초월세계방편해탈법(大宇宙法界 大光明佛 超越世界方便解脫法)』은 몸과 마음을 치료하는 힐링시대, 행복하고 건강하게 늙는 무병장수, 웰 에이징(Well aging) 시대에 반드시 필요한 해탈법이다.

가장 원만한 심신(心身) 수행법인 『대우주법계 대광명불 해탈법(大宇宙法界 大光明佛) 解脫法)』『대우주법계 대광명불 초월세계 방편해탈법(大宇宙法界 大光明佛 超越世界方便解脫法)』은 일체

중생들을 구제하고, 세계 지구촌에 평화를 건설할 수 있는 "천하통일 대광명"이다.

(終)

미륵불기 4년 음력 3월 15일

천하미륵사 영탁스님 봉행

단기 4354

조상천도재 의식

거불
舉佛

우주법계 미륵세계 아미타불 관세음보살 대세지보살
宇宙法界 彌勒世界 阿彌陀佛 觀世音菩薩 大勢至菩薩

접인망령대성인로왕보살마하살
接引亡靈大聖引路王菩薩摩訶薩

　진령일하 (요령을 한번 흔들어 내린 후)
　振鈴一下

우주법계 미륵세계 대한민국 경상북도 00시 00로
宇宙法界 彌勒世界 大韓民國 慶尙北道 00市 00路

000 사단법인 미륵세계종단본부 천하미륵사 극락전 청정지도량 원아금차

OOO 社團法人 彌勒世界宗團 本部 天下彌勒寺 極樂殿 淸淨地度場 願我今此
지의성심 조상천도 위천설향단전 봉천재자 (조상천도 축원장발원)복위
至意誠心 祖上天度 爲薦設香壇前 奉請齋者 (祖上天度 祝願章 發願)伏爲

각 가정 도시조 중시조 아래대시주 인연에 오신 선망조상 후망조상
各 家庭 都始祖 中始祖 始主 因緣 先望祖上 後亡祖上

부모조상 원측 친측 형제 숙질 남매 유주 무주고혼 각각 조상열명영가
父母祖上 遠側 親側 兄弟 叔姪 男妹 有主 無主孤魂 各各 祖上列名靈駕

객사고혼 비명횡사 각각 조상열명영가
客死孤魂 非命橫死 各各 祖上列名靈駕

각 가정 동남동녀영가 태아 영가 각각 조상열위영가
各 家庭 童男童女靈駕 胎兒 靈駕 各各 祖上列位靈駕

　　　신묘장구대다라니
　　　神妙章句大陀羅尼

나모라 다나 다라 야야 나막알약 바로기제 새바라야 모지 사다바야

마하 사다바야 마하가로 니가야 옴 살바 바예수 다라나 가라야 다사명

나막 가리다바 이암 알야 바로기제 새바라 다바 이라간타 나막 하리나
야 마발다 이사미 살바타 사다남 수반 아예염 살바 보다남 바바마라 미

수다감 다냐타 옴 아로계 아로가 마지로가 지가란제 혜혜 하례 마하모
지 사다바 사마라 사마라 하리나야 구로구로 갈마 사다야 사다야 도로

도로 미연제 마하 미연제 다라다라 다린나례 새바라 자라자라 마라 미

마라 아마라 몰제 예혜혜 로계 새바라 라아 미사미 나사야 나베 사미사
미 나사야 모하자라 미사미 나사야 호로호로 마라호로 하례 바나마 나

바 사라사라 시리시리 소로소로 못자못자 모다야 모다야 매다리야 니

라간타 가마사 날사남 바라 하리나야 마낙 사바하 싯다야 사바하 마하

싯다야 사바하 싯다유예 새바라야 사바하 니라간타야 사바하 바라하 목
카싱하 목카야 사바하 바나마 하따야 사바하 자가라 욕다야 사바하 상

카섭나네 모다나야 사바하 마하라 구타다라야 사바하 바마사간타 니사

시체다 가릿나 이나야 사바하 먀가라 잘마 이바 사나야 사바하

『나모라 다나다라 야야 나막알야 바로기제 새바라야 사바하』

파지옥진언　옴 가라지아 사바하
破地獄眞言

해원결진언　옴 삼다라 가닥 사바하
解冤結眞言

증명청
證明請

일심봉청 수경천층지보개 신괘 백복지화만 도청혼어극락계중
一心奉請 手擎千層之寶盖 身掛 百福之華鬘 導淸魂於極樂界中

인망령 향벽연대반 대성인로왕보살 유원자비 강림도량 증명공덕
引亡靈 向碧蓮臺畔 大聖引路王菩薩 唯願慈悲 降臨度場 證明功德

향화청　가영
香花請　歌詠

수인온덕용신희 염불간경업장소 여시성현내접인 정전고보상금교
修仁蘊德龍神喜 念佛看經業障消 如是聖賢來接引 庭前高步上金橋

고아일심 귀명정례
故我一心 歸命頂禮

헌좌진언   묘보리좌승장엄 제불좌이성정각 아금헌좌역여시
獻座眞言   妙菩리座勝莊嚴 諸佛坐已成正覺 我今獻坐亦如是

자타일시해탈도   옴 바아라 미나야 사바하
自他一時解脫度

다게   금장감로다 봉헌증명전 감찰건간심   원수애납수
茶偈   今將甘露茶 奉獻證明前 鑑察虔懇心   願垂哀納受

　고혼청
　孤魂請

일심봉청 실상이명 법신무적 종연은현 약경상지유무 수업승침
一心奉請 實相離名 法身無跡 從緣隱現 若鏡像之有無 隨業昇沈

여정륜지고하 묘변막측 환래하난 원아금차 위천재자 (천도영가축언)
如井輪之高下 妙變莫測 幻來何難 願我今此 爲薦齋者

승불위광 내예향단 수첨법공
承佛威光 來詣香壇 受沾法供

향연청　　가영
香煙請　　歌詠

삼혼묘묘귀하처 칠백망망거원향 금일진령신소청 원부명양대도량
三魂杳杳歸何處 七百茫茫去遠鄉 今日振鈴伸召請 願赴冥陽大度場

상래 승불섭수 장법가지 기무수계이임연 원획소요이취좌 하유안
上來 承佛攝受 仗法加持 旣無囚繫以臨筵 願獲逍遙而就座 下有安

좌지게 대중수언후화 아금의교설화연 종종진수열좌전 대소의위차제좌
座之偈 大眾隨言後和 我今依敎設華筵 種種珍受列座前 大小依位次第坐

전심제청연금언
專心諦廳演金言

수위앉아진언　옴 마니 군다니 훔훔 사바하
受位安座眞言

향연청　　가영
香煙請　　歌詠

백초임중일미신 조주상권기천인 팽장석정강심수 원사망령헐고륜
百草林中一味新 趙州常勸幾千人 烹將石鼎江心水 願使亡靈歇苦輪

원사고혼헐고륜 원사제령헐고륜
願使孤魂歇苦輪 願使諸靈歇苦輪

선밀가지 신전윤택 업화청량 각구해탈
宣密加持 身田潤澤 業火淸凉 各求解脫

변식진언   나막 살바다타 아다 바로기제 옴 삼바라 삼바라 훔
變食眞言

시감로수진언   소로바야 다타아다야 다나타 옴 소로소로 바라소로
施甘露水眞言
          바라소로 사바하

일자수륜관진언   옴 밤 밤 밤밤
一字水輪觀眞言

유해진언   사만다 못다남 옴 밤
乳海眞言

원차가지식 보변만시방 식자제기갈 득생안양국 (시식)
願此加持食 普변滿十方 食者除飢渴 得生安養國

시귀식진언   옴 미기미기 야야미기 사바하
施鬼食眞言

보공양진언   옴 아아나 삼바바 바아라 훔
普供養眞言

보회향진언   옴 삼마라 삼마라 미마나 사라마하 자가라 바 훔
普回向眞言

우주법계 미륵세계 무량수여래불 미륵세계 아미타불(열번)
宇宙法界 彌勒世界 無量壽如來佛 彌勒世界 阿彌陀佛

극락세계십종장엄 (미륵세계)   법장서원수인장엄 (미륵세계)
極樂世界十種莊嚴 (아미타불)   法藏誓願修因莊嚴 (아미타불)

사십팔원원력장엄 (미륵세계)   미타명호수광장엄 (미륵세계)
四十八願願力莊嚴 (아미타불)   彌陀名號壽光莊嚴 (아미타불)

삼대사관보상장엄 (미륵세계)   미타국토안락장엄 (미륵세계)
三大士觀寶像莊嚴 (아미타불)   彌陀國土安樂莊嚴 (아미타불)

보하청정덕수장엄 (미륵세계)   보전여의누각장엄 (미륵세계)
寶河淸淨德水莊嚴 (아미타불)   寶殿如意樓閣莊嚴 (아미타불)

주야장원시분장엄 (미륵세계)   이십사락정토장엄 (미륵세계)
晝夜長遠時分莊嚴 (아미타불)   二十四樂淨土莊嚴 (아미타불)

우주법계 극락세계 아등도사 금색여래 아미타불 보현보살 관세음
宇宙法界 極樂世界 我等導師 金色如來 阿彌陀佛 普賢菩薩 觀世音

보살 대세지보살 금강장보살 제장애보살 미륵보살 지장보살 일체
菩薩 大勢至菩薩 金剛將菩薩 祭場碍菩薩 彌勒菩薩 地藏菩薩 一切

청정대해중보살마하살 원공법계제중생 동입미타대원해 아미타제일
淸淨大海衆菩薩摩訶薩 願共法界諸衆生 同入彌陀大願海 阿彌陀第一

구품 도중생 위덕무궁극 아금대귀의 참회삼업죄 범유제복선 지심용
九品 度衆生 威德無窮極 我今大歸依 懺悔三業罪 凡有諸福善 至心用

회향 원동염불인 진생극락국 견불요생사 여불도일체 원아임욕명종시
回向 願同念佛人 盡生極樂國 見佛了生死 如佛度一切 願我臨欲命終時

진체일체제장애 면견피불아미타
盡除一切諸障碍 面見彼佛阿彌陀

즉득왕생안락찰　　(조상단에서 위패내린다)
卽得往生安樂刹

봉송편
奉送篇

봉송고혼계유정 지옥악귀급방생 아어타일건도량 불위본서환래부
奉送孤魂泊有情 地獄餓鬼及傍生 我於他日乾度場 不違本誓還來赴

산화락　　대성인로왕보살
散花落　　大聖引路王菩薩

※ (앞문 안에 위패 모신다)

금차문외봉송재자 (축원장발원) 복위 각 가정 도시조 중시조 아래대
今此門外奉送齊者 (축원장발원) 伏爲 各 家庭 都始祖 中始祖 아래대

시주 인연에 오신 선망조상 후망조상 부모조상 원측 친측 형제 숙질
始主 因緣에 오신 先望祖上 後亡祖上 父母祖上 遠側 親側 兄弟 叔姪

남매 유주 무주 고혼 각각 조상열위영가. 객사고혼 비명횡사 각각
男妹 有主 無主 孤魂 各各 祖上列位靈駕. 客死孤魂 非命橫死 各各

조상열위영가. 각 가정 동남동녀영가 태아영가 각 조상열위영가 상래
祖上列位靈駕. 各 家庭 童男童女靈駕 胎兒靈駕 各 祖上列位靈駕 上來

시식풍경 염불공덕 이망연야 불리망연야 이망연즉 천당불찰 임성소요
施食諷經 念佛功德 離妄緣耶 不離妄緣耶 離妄緣則 天堂佛刹 任性逍遙

불리망연즉 차청산승 말후일게 사대각리여몽중 육진심식본래공 욕식
不離妄緣則 且聽山僧 末後一偈 四大各離如夢中 六塵心識本來空 欲識

불조회광처 일락서산월출동 염 시방삼세 일체제불 제존보살 마하살
佛祖回光處 日落西山月出東 念 十方三世 一切諸佛 諸尊菩薩 摩訶薩

마하반야바라밀
摩訶般若波羅蜜

원앙생 원왕생 왕생극락견미타 획몽마정수기별
願往生 願往生 往生極樂見彌陀 獲蒙摩頂授記別

원앙생 원앙생 원재미타회중좌 수집향화상공양
願往生 願往生 願在彌陀會中坐 手執香華常供養

원왕생 원왕생 왕생화장연화계 자타일시해탈도
願往生 願往生 往生華藏蓮花界 自他一時解脫度

소전진언　옴 비로기제 사바하
燒錢眞言

봉송진언　옴 바아라 사다 목차목
奉送眞言

상품상생진언　옴 마니다니 훔훔 바탁 사바하
上品上生眞言

보회향진언　옴 삼마라 삼마라 미마니 사라마하 자가라 바 훔
普回向眞言

화탕풍요천지괴 요요장재백운간 일성휘파금성벽 단향불전칠보산
火蕩風搖天地壞 寥寥長在白雲間 一聲揮破金城壁 但向佛前七寶山

환희장마니보적불　원만장보살마하살　회향장보살마하살
歡喜藏摩尼寶積佛　圓滿藏菩薩摩訶薩　回向藏菩薩摩訶薩

(終)

진리는 의학이다(개정 증보판)

3쇄 인쇄 : 2025년 1월 29일
3쇄 발행 : 2025년 2월 7일
지은이 : 영탁스님
교정 / 편집 : 이수영 / 김보영 / 권윤미
표지 디자인 : 김보영
펴낸이 : 서지만
펴낸곳 : 하이비전
신고번호 : 제 305-2013-000028호
신고일 : 2013년 9월 4일(최초 신고일 : 2002년 11월 7일)
주소 : 서울시 동대문구 하정로 47(신설동) 정아빌딩 203호
전화 : 02)929-9313
홈페이지 : hvs21.com
E-mail : hivi9313@naver.com

ISBN 979-11-89169-59-6 (03200)

값 : 15,000원